Neues Archiv für Niedersachsen
2/2014

Innovation im Norden
Regional und Strukturpolitik in
Niedersachsen

WACHHOLTZ
MURMANN PUBLISHERS

Inhalt

Neues Archiv für Niedersachsen 2/2014

Innovation im Norden
Regional und Strukturpolitik in Niedersachsen

Editorial

Im Mittelpunkt der regionalpolitischen Landschaft steht zuzeit die neue För- derkulisse der EU-Strukturpolitik. Stärker als je zuvor rückt dabei die innova- tionspolitische Herausforderung auf die politische Agenda. Die Europäische Union hat im Rahmen ihrer Strategie »Europa 2020« die Ziele eines intelli- genten, nachhaltigen und integrativen Wachstums vorgegeben. »Intelligen- tes Wachstum« stellt auf die Entwicklung einer auf Wissen und Innovation gestützten Wirtschaft ab. »Nachhaltiges Wachstum« bedingt die fortlaufende ökologische Modernisierung zugunsten einer ressourcenschonenden, ener- gieeffizienten und CO_2-einsparenden Wirtschaft. Mit »integrativem Wachs- tum« wird das Ziel verfolgt, soziale Ungleichheiten und regionale Disparitäten zu bekämpfen. Vor allem bei den ersten beiden Wachstumszielen geht es um eine konsequente Innovationsorientierung der künftigen EU-Strukturpolitik. Ein nachhaltiges Wachstumsmodell basiert auf Wissen und Innovation.

Innovationen sind heute immer weniger ein Ergebnis von Forschungs- und Entwicklungsanstrengungen einzelner Unternehmen, sondern Resultat von Wissensteilung, Interaktion und Kooperation. In diesem Zusammenhang nimmt die Vernetzung der Akteure an Bedeutung zu. Das Neue kommt vor allem dann in die Welt, wenn die Mitarbeiter in den Unternehmen und in den Forschungseinrichtungen des Wissenschaftssystem anhand konkreter Projek- te zusammenarbeiten. Weil in Innovationsprozessen nicht nur theoretisches Wissen, sondern in besonderer Weise auch Erfahrungswissen eine Rolle spielt, hat räumliche Nähe in diesem Zusammenhang einen hohen Stellen- wert. Das analytische Konzept des regionalen Innovationssystems, das sich auch die Europäische Union im Rahmen ihrer Innovationsstrategien zu eigen macht, macht diesen Aspekt mit seiner Betonung kollektiver Lernprozesse, institutioneller Faktoren und der Nähe von unterschiedlichen regionalen Akteuren zu einem zentralen Ausgangspunkt. Die regionale Vernetzung der Akteure wird nicht zuletzt durch regionale Rahmenbedingungen beeinflusst. Der intensive Austausch zwischen den Akteuren aus Wirtschaft, Wissenschaft, Verwaltung, Politik und Zivilgesellschaft stellt ein wesentliches Merkmal und einen Erfolgsfaktor eines regionalen Innovationssystems dar. Regionale Innovationssysteme sind in relevantem Ausmaß politisch gestaltbar, weil die Netzwerke und Institutionen, die derartige Systeme repräsentieren, von Men- schen gemacht sind.

Mit der strukturpolitischen Strategie der EU zugunsten einer starken Innovationsorientierung sind die Regionen in Deutschland gefordert, sich für die kommende Förderperiode neu aufzustellen. In Niedersachsen hat die amtierende Landesregierung die neuen innovationspolitischen Weichenstellungen frühzeitig erkannt und einen Prozess der Regionalisierung und regionalpolitischen Innovationsorientierung eingeleitet. In den vier Teilregionen Leine-Weser, Braunschweig, Lüneburg und Weser-Ems werden regionalpolitische Handlungskonzepte ausgearbeitet, landesweit bilden sich die Konturen einer spezifischen niedersächsischen Ausgestaltung der von der EU vorgegebenen neuen EU 2020-Strategie heraus. Die Landesregierung hat mittlerweile den Beschluss über eine eigene Innovationsstrategie gefasst.

Das vorliegende Heft von *Neues Archiv für Niedersachsen* greift die neuen regional- und strukturpolitischen Weichenstellungen auf und lässt unterschiedliche Akteure der neuen Förderlandschaft aus Theorie und Praxis zu Wort kommen. Für die inhaltliche Gestaltung dieses Heftes haben wir sowohl offizielle Vertreter der niedersächsischen Landesregierung als auch Wissenschaftler, Politikberater und regionalpolitische Akteure aus der niedersächsischen Kommunalpolitik eingeladen. Ergänzung findet diese Binnensicht durch Beiträge von Autoren außerhalb Niedersachsens. Wir danken allen Autoren für ihre engagierte Kooperation. Dank gilt auch dem Wachholtz-Verlag für seine Geduld und professionelle Umsetzung.

Jede Region muss für sich definieren, welche »intelligenten Spezialisierungen« verfolgt werden sollen und wie diese in den kommenden Jahren zum Ausgangspunkt einer regionalpolitischen Entwicklungsstrategie gemacht werden können (Europäische Kommission 2010, Dufeil 2011, Koschatzky 2013). Dieser Herausforderung haben sich sowohl das Bundesland Niedersachsen als auch seine einzelnen Teilregionen zu stellen.

Neuere Erkenntnisse der regionalen Innovationsforschung bieten in diesem Kontext wichtige Impulse und müssen sowohl in die Konzeption als auch in die empirische Analyse regionaler Innovationsstrategien einfließen. Die EU sieht insbesondere in einer »Strategie der intelligenten Spezialisierung« vielfältige Potenziale, um die Entwicklung von Innovationsclustern und regionalem Wachstum zu unterstützen. Diese Strategie stellt darauf ab, dass sich jede Region auf ihre besonderen technologischen sowie unternehmerischen Alleinstellungs- bzw. Differenzierungsmerkmale bezieht und diese zum Ausgangspunkt ihrer Innovationspolitik macht (Dufeil 2011, Koschatzky 2013, Europäische Kommission 2010).

Neben der Spezialisierung kann auch die Diversität für den Innovationserfolg der Wirtschaft einer Region produktiv sein. Technologische, qualifikatorische und branchenbezogene Diversität übt einen positiven Einfluss auf das kollektive Lernen in Regionen aus. Die Unterschiede müssen sich aber bei aller Vielfalt in Grenzen halten, damit die kognitive Nähe der verschiedenen Träger von Wissen gewahrt bleibt. Die Innovationskraft einer Region basiert daher nicht zuletzt darauf, unterschiedliche, aber komplementäre Wissenskomponenten zu vernetzen und in neue (technologische) Lösungen zu überführen.

Die Innovationsorientierung von RIS-Strategien eröffnet auch neue Perspektiven für ländliche Räume. Differenzierte Analysen zeigen, dass die Wirtschaft ländlicher Regionen Innovationspotenziale aufweist und viele Unternehmen durchaus innovationsaktiv sind (Küpper & Margarian 2010). Diese Unternehmen bleiben vielfach im Schatten der Unternehmen, die eigene Forschungs- und Entwicklungsabteilungen besitzen. Gerade Firmen in ländlichen Räumen sind mit spezifischen Rahmenbedingungen konfrontiert, welche sich sowohl negativ (z.B. Zugang zu hochqualifizierten Mitarbeitern, wenige lokale Innovationsbeziehungen und blockierende Innovationskulturen) als auch positiv (z.B. geringer Wettbewerb um Ressourcen und Vertrauensbeziehungen sowie Kooperationserfahrungen) auf die Durchsetzung von Innovationen auswirken. Ein erweiterter und offenerer Innovationsbegriff kann in diesem Zusammenhang für die Förderung von Innovationsaktivitäten von KMU und Handwerksbetrieben durchaus zielführend sein.

Arno Brandt und Alexander Skubowius

Die neue Landesentwicklungspolitik für starke Regionen – Regionalpolitik und EU-Förderung gemeinsam denken

Birgit Honé

Der Vielfalt durch eine regionalisierte Landesentwicklung gerecht werden

Kein anderes Bundesland ist so vielfältig wie das zweitgrößte Flächenland Niedersachsen. Unterschiedliche geografische, naturräumliche, wirtschaftliche, gesellschaftliche und historische Ausgangsbedingungen in den Landesteilen machen das Land reichhaltig, spannend und attraktiv. Auf die Frage, wie es gelingen kann, die Attraktivität Niedersachsens nicht nur zu erhalten, sondern auszubauen und zukunftssicher zu gestalten, gibt es aufgrund der Vielfältigkeit der Landesteile keine einheitliche Antwort. Vielmehr – und das belegen auch wissenschaftliche Expertisen und Gutachten – muss man die einzelnen Regionen in den Blick nehmen, um Herausforderungen wie z.B. dem demografischen Wandel gerecht zu werden. Denn die niedersächsischen Landesteile haben sich in den vergangenen Jahren sehr unterschiedlich entwickelt. Die demografischen und ökonomischen Rahmendaten zeigen deutlich, dass regionale Disparitäten zunehmen. Während die Metropolregionen und der Westen des Landes ein stabiles Wachstum aufweisen, sind in den ländlichen, strukturschwachen Regionen Schrumpfungstendenzen und Ausdünnungseffekte zu verzeichnen. Dieses gilt vor allem für Städte und Gemeinden abseits von größeren Zentren und Verkehrsachsen.

Viele Landesteile stehen daher vor gewaltigen Herausforderungen, wenn es um die Sicherung von Lebens- und Umweltqualität, wirtschaftlicher Leistungsfähigkeit, Arbeit und Daseinsvorsorge geht. Der Attraktivitätsverlust von Regionen, Städten und Gemeinden ist ein wesentlicher Grund, warum Menschen abwandern. Zugleich führt die geringe Zuwanderung junger Menschen und Familien dazu, dass in diesen Räumen negative Wanderungssalden entstehen. Damit beginnt ein Teufelskreis, der zu einer weiteren Schwächung in Bezug auf Lebensqualität und Wirtschaftskraft und einer daraus resultierenden weiteren Abwanderungstendenz führt. Letztlich kommen so die regionalen Eigendynamiken zum Erliegen; eine Prozessumkehr erfordert enormen Aufwand und staatliche Unterstützung.

Deshalb wird die rot-grüne Landesregierung – wie in der Koalitionsvereinbarung beschrieben – den besonders vom demografischen Wandel betroffenen Regionen neue Gestaltungsperspektiven eröffnen. Die Notwendigkeit dazu zeigt auch eine Betrachtung der vergangenen EU-Förderperiode

Kreativzentrum Halle 96 Hanomaggelände, Hannover

2007–2013. Denn die entwicklungsschwachen niedersächsischen Regionen haben in diesem Zeitraum nur unterdurchschnittlich und unzureichend von den Fördermitteln profitiert. Häufig sind diese wichtigen Mittel ungesteuert und vordringlich in die vergleichsweise wirtschaftsstarken Landesteile geflossen. Die eigentliche Zielsetzung der EU-Kohäsionspolitik wurde so konterkariert, die förderpolitischen Ziele wurden klar verfehlt.

Gerade weil die EU-Fördermittel aber eine so wichtige Bedeutung für wirtschaftliche Innovationen und die Regionalentwicklung haben, müssen spezifische Impulse für die einzelnen Landesteile gesetzt werden. Dafür stehen in Niedersachsen für die neue Förderperiode (2014–2020) ca. 2,1 Mrd.€ an EU-Fördermitteln zur Verfügung. Über alle ESI-Fonds (EFRE/ESF/ELER) hinweg ist hier ein Mittelrückgang gegenüber der vorangegangenen Förderperiode von rd. 21 % zu verkraften. Insofern steht erstmals in der Geschichte der Strukturfonds weniger Geld für das Land Niedersachsen zur Verfügung. Vor dem Hintergrund dieses Paradigmenwechsels muss umso mehr Sorge dafür getragen werden, dass die reduzierten Mittel vor allem dort zum Einsatz kommen, wo sie besonders benötigt werden und gleichzeitig möglichst große Struktureffekte entfalten. Dies erfordert zwangsläufig eine strategische Planung und ersetzt damit die alte Politik der »Gießkannenförderung«.

Organisatorische Grundlagen für die Neuausrichtung einer koordinierten Landesentwicklungspolitik

Die Regierung Weil hat den vorstehenden Befund zum Anlass genommen, die regionale Landesentwicklung als wichtiges Instrument wiederzuentdecken, und ein neues Kapitel in der Landesentwicklungspolitik Niedersachsens aufgeschlagen. Um vor dem Hintergrund stark rückläufiger EU-Fördermittel im EFRE und ESF die Bereiche Landesentwicklung und EU-Förderung stärker miteinander zu verzahnen, wurde zunächst die neue Abteilung »Regionale Landesentwicklung und EU-Förderung« in der Staatskanzlei geschaffen. Diese Abteilung bündelt die zuvor über die verschiedenen Fachministerien verteilten Kompetenzen für die Landesentwicklung und die EU-Förderung.

Als weitere Lehre aus dem gescheiterten Interministeriellen Arbeitskreis »Landesentwicklung und ländliche Räume« und der nicht erfolgten Umsetzung der mit dem Zukunftsvertrag versprochenen ressortübergreifenden Strukturpolitik unter der alten Landesregierung wurde zudem ein Staatssekretärsausschuss »Regionale Landesentwicklung und EU-Förderung« als Koordi-

nationsorgan ins Leben gerufen. Dieser ist als maßgebliches Steuerungsorgan dafür zuständig, den notwendigen Ausgleich zwischen berechtigten Fachinteressen in den Ressorts und dem gemeinsamen Anliegen einer koordinierten Landesentwicklung und EU-Förderung herzustellen.

Jenseits der organisatorischen Veränderungen auf der Ministerialebene wurden auch im nachgeordneten Behördenapparat erhebliche Veränderungen auf den Weg gebracht. So wurden mit Wirkung zum 1. Januar 2014 vier Landesbeauftragte für regionale Landesentwicklung eingesetzt, die den neuen Ämtern für regionale Landesentwicklung

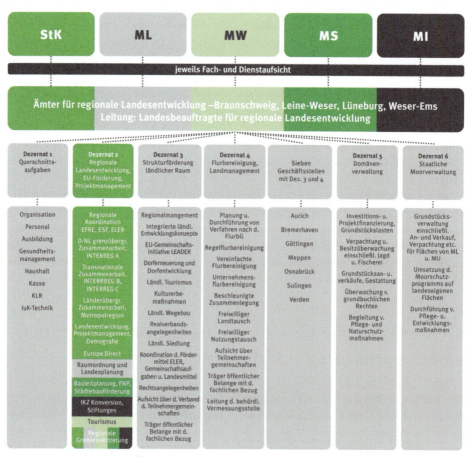

Abb. 1: Ämter für regionale Landesentwicklung – Organigramm

vorstehen. Dabei handelt es sich konkret um das

- Amt für regionale Landesentwicklung Braunschweig,
- Amt für regionale Landesentwicklung Leine-Weser in Hildesheim,
- Amt für regionale Landesentwicklung Lüneburg und
- Amt für regionale Landesentwicklung Weser-Ems in Oldenburg.

Den Kern dieses organisatorischen Neuzuschnittes bildet die Verschmelzung der ehemaligen Regierungsvertretungen mit den Ämtern für Landentwicklung (einschließlich Domänen- und Moorverwaltung) des alten Landesamtes für Geoinformation und Landentwicklung Niedersachsen. Dabei sollen die vorherigen Ämter für Landentwicklung des LGLN als Geschäftsstellen mit Ausnahme des Amtes für Landentwicklung Hannover in der Fläche erhalten bleiben; dieses Amt wird nach Hildesheim verlagert, um Zentralisierungstendenzen entgegenzuwirken und die Fläche zu stärken.

Mit den vier neuen Ämtern für regionale Landesentwicklung hat die Landesregierung in den Regionen handlungsfähige Verwaltungseinheiten geschaffen. Die jeweilige Gebietskulisse der Ämter entspricht der bisherigen räumlichen Gliederung der Europäischen Union (NUTS-2-Ebene).

Die Landesbeauftragten für regionale Landesentwicklung initiieren, koordinieren, bündeln und realisieren insbesondere ressortübergreifende regionale Entwicklungskonzepte und Förderprojekte gemeinsam mit den Partnern vor Ort. Während sich früher die Regierungsvertretungen auf die Analyse und auf Vorschläge für die Landesentwicklung beschränkten, werden die neuen Ämter für regionale Landesentwicklung künftig diese Vorschläge durch konkrete EU-Förderprojekte auf der planerischen Grundlage regionaler Handlungsstrategien umsetzen.

Im Einzelnen haben die Ämter für regionale Landesentwicklung die folgenden Aufgaben:

- regionale Koordinierung und Mitwirkung bei der Umsetzung Europäischer Fonds für regionale Entwicklung (EFRE), Europäischer Sozialfonds (ESF), Europäischer Landwirtschaftsfonds für die Entwicklung des ländlichen Raums (ELER);
- regionale deutsch-niederländische grenzübergreifende Zusammenarbeit;
- INTERREG A (nur Oldenburg);
- transnationale Zusammenarbeit im Rahmen von INTERREG B und C;
- Metropolregionen, länderübergreifende Zusammenarbeit;
- Landesentwicklung, Projektmanagement, Raumordnung, Demografie;
- Moderation und Begleitung infrastruktureller Großprojekte mit regionalem oder überregionalem Bezug im Auftrag der Fachressorts;
- Europe Direct und Europabüro;
- Bauleitplanung, Genehmigung von Flächennutzungsplänen, Städtebauförderung;
- interkommunale Zusammenarbeit, Konversion, Stiftungswesen;
- Tourismus;
- Strukturförderung ländlicher Raum;
- Flurbereinigung, Landmanagement;
- Domänenverwaltung;
- Moorverwaltung.

Letztlich geht es darum, die Handlungsfähigkeit und Präsenz der Landesregierung in der Fläche zu stärken. Zudem trägt die Bündelung staatlicher Aufgaben mit regionalentwicklerischen Bezügen in den Ämtern für regionale Landesentwicklung dazu bei, die Kommunen bei der Aufgabenwahrnehmung gezielt zu unterstützen. Die vier Ämter für regionale Landesentwicklung sind damit Ansprechpartner für Kommunen und Unternehmen gleichermaßen und für die operative Koordinierung der Förderung in der Fläche zuständig. Damit soll auch der Informationsfluss zwischen der kommunalen, der regionalen und der zentralen Landesebene wieder zuverlässig in beiden Richtungen in Gang gebracht werden.

Konkret wurden mit der Gründung der Ämter für regionale Landesentwicklung die maßgeblichen Aufgabenbestände der regionalen Landesentwicklung, der Regionalplanung und der Raumordnung sowie der Stadt- und Landentwicklung und der Wirtschaftsförderung zusammengeführt. Mit diesen Kompetenzen ausgestattet übernehmen die Ämter als einheitlicher Ansprechpartner für Kommunen und Unternehmen die operative Koordinierung der Förderung in der Fläche.

Regionale Potenziale erkennen

Am Beginn dieses strategischen Planungsprozesses stand eine regionalisierte Bestandsaufnahme des Niedersächsischen Instituts für Wirtschaftsforschung e.V. (NIW), das die fünf Teilräume Niedersachsens (die vier ehemaligen Regierungsbezirke und das Gebiet Südniedersachsen) auf raumstrukturelle Zusammenhänge hin untersuchte und regionalisierte Stärken-Schwächen-Analysen (SWOT) vornahm. Ziel des Gutachtens war es, eine einheitliche statistische Basis für die wiederentdeckte regionalisierte Landesentwicklungspolitik zu erarbeiten, um daraus wissenschaftlich fundiert Entwicklungsperspektiven für die Regionen Niedersachsens herzuleiten. Damit wurde eine passgenaue Arbeitsgrundlage für regionale Promotoren geschaffen.

Um sich diesem Arbeitsfeld systematisch zu nähern, wurden in einem ersten Schritt sieben Themenbereiche untersucht, die direkte regionalentwicklerische Bezüge aufweisen:

- Bevölkerungsstruktur und -entwicklung
- Arbeitsmarkt und Beschäftigung
- Einkommen und soziale Lage
- Wirtschaftsstruktur und -entwicklung
- kommunale Finanzen
- Potenzialfaktoren – Bildung, Qualifizierung und Innovation
- Infrastruktur – Erreichbarkeit und Daseinsvorsorge

Im weiteren Verfahren erfolgte anhand landesweiter Benchmarks eine Priorisierung der Handlungsbedarfe und Potenziale. Dabei wurden gerade diejenigen in den Mittelpunkt der Untersuchung gestellt, von denen ein größtmöglicher Beitrag zur Schaffung gleichwertiger Lebensverhältnisse zu erwarten ist. Auf Basis der identifizierten besonderen Handlungsbedarfe und Potenziale erfolgte eine zusammenfassende Darstellung von Stärken-Schwächen-Profilen für jede Region, aus denen spezifische Entwicklungsperspektiven abgeleitet wurden. Sie stellen erste Anregungen für Handlungsoptionen innerhalb der Regionen dar, die besonders gut geeignet erscheinen, regionale Handlungsbedarfe aufzugreifen und dabei gleichzeitig die besonderen regionalen Potenziale zu nutzen. In diesem Zusammenhang wurden auch etwaige Interventionsinstrumente mitbetrachtet. Denn schließlich galt es nicht, wie in vielen Fällen zuvor, auf der Analysestufe stehen zu bleiben, sondern

Fagus-Werk,
Alfeld

Möglichkeiten aufzuzeigen, wie der Einsatz von EU-Fondsmitteln (EFRE, ESF, ELER) gezielt und aufeinander abgestimmt erfolgen kann. Die beiden nachstehenden Beispielregionen Südniedersachsen und Weser-Ems verdeutlichen dieses Vorgehen.

So sieht die Analyse besonders für den Raum Südniedersachsen große Herausforderungen aufgrund hoher Bevölkerungsverluste und einer zunehmend älter werdenden Gesellschaft sowie vergleichsweise hoher Arbeitslosigkeit und eines geringen Wirtschaftswachstums. Besondere Bedeutung hat in diesem Zusammenhang der Fremdenverkehr, der vor allem im ländlichen Raum ein wachsender und gleichzeitig beschäftigungsintensiver Wirtschaftszweig ist. Er hat damit auch zukünftig ein großes Potenzial für die Wirtschaftsentwicklung und den Arbeitsmarkt. Daher werden Investitionen in die touristische Infrastruktur als wichtig und gewinnbringend für die Region angesehen. Als besondere Stärke werden die vorhandenen industriellen Kerne mit einem hohen Grad an Innovationskraft an den Hochschul- und Forschungsstandorten Göttingen, Clausthal-Zellerfeld und Holzminden identifiziert. Hiermit geht ein überdurchschnittliches Qualifikationsniveau der arbeitsfähigen Bevölkerung einher. Es gilt jedoch, diese Potenziale

für die Regionalentwicklung stärker in Wert zu setzen und Ausstrahlungseffekte der Wissenschaftsstandorte gezielt zu nutzen, um hochwertige Arbeitsplätze durch die Förderung von KMU und Unternehmensgründungen zu erhalten und neue zu schaffen. Dieses ist ein wesentlicher Schlüssel, um gut ausgebildete junge Menschen in der Region Südniedersachsen zu halten und endogene Wachstumspotenziale freizusetzen.

In der Region Weser-Ems sind es insbesondere die östlichen Küstenbereiche, die eine periphere Lage jenseits großer Wachstumszentren aufweisen und vom demografischen Wandel und den damit einhergehenden Problemen betroffen sind. Im Gegensatz dazu sind im Oldenburger Land, Emsland und Osnabrücker Land eine geringe Arbeitslosigkeit und hohe wirtschaftliche Dynamik anzutreffen, die insbesondere durch Unternehmen aus dem Agrar- und Ernährungssektor befördert wird. Insgesamt muss jedoch die wirtschaftliche Wettbewerbsfähigkeit der gesamten Region durch Innovationsförderung bestehender Unternehmen, Investitionen in Weiter- und Nachqualifizierung sowie in den Bildungsbereich zur Steigerung des Qualifikationsniveaus und durch Investitionen in die touristische Infrastruktur insbesondere im Inselbereich verbessert werden.

»Europa 2020« gezielt für Niedersachsen nutzen

Der von der niedersächsischen Landesregierung gewählte regionale Bezugsrahmen dient auch der Operationalisierung der von der EU vorgegebenen »Europa 2020«-Strategie, um intelligente, nachhaltige und integrative Wachstumsimpulse auszulösen. Dabei stellt die EU beim intelligenten Wachstum darauf ab, Wissen und Innovation als maßgebliche wirtschaftstreibende Kräfte zu fördern. Nachhaltiges Wachstum zeichnet sich zudem durch eine fortlaufende ökologische Modernisierung zugunsten einer ressourcenschonenden, energieeffizienten und CO_2-einsparenden Wirtschaft aus. Nicht zuletzt verfolgt die EU mit integrativem Wachstum das Ziel, soziale Ungleichheiten und regionale Disparitäten abzubauen. Vor allem bei den ersten beiden Wachstumszielen geht es um eine konsequente Innovationsorientierung der künftigen EU-Strukturpolitik. Die EU sieht insbesondere in einer »Strategie der intelligenten Spezialisierung« vielfältige Potenziale, um die Entwicklung von Innovationen und regionalem Wachstum zu unterstützen. Niedersachsen und die EU ziehen damit am selben Strang: weg von der Gießkanne hin zu einer bei den Profilen der Regionen ansetzenden Förder- und Entwicklungspolitik.

Über diese Anforderungen hinaus sollen im Rahmen der niedersächsischen regionalen Innovationsstrategie (RIS3) die Alleinstellungsmerkmale, die besonderen Stärken und Vorteile Niedersachsens insgesamt dargelegt und die jeweiligen regionalen Akteure und Ressourcen für eine umfassende Zukunftsstrategie mobilisiert werden. Dabei werden auch Handlungsansätze zur Förderung von Existenzgründungen, zur Bewältigung des demografischen Wandels, zur Fachkräftesicherung und für andere Handlungsfelder beschrieben. Insofern handelt es sich nicht nur um eine Vorbedingung für den EFRE-Mittel-Einsatz für Forschung, technologische Entwicklung und Innovation, sondern um einen übergreifenden Ansatz, der auch die mit der niedersächsischen Innovationsförderung verbundenen Themen und Handlungsfelder aufgreift. Die Strategie zielt darauf ab, dass sich jede der fünf Regionen auf ihre besonderen technologischen bzw. unternehmerischen Stärken bezieht und diese zum Ausgangspunkt ihrer Innovationspolitik nimmt. Die Innovationskraft einer Region basiert daher darauf, neues Wissen zu kombinieren und in neue Lösungen zu überführen.

Wie schon bei der Aufstellung, so wird auch die Fortschreibung der RIS3-Strategie unter breiter Beteiligung in den Regionen erfolgen. Insofern stellt sie für die kommenden Jahre kein statisches Konzept dar, sondern ist offen für Veränderungen und neue Erkenntnisse. Daher wird der intensive Dialog mit allen Akteuren aus Wirtschaft, Wissenschaft und Zivilgesellschaft fortgesetzt, um neue Impulse aufzunehmen.

Zukünftige EU-Förderung aus einem Guss

Die regionale Landesentwicklungspolitik in Niedersachsen erschöpft sich nicht in der Neuausgestaltung der Förderpolitik, dennoch setzt der Einsatz von EU-Fördermitteln und der entsprechenden Kofinanzierung wichtige, teils entscheidende Impulse für die Regionalentwicklung. Deshalb kommt dem zielgerichteten Einsatz der Fördermittel eine erhebliche Bedeutung für die Entwicklung der Regionen in Niedersachsen zu. Angesichts der erhöhten Anforderungen der EU-Kommission an eine effiziente und effektive Mittelnutzung wird es in der neuen Förderperiode ein Nebeneinander von verschiedenen Strategien, Förderrichtlinien und -maßnahmen zu ähnlichen oder sogar gleichgelagerten Fördertatbeständen nicht mehr geben. Es gilt, für den Planungszeitraum 2014–2020 eine EU-Strukturpolitik für alle drei maßgeblichen Fonds (EFRE/ESF/ELER) zu entwerfen, die optimal auf die unterschiedlichen Finanzierungsquellen und Fördertatbestände abgestimmt ist. Damit entwirft die niedersächsische Landesregierung erstmals in der Geschichte regionale Strukturpolitik aus einem Guss.

Gottfried Wilhelm Leibniz Universität, Hannover

Daher hat Niedersachsen als einziges Land in Deutschland mit einem gemeinsamen Programm für EFRE und ESF für das gesamte Landesgebiet ein fonds- und zielgebietsübergreifendes Multifondsprogramm erarbeitet. In der Förderperiode 2007–2013 hatte das Land noch für die beiden EU-Strukturfonds EFRE und ESF insgesamt vier Operationelle Programme (je 1 x EFRE u. ESF Konvergenzgebiet [= Region Lüneburg] sowie je 1 x EFRE u. ESF RWB-Gebiet [= übriges Niedersachsen]). Dieser alte Ansatz bedingte nicht nur unterschiedliche Förderbedingungen in den Zielgebieten und damit Probleme bei der Umsetzung zielgebiets- und fondsübergreifender Projekte, sondern auch den vierfachen Verwaltungsaufwand in der Programmabwicklung. Die Zusammenführung der Operationellen Programme für den EFRE und den ESF in ein gemeinsames Operationelles Programm erleichtert die Programmumsetzung dahingehend, dass bereits bei der Aufstellung der Richtlinien klare Abgrenzungen getroffen werden müssen. Darüber hinaus werden Projekte, die beide Fonds betreffen oder zielgebietsübergreifend angelegt sind, in der Umsetzung erleichtert.

Im Gegensatz zu den vorherigen Operationellen Programmen des EFRE und ESF weist das neue Multifondsprogramm nunmehr insgesamt nur noch neun inhaltliche sog. Prioritätsachsen als Förderschwerpunkte auf. Dieses sind:

1. Innovationsförderung;
2. Förderung der Wettbewerbsfähigkeit von KMU;
3. Reduzierung des CO_2-Ausstoßes und Kohlenstoffspeicherung in Böden;
4. Nachhaltige Stadtentwicklung;
5. Bewältigung des demografischen Wandels in ländlichen Gebieten;
6. Förderung der Beschäftigung durch Gleichstellung und regionale Ansätze zur Fachkräftesicherung;
7. Soziale Innovationen;
8. Armutsbekämpfung durch aktive Eingliederung;
9. Lebenslanges Lernen und Prävention des vorzeitigen Schulabbruchs.

Die Landesregierung ist bei der Programmierung der neuen Förderperiode jedoch nicht beim Multifondsprogramm (EFRE/ESF) stehen geblieben, sondern hat auch das Operationelle Programm für den ELER konsequent in die Gesamtplanung mit einbezogen. So beschloss das Kabinett am 17. Juni 2014 nicht nur die Entwürfe für das niedersächsische Multifondsprogramm EFRE/ESF, sondern auch das gemeinsame Programm zur Förderung des ländlichen Raums in

13

Niedersachsen und Bremen (ELER). Die Landesregierung stellte so unter gleichzeitiger Einhaltung der EU-Vorgaben sicher, dass die drei großen Fonds EFRE, ESF und ELER inhaltlich und finanziell eng aufeinander abgestimmt sind. Dieser integrative Ansatz im Zusammenspiel mit den geschaffenen organisatorischen Voraussetzungen, insbesondere der Schaffung und Herstellung der Arbeitsfähigkeit der Ämter für regionale Landesentwicklung mit den Landesbeauftragten an deren Spitze, wird die Zielgenauigkeit und Wirkungskraft der EU-Förderung enorm steigern. Schon heute sind positive Effekte beispielsweise in folgenden Förderfeldern vorhersehbar:

- Für die Förderung des Breitbandausbaus in Niedersachsen stehen insgesamt 60 Mio. € zur Verfügung. Davon stammen 40 Mio. aus ELER-Mitteln und 10 Mio. aus GAK-Mitteln für Lückenschlüsse im ländlichen Raum. Weitere 10 Mio. aus EFRE-Mitteln werden für das Breitbandkompetenzzentrum und die Erschließung von Gewerbegebieten eingesetzt.

- Die gezielte Abstimmung der Tourismusförderung über den EFRE-Fonds im Wirtschaftsministerium mit der Förderung des Landwirtschaftsministeriums über den ELER-Fonds ist sichergestellt. Auch diese fondsübergreifende Kooperation über Fachministerien hinweg ist neu in der Förderlandschaft Niedersachsens.

- Die im Zusammenhang mit der Moorentwicklung benötigten Flurbereinigungen werden zukünftig aus dem ELER gefördert, während das Wassermanagement aus dem EFRE-Fonds finanziert wird.

- Auch wird zukünftig die Zuständigkeit für das Städtebauförderungsprogramm »Kleinere Städte und Gemeinden« und die ELER-Maßnahme »Dorferneuerung« bei den Ämtern für regionale Landesentwicklung in einer Hand liegen, so dass beide Fördertöpfe optimal aufeinander abgestimmt sind.

Dies sind nur einige Beispiele, die vor Augen führen, welche Potenziale durch die Integration der EU-Förderfonds im Rahmen einer koordinierten regionalisierten Strukturpolitik gehoben werden können.

Regionale Handlungsstrategien als Basis der neuen Förderpolitik

Um die Akteure vor Ort bereits zu einem frühen Zeitpunkt einzubinden und sie über die Neuausrichtung der Landesentwicklungspolitik zu informieren, führte die Staatskanzlei bereits im Herbst 2013 Zukunftskonferenzen in Braunschweig, Lüneburg, Hildesheim, Oldenburg und Göttingen durch. Die Veranstaltungen lösten in den Regionen ein großes Interesse aus, weil mit der Abschaffung der Bezirksregierungen im Jahre 2005 ein enormer Verlust an Bündelungskompetenz einherging und viele Teilräume von den Entscheidungen in der Landeshauptstadt Hannover systematisch abgekoppelt wurden.

Aufgrund dieser Ausgangslage entwickelten sich zahlreiche heterogene Ansätze zu teilräumigen Entwicklungskonzepten, die mit der Landesebene weder systematisch noch organisatorisch verknüpft waren. Zudem sind die in den vergangenen zehn Jahren von der kommunalen Ebene erstellten regionalen Entwicklungskonzepte je nach Region mehr oder weniger konkretisiert und in sehr unterschiedlichen Erarbeitungs- und

Beteiligungsprozessen entstanden. Hintergrund ist auch, dass sie im Gegensatz zu den regionalen Raumordnungsprogrammen an keine formalen Beteiligungsprozesse gebunden waren. In vielen Fällen war die staatliche Ebene bislang nicht oder nur beratend in die Erarbeitung der regionalen Konzepte eingebunden. Eine Abstimmung mit den Fachpolitiken des Landes fand bisher nicht statt.

Durch die neue regionalisierte Landesentwicklungspolitik wird die Landesregierung allen Teilräumen in Niedersachsen die Chance auf eine eigenständige und zukunftsfähige Entwicklung geben. Um dieses Ziel zu erreichen, muss das Land den Gestaltungsrahmen setzen, die erforderlichen Maßnahmen für eine regionale Landesentwicklung koordinieren, mit den Experten vor Ort inhaltliche Schwerpunkte definieren und regionale Kooperationen unterstützen. Diese notwendigen Abstimmungs- und Koor-

aufgezeigten Stärken und Schwächen der Region als auch mit den strategisch wichtigen Handlungsfeldern und Entwicklungszielen. Der Fokus liegt insofern auf Themenfeldern, die einen deutlichen regionalen Bezug aufweisen und für die regionsspezifische Lösungen entwickelt werden können. Die Handlungsstrategien stellen damit eine wichtige Arbeits- und Orientierungsgrundlage für die Ämter für regionale Landesentwicklung dar. Darüber hinaus werden die wesentlichen Entwicklungsziele der regionalen Handlungsstrategien auch die Aussagen zur Landesentwicklungspolitik in einem neu zu entwickelnden Landesentwicklungsprogramm beeinflussen.

In das Aufstellungsverfahren zu den regionalen Handlungsstrategien, das aktuell noch nicht abgeschlossen ist, sind die maßgeblichen regionalen Akteure und die interessierte Öffentlichkeit einbezogen (»bottom-up«-

Abb. 2: Landesentwicklungspolitik. Quelle: Niedersächsische Staatskanzlei

dinierungsprozesse übernehmen seit dem 1. Januar 2014 die vier neuen Ämter für regionale Landesentwicklung. Zu den ersten wichtigen Aufgaben der Landesbeauftragten und ihrer Ämter gehört es, gemeinsam mit den Akteuren vor Ort regionale Handlungsstrategien zu erarbeiten. Diese verknüpfen die landespolitischen Zielsetzungen sowohl mit den in diversen Gutachten

Ansatz). Ebenfalls sind bei der Erarbeitung der regionalen Handlungsstrategien die Staatskanzlei und der Staatssekretärsausschuss »Regionale Landesentwicklung und EU-Förderung« eingebunden. Nach der Verabschiedung im Kabinett Ende 2014 werden die regionalen Handlungsstrategien Richtschnur für die Arbeit der Ämter für regionale Landesentwicklung und der dort angesiedelten Kommunalen Steuerungsausschüsse im Kontext der EU-Förderung sein. Konkret werden sie u. a, herangezogen, um die regionalfachliche Güte von Projektanträgen zu beurteilen. Sie bilden folglich den Maßstab dafür, inwieweit Fördervorhaben zur Regionalentwicklung beitragen. Im Detail soll das Verfahren wie folgt ausgestaltet sein:

Unter Einbeziehung der Kommunalen Steuerungsausschüsse bei den Ämtern für regionale Landesentwicklung (Vertreter der Landkreise, kreisfreien Städte und Gemeinden) beurteilen diese, ob und in welchem Maße ein Projekt den Handlungsfeldern der jeweiligen Handlungsstrategie entspricht. Diese Bewertung fließt dann in die Punktevergabe (sog. Scoring) mit ein, die die Grundlage für die Förderentscheidung bildet. Darüber hinaus werden bei der Umsetzung der Handlungsstrategien auch die Bundes- und Landesförderung berücksichtigt. Durch die Verzahnung der verschiedenen Förder-

stränge auf regionaler Ebene werden Synergieeffekte in der Regionalförderung erzielt und begrenzte finanzielle Ressourcen aus den EU-Fonds sowie den Bundes- und Landesförderprogrammen wirkungsvoll miteinander eingesetzt.

Dabei werden sich die regionalen Handlungsstrategien auch auf die neuen Entwicklungskonzepte in den jeweiligen Regionen (z.B. kommunale bzw. regionale Wirtschaftsförderungskonzepte oder ILEK und REK gemäß LEADER) auswirken. Ziel ist es, diese in Zukunft mit den regionalen Handlungsstrategien abzustimmen.

Im Ergebnis werden die regionalen Handlungsstrategien, die regelmäßig überprüft und ggf. angepasst bzw. fortgeschrieben werden, einen erheblichen Beitrag dazu leisten, die Wirtschaftskraft in den Regionen zu stärken, die Lebensqualität zu verbessern und damit die Ziele der neuen regionalen Landesentwicklungspolitik zu erreichen.

Besondere Unterstützung für Südniedersachsen: das Südniedersachsenprogramm

NIW und CIMA sehen die südlichen niedersächsischen Landkreise vor großen Herausforderungen hinsichtlich ihrer demografischen und ökonomischen Situation. Konkret handelt es sich um die Landkreise Goslar, Göttingen, Holzminden, Northeim und Osterode am Harz, die zum einen von gravierenden Bevölkerungsverlusten und einer rasch älter werdenden Gesellschaft, zum anderen durch hohe Arbeitslosigkeit und ein geringes Wirtschaftswachstum geprägt sind. Nirgendwo sonst in Niedersachsen sind diese Problemlagen so tiefgreifend und flächig ausgeprägt.

Die Niedersächsische Landesregierung nimmt ihre Verantwortung für das gesamte Landesgebiet wahr und wird dieser Entwick-

lung nicht tatenlos zusehen. Daher wurde die Entscheidung getroffen, ein Sonderprogramm für Südniedersachsen aufzulegen, das den negativen Entwicklungstendenzen entgegenwirken soll.

Mit einem Gesamtvolumen von rd. 100 Mio. € sollen Projekte mit entwicklungsstrategischer Bedeutung finanziert werden, wovon 50 Mio. € aus den EU-Fonds EFRE, ESF und ELER stammen.

Auf der Grundlage der von NIW und CIMA vorgelegten Analysen und den teilräumlichen Empfehlungen aus den regionalen Handlungsstrategien für die Regionen Braunschweig und Leine-Weser wird eine konsequente Schwerpunktsetzung für das Südniedersachsenprogramm vorgenommen,

Arbeitsplatz in der
Continental AG,
Hannover

die den besonderen Herausforderungen dieses Gebietes Rechnung trägt. Dabei geht es sowohl um die Sicherung und Stärkung der Wirtschafts- und Innovationskraft der Region als auch um den Erhalt zukunftsfähiger und lebenswerter Städte und Dörfer im Rahmen der Daseinsvorsorge. In diesem Kontext sollen auch »Modellvorhaben des Demografiebeirats« umgesetzt werden. Ferner können aus den Vorarbeiten zur niedersächsischen RIS3-Strategie folgende inhaltlichen Anknüpfungspunkte abgeleitet werden:

- Technologie und Innovationsförderung zur Erhöhung der Wettbewerbsfähigkeit regionaler KMU,
- Bildung/Qualifizierung: Darunter bessere Vernetzung der Bildungs- und Hochschullandschaft mit der Regionalwirtschaft,
- Förderung der Gesundheitswirtschaft in Verbindung mit der Nutzung touristischer und kultureller Potenziale,
- Mobilität als zentraler Anknüpfungspunkt zur Sicherung der Daseinsvorsorge,
- Rural Solutions als innovative Ansätze zur Bewältigung der Herausforderungen durch den demografischen Wandel,

- Ausbau der informations- und kommunikationstechnologischen Infrastruktur in Südniedersachsen (Breitband)

Die Umsetzung dieser Förderziele erfolgt mittels eines dafür eingerichteten Projektbüros »Südniedersachsen«, welches organisatorisch an das Landesamt für regionale Landesentwicklung Braunschweig angegliedert ist. Zu den Aufgaben des Projektbüros, das in Göttingen verortet ist, zählen in Zusammenarbeit mit den regionalen Akteuren die Anbahnung und Entwicklung kreisübergreifender Projektanträge, die eine herausgehobene regionale Bedeutsamkeit für den Raum Südniedersachsen aufweisen. Um die kommunalen Interessen mit einzubinden und um nicht zuletzt für eine erfolgreiche Projektumsetzung zu sorgen, bringen die Landkreise Holzminden, Northeim, Göttingen, Osterode am Harz, Goslar und die Stadt Göttingen Mitarbeiterinnen und Mitarbeiter in das Büro ein. Die Leitung des Büros obliegt einer Mitarbeiterin des Landesamtes Braunschweig. Konkrete Projekte zur Umsetzung des Südniedersachsenprogramms werden im Bewilligungsverfahren einem separaten Steuerungsausschuss für die Region zur Bewertung vorgelegt.

Regionale Handlungsstrategien als Grundlage des neuen Landesentwicklungsprogramms

Das bisherige LROP ist ein gesetzlich geforderter Plan der Raumordnung, in dem u. a. festgelegt ist, welchen Stellenwert bestimmte Nutzungsformen haben sollen (z. B. konventionelle Landwirtschaft, Naturschutz, Siedlungsflächen, Verkehrswege, Rohstoffgewinnung u. a.). Mit verbindlichen Aussagen zu raumbedeutsamen Nutzungen und deren Entwicklungen dient das Landes-Raumordnungsprogramm dazu, die oftmals widerstreitenden wirtschaftlichen, sozialen, kulturellen und ökologischen Interessen bezüglich des Raumes festzulegen.

Hingegen wird das neue Landesentwicklungsprogramm über diese gesetzlich geforderte Mindeststeuerung weit hinausgehen. In einem neuen Planungsteil werden den bisherigen Festlegungen neue Leitbilder für die Entwicklung des Landes und seiner Teilräume vorangestellt und langfristige Perspektiven für die weitere Entwicklung Niedersachsens eröffnet. Die wesentlichen Inhalte der regionalen Handlungsstrategien werden dabei die Grundlage einer neuen Entwicklungsstrategie darstellen. Darauf aufbauend wird das innere Zusammenspiel der bestehenden Fachplanungen und der vorhandenen Konzepte der verschiedenen Fachressorts (Energie- und Klimakonzept, Logistikkonzept, Krankenhausplanung, Städtebau, Konversion etc.) transparent gemacht und eine fachübergreifend abgestimmte Zielrichtung formuliert werden.

Integrativ und fachübergreifend wird das neue Programm auf Grundlage der regionalen Handlungsstrategien Zukunftsbilder entwerfen und koordiniert Impulse wie auch richtungweisende Handlungsansätze vorgeben. Aufgabe des zukünftigen LEP wird es sein, die Leitbilder einer zukunftsfähigen Entwicklung mit der Bindungswirkung konkreter Ziele der Raumordnung zu verknüpfen und so einen Orientierungsrahmen für das Handeln der Landesregierung und das Zusammenwirken der gesellschaftlichen Akteure im Land zu schaffen.

Das Programm wird die vielfältigen Ansätze und Handlungsfelder einer neuen Politik mit Gestaltungsanspruch auf dem Gebiet der strategischen Landesentwicklung und der Raumordnung in Niedersachsen zusammenführen. Damit wird das Landesentwicklungsprogramm ein Kernelement der neuen regionalisierten und integrierten Landesentwicklungspolitik sein.

Ausblick und Erwartungen

Die vorausgegangenen Ausführungen zeigen einen mutigen, umfassenden, aber vor dem Hintergrund der skizzierten Herausforderungen notwendigen neuen Politikansatz. Als großem Flächenland stellen sich Niedersachsen andere Aufgaben als kleinen Bundesländern oder gar Stadtstaaten. Die regionale Heterogenität des Landes legt einen stark an den regionalen Bedürfnissen orientierten Ansatz nahe. Auch eine vorgefundene Förderpolitik ohne Kompass mit vielen und vereinzelten Fördertatbeständen erfordert eine deutliche Neuausrichtung. Dass hier auch die klaren inhaltlichen Vorgaben der EU-Kommission für die Förderschwerpunkte ein Anlass waren, die Förderung konturierter aufzustellen, war ein willkommener Anstoß, eingefahrene Strukturen in Frage zu stellen und die Förderpolitik zu modernisieren. Die Landesregierung hat dabei ihre Landesentwicklungspolitik konsequent auf zwei strategische Ziele hin ausgerichtet:

1. Die regionalen Besonderheiten sind Maßstab und Richtschnur der Landesentwicklungspolitik und die Akteure in den Regionen sind maßgeblich in alle Planungen eingebunden,
2. keine Region wird gegen eine andere ausgespielt. Die Menschen in den Regionen haben einen Anspruch auf faire Chancen für die Entwicklung ihrer Heimat und auf ausgeglichene Lebensbedingungen. Keine Region, und seien die Ausgangsvoraussetzungen noch so schlecht, wird zurückgelassen.

Von den eingeleiteten Maßnahmen erwartet die Landesregierung mittelfristig folgende Effekte zum Wohle der Regionen:

- Es wird nicht mehr nach dem »Gießkannenprinzip« gefördert, sondern – im Rahmen einer kontinuierlich weiterzuentwickelnden Handlungsstrategie jeweils auf Landes- und regionaler Ebene – bedarfsgerecht, zielgenau, intelligent und zwischen den Ressorts abgestimmt.
- Integrierte Konzepte – die in die Gesamtstrategie des Landes und der jeweiligen Teilräume passen – werden die Regel.
- Die Belange (Bedürfnisse/Problemlagen) der Regionen werden besser berücksichtigt. Die Landesbeauftragten fungieren dabei als Bindeglied (in beide Richtungen) zwischen Land und kommunaler Ebene.

- Die lokalen und regionalen Kompetenzen werden u.a. durch Mitwirkung bei der Erarbeitung und Umsetzung der regionalen Handlungsstrategien und bei Projektauswahlentscheidungsprozessen aktiviert.
- Durch die Vermeidung von Doppel- bzw. Parallelförderungen können die knapperen EU-Fördermittel effizienter eingesetzt werden. Dadurch bestehen bessere und zusätzliche Realisierungsmöglichkeiten für gute Projekte.
- Kontraproduktive und miteinander konkurrierende Projektansätze unterschiedlicher Förderstränge werden erkannt und gelenkt.
- Es findet eine Identifizierung und Auswahl der »richtigen« Schlüsselthemen und -projekte mit regionaler Bedeutung statt.

Die Realität in der Umsetzung dieses neuen Politikansatzes zeigt, dass hier ein steiniger, aber notwendiger Weg gewählt wurde. Die Schaffung neuer Strukturen bei stark begrenzten Ressourcen und auch die Vermittlung dieses Prozesses gegenüber den Akteuren stellt sich als Herausforderung dar. Deshalb soll gerade dieser Prozess weiter transparent und unter breiter Beteiligung gestaltet werden. Denn nur eine Politik, die die Betroffenen mitnimmt und zur Mitwirkung einlädt, wird auch in der Sache erfolgreich sein können. So wird auch weiterhin der Dialog mit den Menschen in den Regionen geführt und ihnen damit Stimme, Einfluss- und Mitwirkungsmöglichkeiten gegeben. Die hier begonnene Neuausrichtung in der Landesentwicklungspolitik ist also auch ein methodischer Neuanfang; er dient aber vor allem dazu, den Zusammenhalt dieses schönen Landes Niedersachsen auch weiterhin zu gewährleisten – einer Einheit auf der Basis von Vielfalt.

Regionale Innovationsstrategie in Niedersachsen

Olaf Arndt, Arno Brandt, Antje Campen, Hans-Ulrich Jung, Dirk Fornahl, Jan Phillip Kramer, Frederik Lindner

1. Die Regionale Innovationsstrategie (RIS3) im Kontext der EU-Strukturpolitik

Im Rahmen der Europa 2020-Strategie strebt die EU ein intelligentes, nachhaltiges und integratives Wachstum an, um sowohl die Beschäftigung und Produktivität zu erhöhen, als auch den sozialen Zusammenhalt zu stärken. Der Fokus liegt auf einer Nutzung und Erstellung von Wissen und Innovationen zur Stärkung der Wettbewerbsfähigkeit unter Beteiligung aller regionalen Akteure. Da Innovationen einen positiven Einfluss auf die Wettbewerbsfähigkeit und Wertschöpfung besitzen (European Commission 2005, bmbf 2012), spielen sie hierbei eine zentrale Rolle. Ein Teilziel der Europa 2020-Strategie ist es schließlich, die Investitionsquote in F&E und Innovation in allen Teilräumen auf 3 % des jeweiligen Bruttoinlandsprodukts zu erhöhen.

Allerdings ist selbst in Deutschland dieses 3 %-Ziel noch nicht erreicht (Bundesbericht Forschung und Innovation 2012). Eine Betrachtung der europäischen Teilräume zeigt darüber hinaus auch regionale Unterschiede in den einzelnen Ländern (siehe Abbildung 1) und weist auf die Notwendigkeit einer teilregionalen Betrachtung hin. In den Jahren 2004–2010 hat sich zwar die Innovationsaktivität in einem Großteil der europäischen Regionen erhöht, aber in 18 % der Regionen hat sich die Performanz auch verschlechtert (European Commission 2014). Die 27 Regionen, welche als Innovationsführer identifiziert werden können, stammen aus nur acht Staaten (Dänemark, Deutschland, Finnland, Frankreich, Irland, Niederlande, Schweden und Großbritannien). Dies deutet darauf hin, dass die außergewöhnlich starken Innovationsaktivitäten in nur wenigen Regionen in Europa oder auch Deutschland konzentriert sind und eine Konvergenz der Innovationstätigkeit – falls überhaupt – nur langsam stattfindet.

Diese ausbleibende Konvergenz und nur unzureichende Entwicklung in einigen Regionen hat unterschiedliche Ursachen (Barca 2009, Foray, David und Hall 2009). Erstens wird kritisiert, dass viele Politikansätze der Vergangenheit horizontal und neutral waren, d.h. der Fokus lag auf der Verbesserung von Rahmenbedingungen, Infrastrukturen und Humankapital, ohne auf spezifische Aktivitäten Prioritäten zu legen. Dies verringert zwar die Wahrscheinlichkeit einer Fehlauswahl, aber gleichzeitig führt die breite Streuung der Investitionen in vielen technologischen oder sektoralen Feldern auch nur zu gerin-

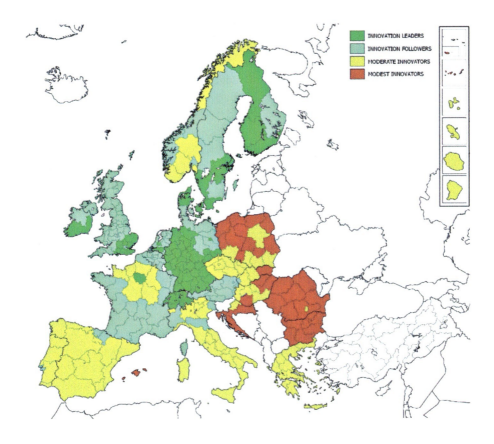

Abbildung 1: Innovationsfähigkeit der Regionen in der EU
Quelle: European Commission 2014, S. 4

gen Effekten. Zweitens wird kritisiert, dass viele Innovationsstrategien nicht raumspezifisch sind. Häufig erfolgt nur eine unzureichende Betrachtung der individuellen regionalen Ausgangslagen und Kompetenzen. Stattdessen werden unreflektiert Modethemen (z.B. Biotechnologie) gewählt oder man orientiert sich an anderen (benachbarten) Regionen und kopiert deren Schwerpunktsetzung bei Themen und Projekten. Als Ergebnis investieren Regionen in Felder, in denen sie keine relativen Stärken aufweisen, es wird Doppelarbeit geleistet und es existieren teilweise nur geringe Synergien zu in den Regionen wirklich vorhandenen Aktivitäten. Verbunden hiermit ist drittens eine

Kritik an den Auswahlprozessen. In vielen Regionen erfolgt eine Setzung der Themen top-down durch politische Akteure und Gremien. Der Grad der Partizipation variiert in den einzelnen Regionen sehr stark. Dies hat u. a. zu einer Überproduktion der Forschung und zu einer unzureichenden Beachtung der marktlichen Umsetzung geführt. Nur selten waren Firmen in den Auswahlprozess eingebunden, wohingegen Forschungsinteressen von Hochschulen und Forschungseinrichtungen stärker berücksichtigt wurden. In den Fällen, in denen die regionalen Stärken Berücksichtigung fanden, orientierten sich die regionalen Akteure überwiegend an der Vergangenheit und es wurden regional bedeutsame Sektoren gefördert, ohne zu berücksichtigen, wie sich diese Kompetenzen in der Zukunft weiterentwickeln würden und wie auch andere Sektoren und die Region insgesamt von einer solchen Unterstützung profitieren könnten. Viertens wurden nur selten interregionale Aspekte berücksichtigt und Synergien u. a. in Form von Kooperationen mit anderen Regionen genutzt. Fünftens existierten Schwächen in Bezug auf die Ergebnisorientierung der geförderten Innovationsaktivitäten. Es gab nur selten ein systematisches Monitoring- und Evaluationssystem, in dem auch Abbruchkriterien für Aktivitäten definiert wurden. Dies erhöht die Gefahr der längerfristigen Fehlallokation von Ressourcen.

Aus diesen Gründen werden in der anstehenden EU-Förderperiode neue Ansätze genutzt, um die Wachstumsziele der EU zu erreichen. Dabei sollen u. a. nicht nur die Innovationspotenziale der führenden Regionen erhöht werden, sondern die Kompetenzen und Fähigkeiten möglichst vieler – wenn nicht aller – Regionen genutzt und miteinander vernetzt werden. Ein zentrales Instrument der EU zur Umsetzung dieser Ansätze sind die Strukturfonds. Als sogenannte »ex ante Konditionalität«, d.h. als Voraussetzung für die Annahme der Operationellen Programme der jeweiligen Bundesländer, muss eine regionale Strategie der intelligenten Spezialisierung (RIS3) vorliegen. Ziel ist die Nutzung von vorhandenem regionalem Wissen, Kompetenzen und Innovationspotenzialen durch eine regionale Strategie. Aufbauend auf diesen Kompetenzen sollen Strukturwandel- und Transformationsprozesse aktiviert werden, um Verkrustungsprozesse in der sektoralen und technologischen Ausrichtung zu verhindern und inkrementelle sowie teilweise radikale Veränderungen in der regionalen Wirtschaftsstruktur zu initiieren.

Hierbei werden auch die angeführten Kritikpunkte adressiert und Prozesse angestoßen, um die erkannten Schwächen zu reduzieren (Foray 2013, Foray und Goenega 2013). Als Anforderungen an eine künftige RIS3 können somit gelten:

1. Eine RIS3 beruht auf einer vertikalen, nicht-neutralen Politik, d.h. es erfolgt eine Auswahl und Priorisierung regionsspezifischer Schlüsselprioritäten und -aktivitäten. Damit einher geht eine Konzentration der Allokation von Ressourcen (u. a. bezogen auf öffentliche Fördermittel und Investitionen, aber auch private Investitionen) in diesen ausgewählten Aktivitäten. Ziel ist die Unterstützung der Entstehung, Nutzung und Verbreitung von Ideen und Wissen. Vor allem besitzt Wissen starke Spillover, so dass es nicht nur in einem spezifischen Kontext relevant ist, sondern Auswirkungen auf andere regionale Sektoren oder Technologien hat.

2. Die Auswahl der Prioritäten erfolgt evidenzbasiert, d.h. unter Berücksichtigung der jeweiligen Stärken und Schwächen der Region aus einer externen globalen Perspektive, um die individuellen, regionsspezifischen Kompetenzen zu identifizieren. Entsprechend sollten eine kritische Masse an Kompetenzen ebenso wie Marktchancen und Kooperationsmöglichkeiten vorhanden sein. Aufbauend auf den vorhandenen Kompetenzen erfolgt ein gezielter Strukturwandel und eine Weiterentwicklung der regionalen Kompetenzfelder und keine unreflektierte Nachahmung. Durch diese Aktivitäten soll ein Transformationsprozess eingeleitet werden, z.B. Diversifizierung in angrenzende technologische oder sektorale Bereiche und Modernisierung der existierenden Kompetenzfelder, welcher direkte Auswirkungen auf die involvierten Technologiefelder bzw. Sektoren hat, aber

darüber hinaus auf weitere regionale Aktivitäten ausstrahlt. Am Ende entstehen neue Spezialisierungen mit den einhergehenden kritischen Massen, Netzwerken und Clustern innerhalb eines diversifizierten Systems.

3. Die Auswahl von Aktivitäten basiert in einer RIS3 nicht auf einem Top-down-Ansatz, sondern möglichst auf einem unternehmerischen Entdeckungsprozess, in dem Firmen, Hochschulen, Forschungseinrichtungen, zivilgesellschaftliche Institutionen etc. neue Ideen generieren, die für sie selbst positive ökonomische Auswirkungen haben, aber ebenso für die Region insgesamt. Entsprechend wichtig ist die Partizipation und Mobilisierung der regionalen Innovationsakteure an Strategieentwicklung und -durchführung (Quadrupel-Helix).

4. Neben der Fokussierung auf die regionalen Kompetenzen, soll ebenso eine starke Außenorientierung genutzt werden, um beispielsweise existierendes Wissen und existierende Technologie einzubinden und nicht alles neu erfinden zu müssen. Die Region bzw. die Akteure in der Region mit ihren spezifischen Kompetenzen sind eingebunden in ein interregionales und internationales Forschungs- und Wertschöpfungsnetzwerk.

5. Im Rahmen der RIS3 wird viel Wert auf Ergebnisorientierung gelegt. Es soll ein wirksames Monitoring- und Evaluationssystem etabliert werden, um die Wirkungen der eingesetzten Instrumente, aber auch die Priorisierung der Themen zu überprüfen. Dabei ist davon auszugehen, dass einmal gewählte Prioritäten nicht in aller Zukunft unterstützt werden (müssen), sondern neue Prioritäten entstehen, welche dann wiederum gefördert werden. Die Setzung der Prioritäten hat diesbezüglich Experimentalcharakter und es liegt ein iterativer Prozess aus Themen- und Instrumentenwahl, Durchführung, Monitoring, Evaluation, Lernen und Anpassungen vor.

Aufbauend auf diesen neuen strategischen Ansätzen und Vorgaben durch die Europäische Kommission wurde auch für das Bundesland Niedersachsen eine neue Innovationsstrategie erarbeitet, welche im Folgenden beschrieben wird.

2. Die RIS3 in Niedersachsen

Den Schwerpunkten der Regionalen Innovationsstrategie (RIS3) in Niedersachsen liegt eine umfassende Analyse der Stärken und Schwächen sowie Chancen und Risiken der Wirtschaft des Landes zugrunde (Kabinettsbeschluss 2014, CIMA, CRIE, Prognos 2014). In diesem Zusammenhang wurde auf eine Vielzahl von Studien zurückgegriffen, u. a. auf die »Stärken-Schwächen-Analyse (SWOT) für das Land Niedersachsen und seine Regionen« (NIW 2013a) und die »Basisanalyse zur Identifizierung spezifischer Handlungsbedarfe für fünf Regionen in Niedersachsen« (NIW 2013b). Ergänzt wurden diese quantitativen Studien durch eine Vielzahl von Gesprächen und Workshops, insbesondere mit Vertretern der Wirtschaft, Wissenschaft sowie Politik und Verwaltung (Wirtschaftsförderung) aus den Teilregionen des Landes. Die Ergebnisse dieser Vorarbeiten umfassen dabei sowohl die spezifischen Kompetenzen in Niedersachsen als auch die zentralen Herausforderungen und die regionalen Spezifika des Landes. Besonders herausgestellt wurden in diesem Zusammenhang die speziellen Branchenkompetenzen der niedersächsischen Wirtschaft sowie branchenunabhängige Fokus- und Querschnittsthemen, die Ausgangspunkte einer Innovationsstrategie sein können. In allen Teilräumen des Landes lassen sich solche Kompetenzfelder ausmachen, wenn auch mit unterschiedlicher Schwerpunktsetzung. Auf diese Aspekte wird im Folgenden detailliert eingegangen, wobei sich die Darstellung in diesem Rahmen auf wesentliche Kernaussagen konzentriert und daher nicht alle Facetten der RIS3 Strategie berücksichtigen kann.

Spezifische Kompetenzen in Niedersachsen

Die regionalwirtschaftliche Wachstums- und Innovationsfähigkeit Niedersachsens ist in hohem Maße von den strukturbestimmenden Kompetenzfeldern des Landes abhängig. Sie sorgen dafür, die Stärken in der Forschung und in technologischen Bereichen in marktfähige Produkte und Dienstleistungen umzusetzen, und tragen so maßgeblich zu Wachstum und Beschäftigung bei.

- **Mobilitätswirtschaft**

Das Land Niedersachsen ist weltweit ein führender Standort für Mobilität. Krätke hat in seinen Verflechtungsanalysen gezeigt, dass der VW-Konzern mit seinem Sitz in Wolfsburg zu den bedeutsamsten Knotenpunkten der globalen Automobilwirtschaft zählt (Krätke 2013). Der Branche ist nicht nur die Herstellung von Kraftwagen und Kraftwagenteilen zugeordnet, sondern auch die gesamte Wertschöpfungskette einschließlich vielfältiger vor- und nachgelagerter Dienstleistungsaktivitäten (v.a. Forschung & Entwicklung, Beratung, Marketing, Logistik, Finanzdienstleistungen). Für die Zukunft bietet u. a. das Themenfeld der Elektromobi-

lität ein großes Entwicklungspotenzial (Lies 2013, Nowak 2013). Zu diesem Wirtschaftsbereich zählen in Niedersachsen aber auch andere Branchen wie die Luftfahrzeugbauindustrie, der Schiffbau oder der Schienenfahrzeugbau (Brandt, Skubowius 2013).

- **Gesundheits- und Sozialwirtschaft**

In Niedersachsen hat die Gesundheits- und Sozialwirtschaft eine überdurchschnittliche Bedeutung (CIMA 2012). Die demografische Entwicklung (Alterung) wird in vielen Regionen Deutschlands wie auch in Niedersachsen in Zukunft innovative Lösungen erfordern und zu einem Wachstum dieses Wirtschaftsbereiches beitragen. Besondere Kompetenzen kann Niedersachsen in diesem Bereich vor allem mit seinen medizinischen Hochschulen, aber auch mit Unternehmen der Hörgerätetechnik, der Orthopädie, der gesundheitswirtschaftlich relevanten IT-Dienstleistungen, des eHealth oder der Roten Biotechnologie vorweisen. Ein Hemmschuh für die Entwicklung der niedersächsischen Gesundheitswirtschaft liegt in der geringen Bedeutung der Pharmaindustrie in diesem Bundesland.

- **Energiewirtschaft**

Im Kompetenzfeld Energiewirtschaft verfügt Niedersachsen über besondere Stärken im Bereich der erneuerbaren Energien sowie eine große Bandbreite an unterschiedlichen Forschungsaktivitäten (Nord/LB, INW 2011). Niedersachsen ist bereits heute das Windenergieland Nr. 1 in Deutschland. Dabei bietet die nationale Energiewende für Niedersachsen vielfältige Entwicklungspotenziale im Bereich der erneuerbaren Energien. Besondere Innovationspotenziale existieren in Niedersachsen vor allem in der Speichertechnologie und der Geothermie.

- **Land- und Ernährungswirtschaft**

Für Niedersachsen als Flächenland stellt die Land- und Ernährungswirtschaft, die sich besonders auf die ländlichen Teilräume konzentriert, ein zentrales Kompetenzfeld dar. Diese weist auch im Bundesvergleich einen hohen Spezialisierungsgrad auf und unterstreicht die traditionellen Stärken der Wirtschaft des Landes. Zugleich ergibt sich für die niedersächsische Agrar- und Ernährungswirtschaft hinreichend Anlass, sich von der vorherrschenden Pfadabhängigkeit, d.h. einer jahrzehntelangen Strategie der Kostenführerschaft, zu emanzipieren und mit alternativen Strategieansätzen zu experimentieren (z.B. »Sanfte Agrarwende«) (Brandt, Heine 2012). In Zukunft bietet vor allem die Bioökonomie vielfältige Potenziale und Anknüpfungspunkte für Diversifizierungs- und Innovationsaktivitäten (Buß 2014).

- **Digitale & Kreativwirtschaft**

Das Kompetenzfeld Digitale & Kreativwirtschaft umfasst bedeutsame Wirtschaftsbereiche, die traditionelle Wirtschaftssektoren, neue Technologien sowie moderne Informations- und Kommunikationsformen verbinden. Dieses Feld ermöglicht Produkt- und Prozessinnovationen in vielen Bereichen der Wirtschaft. Damit ist die Digitale & Kreativwirtschaft einerseits ein wichtiger Impulsgeber für Wachstum und Beschäftigung in der Wirtschaft und übt auch auf die Beschäftigungsentwicklung in Niedersachsen einen positiven Einfluss aus. Der ökonomische Schwerpunkt liegt in diesem Feld offenkundig in den urbanen Räumen, aber gerade angesichts der in den kommenden Jahren starken Ausweitung der Breitbandverkabelung stellt sich die Frage, ob und inwieweit die Digitale & Kreativwirtschaft auch in ländlichen Räumen zu verankern ist.

- **Neue Materialen / Produktionstechnik**

Der Bereich Neue Materialien und Produktionstechnik charakterisiert einen bedeutsamen Wachstumsmarkt für Niedersachsen mit multiplen Anwendungsfeldern und positiven Auswirkungen auf eine Vielzahl anderer Branchen. Niedersachsen hat gerade in der Produktionswirtschaft unverkennbare Potenziale und damit gute Voraussetzungen, für eine Strategie der »Industrie 4.0« anschlussfähig zu sein (Brandt, Borneman 2014). Dies gilt auch für eine ganze Reihe von Forschungsinstituten bzw. Forschungszentren, die eine produktionstechnische Spezialisierung aufweisen (z.B. PZH). Neue Materialien sind häufig die treibende Kraft innovativer Technologien, da mit ihnen Produkte neu konzipiert und verbessert werden können. Ein Beispiel in Niedersachsen ist das CFK Valley am Standort Stade. Die Stärke Niedersachsens in diesem Bereich bietet vielfältige Entwicklungspotenziale u. a. im Bereich Leichtbau, Glas und Recycling.

- **Maritime Wirtschaft**

Niedersachsen zeichnet sich als Standort mit vielen zentralen Akteuren der maritimen Wirtschaft aus, die sich in Küstennähe und im Umfeld der zentralen Hafenstandorte konzentrieren (NORD/LB, Basler und Partner, MR, NIW 2009). Moderne Werften, Schiffsbauzulieferer, Reeder und zukunftsträchtige Unternehmen aus dem Offshore-Bereich unterstreichen die hohe Relevanz der niedersächsischen maritimen Wirtschaft. Für die Zukunft bietet u. a. das Themenfeld »Green Shipping« ein besonderes Entwicklungspotenzial.

Fokusthemen

Neben den Branchenschwerpunkten bestehen in Niedersachsen Themenfelder, die für alle Wirtschaftsbereiche gleichermaßen relevant sind und sich unmittelbar auf das Feld der Innovationsaktivitäten beziehen.

Wissenstransfer

Für Innovationen von besonderer Bedeutung ist der Austausch von Wissen zwischen den Unternehmen sowie zwischen Wirtschaft und Wissenschaft (Brandt, Krätke 2008). Niedersachsen zeichnet sich durch eine breite und vielfältige Wissenschafts- und Forschungslandschaft aus, die über unterschiedliche Einrichtungen diverse Möglichkeiten des Wissenstransfers bietet. Neben den Transferstellen an Hochschulen sind weitere intermediäre Institutionen wie Kompetenzzentren, Transfereinrichtungen bspw. von Kammern, Vereinen oder Verbänden wichtige Anlaufstellen. Ziel dieser Einrichtungen ist die Intensivierung der Wissensteilung zwischen Unternehmen und der Wissenschaft sowie der Aufbau von Kooperationsprojekten und längerfristigen Kooperationsbeziehungen. Dabei nimmt die Bedeutung der Hochschulen als Kooperationspartner für betriebliche FuE-Prozesse in Niedersachsen zu. Unternehmen stellen rund ein Viertel aller Drittmitteleinnahmen der Hochschulen bereit und tragen damit maßgeblich zur Finanzierung anwendungsorientierter Forschungsprojekte bei. Die Forschungsfinanzierung ist aber vor allem den Großunternehmen vorbehalten, während gerade den KMU deutlich geringere Ressourcen zur Verfügung stehen, sich an entsprechenden Kooperationsprojekten mit Hochschul- bzw. Forschungseinrichtungen zu beteiligen. Um vor allem KMU den Zugang zu den Potenzialen im Wissenschaftssystem zu ermöglichen, gilt es den Wissenstransfer weiter zu stärken.

Die Kooperationsbeteiligung niedersächsischer Unternehmen erweist sich trotz einer zunehmenden Bedeutung von Forschungskooperationen als unterdurchschnittlich. Dies gilt nicht nur im Verhältnis von Großunternehmen zu den KMU, sondern auch räumlich in Hinblick auf unterschiedliche Kooperationschancen zwischen urbanen und ländlich-peripheren Regionen. Gerade ländliche Räume weisen eine geringere Dichte an Hochschul- und Forschungspotenzialen sowie innovationsaktiven Unternehmen auf. Entsprechend sollte die künftige Innovationsstrategie auch Ansatzpunkte zur speziellen Wissensvernetzung von Unternehmen und Betrieben im ländlichen Raum entwickeln.

Eine zentrale Komponente im Wissensaustausch ist die Bildung bzw. Weiterbildung im Zuge der Etablierung des lebenslangen Lernens. Wissensaustausch vollzieht sich vielfach durch den Wechsel von Personen aus dem Wissenschafts- in das Wirtschaftssystem. Die Offene Hochschule Niedersachsen bietet in diesem Zusammenhang neue Zugangsmöglichkeiten zum Wissenschaftssystem (CIMA, NORD/LB 2012). Mit ihr eröffnen sich auch wissenschaftliche Weiterbildungsmodule, die berufsbegleitend angeboten werden. Darüber hinaus gilt es, Bildungs- und Weiterbildungsmöglichkeiten im Zuge des lebenslangen Lernens in Zusammenarbeit mit Unternehmen ausbauen.

Unternehmerische Innovationskapazitäten

Niedersachsen weist einen relativ geringen Anteil an forschenden KMU und vergleichsweise wenig FuE-Personal in KMU auf. Des Weiteren zeigen auch die forschenden KMU Niedersachsens im bundesweiten Vergleich eine unterdurchschnittliche FuE-Intensität.

Planet M,
Hochschule
Hannover

Die niedersächsischen KMU besitzen darüber hinaus eine im Bundesvergleich geringere Patentdichte und agieren vergleichsweise öfter als »Nachahmerinnovatoren«. Aus diesem Grund gilt es, die Innovationsaktivitäten von KMU zu intensivieren.

Hochschulen und Forschungseinrichtungen

Die niedersächsischen Hochschulen zeichnen sich in der Forschungsfinanzierung durch eine vergleichsweise hohe Drittmittelquote aus. Besonders die gewerbliche Wirtschaft zeigt eine hohe Finanzierungsbereitschaft. Im internationalen Vergleich erweisen sich die Zuwächse jedoch als vergleichsweise gering, so dass die Diversifizierung der Forschungsfinanzierung auf die Agenda rückt, um neue Finanzierungsquellen zu erschließen. Hierfür sollten vor allem auch Bundes- und EU-Programme (z. B. Horizon 2020) stärker einbezogen werden.

Die Wissenschafts- und Forschungseinrichtungen konzentrieren sich in Niedersachsen besonders in den urbanen Zentren. Ländliche Räume sind dagegen traditionell geringer mit Wissenschaftseinrichtungen ausgestattet. Vor diesem Hintergrund gilt

es auch, die regionale Diversifizierung der Forschungslandschaft und die Vernetzung von Wissenschaft und Wirtschaft in diesen Teilräumen voranzutreiben.

Netzwerke und Cluster

Für den Austausch von Wissen spielen Netzwerke und Cluster eine wichtige Rolle. Standorte, an denen Akteure einer Wertschöpfungskette in Netzwerken und Clustern miteinander kooperieren, verfügen über größere Wettbewerbsvorteile, weil sie insbesondere die Generierung externer Effekte infolge des Wissensaustauschs (Spillover) ermöglichen. In Niedersachsen gibt es eine Vielzahl von Landesinitiativen und Netzwerken, die eine wichtige Plattform des fachlichen und persönlichen Austausches und der Kooperation darstellen. Im Rahmen von Netzwerken u. a. Aktivitäten werden der Technologietransfer zwischen Unternehmen oder zwischen Wissenschaft und Wirtschaft gestärkt, gemeinsame Projekte im Innovations- und Produktionsbereich durchgeführt und neue Absatzmärkte erschlossen.

Die bestehende große Zahl und die Kleinteiligkeit der teilräumlichen und lokalen Netzwerke wird z.T. auch kritisch gesehen.

Das aktuelle System ist vielfach durch Über-lappungen z.B. zwischen Landesinitiativen und Netzwerken oder unterschiedlichen lokalen und landesweiten Initiativen ge-kennzeichnet, ohne dass die jeweiligen Aufgaben klar voneinander abgegrenzt sind. Darüber hinaus ist die Anzahl der Spitzen-cluster mit niedersächsischer Beteiligung (nur Luftfahrtcluster Metropolregion Ham-burg) sowie der von »go-Cluster« oder vom European Secretariat for Cluster Analysis zertifizierten Cluster nur gering, was sich z.T. durch Defizite im Clustermanagement bzw. ein geringe Bereitschaft, sich bewer-ten zu lassen, erklärt.

Querschnittsthemen

Im Unterschied zu den Fokusthemen gibt es weitere zu den Kompetenzfeldern quer-liegende Themenfelder, die als Treiber oder aber auch als Hemmschuh von Innovations-aktivitäten gelten können. Vielfach geht es darum, die mit diesen Themen verbunde-nen Herausforderungen als Ausgangspunkt für Innovationsprozesse zu nehmen und die auf diese Weise generierten Problemlösun-gen in marktreife Produkte und Dienstleis-tungen umzusetzen.

Klimaschutz, Klimaanpassung

Niedersachsen zeichnet sich durch einen überdurchschnittlichen Rückgang von Treibhausgasen aus. Dennoch ist der Ener-gieverbrauch der ansässigen Wirtschaft vergleichsweise hoch. Daher stellt sich die Herausforderung, den Ausstoß von Treib-hausgasen (insbesondere CO_2) zu senken. Da die Mobilitätswirtschaft in Niedersach-sen besonders stark ausgeprägt ist, bietet der Verkehrs- und Mobilitätsbereich vielfäl-tige Ausgangspunkte für Innovationen zur Senkung der CO_2-Emmisionen.

Studierende in Hannover

Die Energiewende stellt eine der zentralen nationalen Aufgaben der Zukunft dar. Ohne die Windenergie ist diese nicht zu bewälti-gen. Niedersachsen verfügt über leistungs-fähige Forschung in den Bereichen Klima und Energie an Hochschulen und außeruni-versitären Forschungseinrichtungen, die die vorhandene Unternehmensbasis unterstützt (ForWind an den Standorten Oldenburg, Bremen, Hannover, Energie-Forschungszen-trum Niedersachsen [Goslar], Solarinstitut [Emmerthal]. Für Niedersachsen stellt sich daher die Herausforderung, die Chancen der Energiewende und die Expertise in der On- und Offshore-Windenergie zu nutzen.

Chancengleichheit

Die Innovationsfähigkeit von Unternehmen und die regionalwirtschaftlichen Innova-tionspotenziale von Regionen können sich nur dann vollständig entfalten, wenn der Chancengleichheit innerhalb der Gesell-schaft ein hoher Stellenwert beigemessen wird. In Niedersachsen sind Frauen weit überdurchschnittlich in Teilzeit beschäftigt. Zugleich nehmen weniger als im Durch-schnitt der anderen Bundesländer an Wei-terbildungsmaßnahmen teil. Weiterhin ist in Niedersachsen bei der Bevölkerung mit Migrationshintergrund der Anteil der Beschäftigten mit geringem Qualifikationsniveau stark ausgeprägt. Daher besteht für Niedersachsen die Herausforderung einer stärkeren Ausschöpfung der vorhandenen Bildungspotenziale von Frauen und Personen mit Migrationshintergrund. Gleichermaßen können geschlechterübergreifende und interkulturelle Perspektiven als Ausgangspunkte für Innovationsprozesse genutzt werden, weil der Diversität im Rahmen von innovationspolitischen Strategien ein hoher Stellenwert zukommen kann.

Fachkräfte

In Niedersachsen bestehen erhebliche ungenutzte regionale Arbeitskräftepotenziale. Vor diesem Hintergrund stellt die Steigerung der Erwerbsbeteiligung eine wichtige Herausforderung dar. Die Fachkräftesicherung ist damit auch ein zentrales Handlungsfeld in Hinblick auf die künftige Innovationspolitik des Landes.

In Niedersachsen ist zwar der Anteil der Betriebe, die Maßnahmen zur Fort- und Weiterbildung für ihre Mitarbeiter durchführen, in den letzten Jahren gestiegen, jedoch zeigen vor allem Personen mit Migrationshintergrund und ältere Menschen nach wie vor unterdurchschnittliche Weiterbildungsbeteiligungen. Daher gilt es auch für die niedersächsische Wirtschaft, das Prinzip des »lebenslangen Lernens« umzusetzen.

In den vergangenen Jahren war zwar ein starker Anstieg des Anteils der Schulabgänger mit Hochschulreife zu verzeichnen. Dieser Anteil liegt in Niedersachsen jedoch immer noch unter dem Bundesdurchschnitt. Zudem weist Niedersachsen eine unterdurchschnittliche Entwicklung der Studienanfängerzahlen auf. Vor diesem Hintergrund erscheint es ratsam, die Durchlässigkeit im Bildungssystem zu erhöhen, um die Anzahl der Hochschulzugangsberechtigten zu

steigern. Gleichzeitig sollte zur Fachkräftesicherung aber auch das System der dualen Ausbildung weiter gestärkt werden.

Die unterdurchschnittliche Entwicklung der Studienanfängerzahlen zeigt Schwächen in Bezug auf die Attraktivität niedersächsischer Hochschulen im interregionalen Wettbewerb auf. Für Niedersachsen stellt sich daher die Herausforderung, die Attraktivität seiner Hochschulen zur Gewinnung und Bindung von Fachkräften im internationalen und interregionalen Wettbewerb zu erhöhen, ohne dabei die Weiterentwicklung der im deutschen Wirtschaftsmodell überaus erfolgreichen dualen Ausbildung aus dem Auge zu verlieren.

Unternehmensgründungen

Niedersachsen verfügt über relativ schwache Gründungsaktivitäten in forschungsintensiven Bereichen. Die Gründungsintensität im Hightech-Sektor und in der forschungsintensiven Industrie liegt unter dem Bundesdurchschnitt. Eine besondere Herausforderung stellt für Niedersachsen somit die bessere Ausschöpfung des wissens- und technologieorientierten Gründungspotenzials u. a. aus den Hochschul- und Forschungseinrichtungen des Landes dar.

Ländliche Räume

Die ländlichen Räume sind durch eine mehr oder weniger große Entfernung zu den großstädtischen Zentren und durch eine teilweise sehr geringe Siedlungsdichte geprägt. Angesichts der Trends der demografischen Entwicklung stehen viele ländliche Räume vor den Herausforderungen, für eine schrumpfende und stark alternde Bevölkerung eine zukunftsgerechte Versorgung zu organisieren. Daher stellt sich in Niedersachsen die besonders dringende Aufgabe, mit innovativen Lösungen zur Verbesserung der Lebensbedingungen in ländlichen Räumen beizutragen.

Vor allem die Agrar- und Ernährungswirtschaft steht vor erheblichen Herausforderungen. Neben stagnierender Binnennachfrage und tendenziell steigenden Futtermittelpreisen gewinnen Aspekte des Tierwohls, der Grundwasser- und Gewässerbelastung durch Düngung und Pharmazeutika sowie der Klimaauswirkungen durch Emissionen an Bedeutung. Daher gilt es, Anreize für eine stärkere Qualitätsorientierung in der Agrar- und Ernährungswirtschaft zu setzen.

Eine rückläufige Nachfrage nach beruflicher Erstausbildung aufgrund demografischer Schrumpfungsprozesse, aber auch steigende Anteile von Schulabgängern mit Hochschulzugangsberechtigung bedrohen die Verfügbarkeit von Arbeitskräften mittlerer Qualifikationen in ländlichen Räumen. Daher ist die Sicherung des qualifizierten Nachwuchses angesichts eines teilweise dramatischen Rückgangs des Erwerbspersonenpotenzials eine zentrale Herausforderung in diesen Regionen.

In der Wissensgesellschaft kann sich keine Region vom innovations- und qualifikationsgetriebenen Strukturwandel abkoppeln. Entsprechend gewinnt der Zugang zu den Hochschulen als Ausbildungsstätten und Forschungseinrichtungen auch aus den ländlichen Regionen heraus stark an Bedeutung (Offene Hochschulen).

Digitales Wachstum

Digitales Wachstum hat für die Zukunft Niedersachsens eine zentrale Bedeutung. Dabei ist digitales Wachstum als Querschnittsaufgabe zu verstehen, die besonders in der Fläche erhebliche Anstrengungen bedeutet. Für digitales Wachstum sind vor allem die Themen Breitbandversorgung sowie

Informations- und Kommunikationswirtschaft (IuK-Wirtschaft) relevant. In einem Flächenland wie Niedersachsen stellt eine Breitbandversorgung (mit ausreichender Geschwindigkeit) vor allem in ländlichen Gebieten eine große Herausforderung dar.

Die IuK-Wirtschaft weist in Niedersachsen im interregionalen Vergleich nach wie vor Schwächen auf. Im Bundesvergleich verfügt die niedersächsische IuK-Wirtschaft über eine nur unterdurchschnittliche Akademikerquote und einen geringen Zuwachs beim FuE-Personal. Besonders in ländlichen Regionen Niedersachsens ist nur eine geringe Dichte der IuK-Wirtschaft festzustellen. Dabei zeigt die IuK-Wirtschaft als Querschnittsbranche an den Schnittstellen zu Industrie und Dienstleistung eine hohe Dynamik und kann sich gerade in Hinblick auf die Digitalisierung ganzer Wertschöpfungsketten (Industrie 4.0) als Wachstumsmotor erweisen.

Strategieentwicklung

Für die zukünftige strukturpolitische Förderprogrammatik spielen neben den eigenen strategischen Zielen des Landes auch Ziele und Anforderungen der Europäischen Union sowie der Bundesregierung eine Rolle. Erstmals werden die getrennten EU-Programme der Forschungs- und Innovationsförderung in Horizont 2020 gebündelt. Über die Schwerpunkte »Wissenschaftsexzellenz«, »Führende Rolle der Industrie« sowie »Gesellschaftliche Herausforderungen« ist ein breites thematisches Spektrum vorgesehen. Auch der Bund hebt mit dem Nationalen Rahmenprogramm und der Hightech-Strategie besondere Schwerpunkte hervor, die sich von Bereichen wie Klima und Energie über Mobilität bis zu Industrie 4.0 erstrecken.

In diesem Zusammenhang bieten sich für die RIS3 vielfältige Synergien mit den EU- und Bundesprogrammen zur Innovationsförderung. Des Weiteren weist die RIS3 mit ihrem Fokus auf »intelligente Spezialisierungen« eine deutliche Schwerpunktsetzung auf, die auf der Analyse der spezifischen Stärken und Schwächen Niedersachsens beruht.

Das Land Niedersachsen verfügt insbesondere in folgenden Feldern der intelligenten Spezialisierung über besondere Kompetenzen und Zukunftspotenziale:

wicklungschancen, die es im Rahmen der Innovationspolitik zu nutzen gilt.

Basisstrategien und horizontale Strategiefelder

Die niedersächsische Innovationspolitik setzt in Zukunft klare Schwerpunkte. Aufbauend auf einer detaillierten Analyse der Ausgangssituation am Innovationsstandort

Kompetenzen und Zukunftsfelder der niedersächsischen Wirtschaft	
Energiewirtschaft	Geothermie, Windenergie (Off- und Onshore) und Speichertechnologie
Mobilitätswirtschaft	Leichtbau, E-Mobilität und Aviation
Land- und Ernährungswirtschaft	Bioökonomie
Gesundheits- und Sozialwirtschaft	Rote Biotechnologie, Medizintechnik und eHealth
Digitale & Kreativwirtschaft	Digitale Medien
Neue Materialien/ Produktionstechnik	Funktionalisierte Werkstoffe, Leichtbau, Recycling, dünnes und intelligentes Glas und Messtechnik
Maritime Wirtschaft	Meerestechnik und Green Shipping

Tab. 1: Kompetenzen und Zukunftsfelder der niedersächsischen Wirtschaft

Darüber hinaus gibt es drei Themen, die quer zu den Kompetenzfeldern liegen. Dabei geht es um die »Industrie 4.0« als innovatives Produktionskonzept mit einer Fokussierung auf intelligente Systeme, um »Metropolitan Solutions«, die als Systemlösungen für die Stadt der Zukunft konzipiert werden, und um »Rural Solutions«, bei denen es sich um spezifische Systemlösungen für die künftigen Herausforderungen des ländliche Raumes handelt.

Die Felder der intelligenten Spezialisierung und Zukunftspotenziale befinden sich in Niedersachsen an unterschiedlichen Standorten. Jede niedersächsische Region zeichnet sich durch besondere innovative Potenziale aus, an denen innovationspolitische Strategien anknüpfen können. Diese regionalen Potenziale bieten vielfältige Ent-

Niedersachsen und den Zielfeldern forciert die RIS3 Niedersachsen einen strategischen Ansatz, welcher sich in Basisstrategien und horizontale Strategiefelder aufgliedert. Während die vier Basisstrategien auf bestimmte Zielgruppen ausgerichtet sind, dienen die fünf horizontalen Strategiefelder generell der Erhöhung der Innovationsfähigkeit Niedersachsens.

Basisstrategien

Strategiefeld 1:
Aktivierung der Innovationspotenziale von KMU und von Handwerksunternehmen

Mit der Steigerung der niedersächsischen Innovationskraft ist keine ausschließliche Hightech-Orientierung verbunden. Das oftmals unterschätzte Innovationspotenzial von KMU gilt es stärker in den Mittelpunkt der Förderpolitik zu rücken. Auch innovationsaktive KMU, die keine eigene Forschungs- und Entwicklungsabteilung besitzen, sollen verstärkt in Innovationsnetzwerke integriert werden. Um ihr innovatives Leistungsvermögen zu verbessern, gilt es die Aufnahmefähigkeit von KMU für neues Wissen sowie die Wissensvernetzung der KMU auszubauen und ihre Anschlussfähigkeit an die globalen Wissensströme zu verbessern. Grundsätzlich soll damit die innovationsorientierte Zusammenarbeit von KMU und Forschungseinrichtungen in Niedersachsen intensiviert werden.

Strategiefeld 2:
Stärkung der Spitzenforschung und des Wissens- und Technologietransfers

In Niedersachsen sind landesweit zahlreiche Hochschulen, universitäre und außeruniversitäre Einrichtungen an der Spitzenforschung beteiligt. Der Wissenstransfer aus der Spitzenforschung in die niedersächsische Wirtschaft ermöglicht die Umsetzung der Forschungsergebnisse in regionale Wertschöpfung und Beschäftigung und stärkt die Unternehmen. Insbesondere den KMU bietet der Wissenstransfer aus Forschung und Hochschulen vielfältige Qualifikations- und Innovationspotenziale. Demnach ist für die zukünftige Entwicklung der Wirtschaft des Landes Niedersachsen ein effektiver und zielgerichteter Wissenstransfer von zentraler Bedeutung. Vor diesem Hintergrund ist die Stärkung der Spitzenforschung sowie des Wissens- und Technologietransfers ein zentrales Handlungsfeld der RIS3 Niedersachsen.

Strategiefeld 3:
Intelligente Weiterentwicklung der Cluster- und Netzwerkstrategien

Im Rahmen von Wertschöpfungs- und Innovationsprozessen nehmen die Interaktion und Kooperation einzelner Partner einen zentralen Stellenwert ein. Hierdurch erlangen Unternehmen den Zugang zu kritischen Ressourcen oder zu neuen Absatzmärkten. Während sich für die Clusterakteure direkte Vorteile aus den Netzwerkaktivitäten ergeben, können auch indirekte Effekte wie Ansiedlungen neuer Firmen die Regionalentwicklung positiv beeinflussen. Daher stellt eine intelligente regionale Cluster- und Netzwerkpolitik, die auch die in der Vergangenheit realisierten Cluster- und Netzwerkstrategien auf den Prüfstand stellt, einen wichtigen Ansatz zur Steigerung der Wettbewerbs- und Innovationsfähigkeit dar.

Horizontale Strategiefelder

Während die Basisstrategien der RIS3 Niedersachsen auf bestimmte Zielgruppen ausgerichtet sind, werden fünf weitere horizontale Strategiefelder vorgeschlagen, die sich quer zu den Querschnittsthemen verhalten.

Horizontales Strategiefeld 1:
Ausbau des Fachkräfteangebots als Grundlage für Innovationen in Niedersachsen

Entscheidende Voraussetzung jeder Innovationsstrategie ist die Verfügbarkeit von qualifizierten und hochqualifizierten Fachkräften. Vor dem Hintergrund des rückläufigen Erwerbspersonenpotenzials rückt die Fachkräftesicherung in den Mittelpunkt der Landespolitik. Ein besonderes Augenmerk ist auf die duale Ausbildung zu legen, die maßgeblich die Verfügbarkeit von Fachkräften sicherstellt und als tragende Säule des deutschen Wirtschaftsmodells angesehen

Sartorius AG, Zellkultivierung im biopharmazeutischen Prozess, Göttingen

werden kann. Weiterhin gilt es, die Erwerbsbeteiligung durch innovative Konzepte wie die erhöhte Erwerbsbeteiligung von Frauen, flexible Arbeitsmöglichkeiten sowie die Vereinbarkeit von Familie und Beruf zu steigern und gleichzeitig das »lebenslange Lernen« zur kontinuierlichen Weiterbildung der vorhandenen Fachkräfte verstärkt zu etablieren. Ansätze hierzu, wie die Offene Hochschule, gilt es weiterhin zu fördern.

Horizontales Strategiefeld 2:
Ausweitung der Unternehmensgründungen und der Gründerkultur

Vor dem Hintergrund der in Niedersachsen noch nicht ausgeschöpften Gründungspotenziale zählt die Ausweitung von Unternehmensgründungen zu den zentralen Aufgaben der niedersächsischen Innovationspolitik. Ziel der niedersächsischen Innovationspolitik ist es, das Land sowohl im urbanen als auch im ländlichen Raum zu einem attraktiven Standort für wissens- und technologieorientierte Gründer zu entwickeln.

Horizontales Strategiefeld 3:
Stärkung der Innovationspotenziale in ländlichen Räumen

Die demografischen Veränderungen sowie der innovations- und qualifikationsgetriebene Strukturwandel stellen vor allem die ländlichen Regionen vor große Herausforderungen. Die Stärkung der Innovationspotenziale ländlicher Regionen ist daher gerade für Niedersachsen ein zentrales Handlungsfeld. In diesem Zusammenhang gilt es Wege zu finden, wie der Abwanderung junger und qualifizierter Fachkräfte entgegengewirkt werden kann. Hierfür sind innovative Konzepte und die Umsetzung technischer, organisatorischer und sozialer Innovationen notwendig. Darüber hinaus sind angesichts der steigenden Nachfrage und zurückgehender Ausbildungszahlen umfassende Bildungs- und Qualifizierungsstrategien erforderlich. Andererseits ist mit Blick auf die Dominanz von KMU sowie die geringe Dichte von Unternehmen mit eigenständigen FuE-Aktivitäten und von Wissenschafts- und Forschungseinrichtungen eine gezielte Ausgestaltung der Innovationsförderung im ländlichen Raum erforderlich. Neben der Förderung von Netzwerken zur Unterstützung des Technologie- und Wissenstransfers sollten auch angepasste Beratungs- und Finanzierungsinstrumente zur Förderung von FuE-Aktivitäten der KMU zur Verfügung gestellt werden. Einen besonderen Stellenwert nimmt im ländlichen Raum die Agrar- und Ernährungswirtschaft ein. Trotz ihrer derzeit guten Wettbewerbsposition steht die Agrar- und Ernährungswirtschaft vor gravierenden Herausforderungen. Innovative Maßnahmen zur Verbesserung der Qualität von Produkten und Produktionsprozessen sowie zur Verringerung von Umweltbelastungen können in diesem Zusammenhang zukunftsweisende Problemlösungen darstellen.

Horizontales Strategiefeld 4: Forcierung eines ökologisch verantwortlichen Strukturwandels

Der Klimawandel ist nicht nur eine der dringendsten Probleme unserer Zeit, sondern auch ein Innovationstreiber für die regionale Wirtschaft. Hierfür sollen verstärkt die innovativen Potenziale, die auf Energie- und Ressourceneffizienz, regenerative Energien und auf die Einsparung von CO_2 abstellen, genutzt werden. Weiterhin bietet vor allem die Schnittstelle zwischen Mobilitäts- und Energiewirtschaft Ansatzpunkte für Niedersachsen, die vorhandenen industriellen Stärken zu nutzen und zu einer ökologischen Modernisierung der Wirtschaft beizutragen. Die Weiterentwicklung der E-Mobilität und die Förderung umweltfreundlicher Technologien im Schiffsbau (Green Shipping) sind hierbei beispielgebend für innovative Lösungen zur Minderung des CO_2-Ausstoßes.

Horizontales Strategiefeld 5: Nutzung von Diversity und Chancengleichheit für Innovationen

Die Innovationsstärke niedersächsischer Unternehmen ist nicht nur das Ergebnis gezielter FuE, sondern hängt auch von sozialen und organisatorischen Faktoren ab. Aufgrund der durch Migration und Globalisierung wachsenden Vielfalt innerhalb der Belegschaften von Unternehmen ist es zielführend, diese Diversität als Ressource zu nutzen. Daher ist es das Ziel der RIS3 Niedersachsen, die Kreativität, das Wissen und die Perspektivenvielfalt aller Menschen zu nutzen und damit neue Maßstäbe für die Innovationsfähigkeit des Landes zu setzen. Zentrale Ansatzpunkte der RIS3 sind hierbei die Stärkung der Gründungspotenziale von Migranten und Frauen sowie die Weiterentwicklung der Beratungsangebote zum Thema »Diversity« zur Aktivierung von Innovationspotenzialen. Gleichzeitig gilt es, zur Sicherung des Erfahrungswissens der Belegschaften insbesondere auch die Erwerbsbeteiligung älterer Personen durch eine altersgerechte Ausgestaltung des Arbeitsplatzes zu erhöhen.

Horizontales Strategiefeld 6: Weiterentwicklung grenzüberschreitender und internationaler Wissensnetzwerke

Niedersachsen verfügt als Flächenland bereits über eine differenzierte und international vernetzte Unternehmens- und Forschungslandschaft. Dennoch gibt es zahlreiche KMU, denen die Integration in grenzüberschreitende internationale Wissensnetzwerke deutlich schwerer fällt und die somit nicht an grenzüberschreitenden Wissensflüssen partizipieren können. Die Weiterentwicklung grenzüberschreitender internationaler Wissensnetzwerke ist daher für die niedersächsische Innovationspolitik von besonderem Interesse.

3. RIS3-Strategien in anderen Bundesländern

In allen Bundesländern wurden regionale Innovationsstrategien entwickelt bzw. aktualisiert. Vor diesem Hintergrund stellt sich die Frage, wie die jüngste Neuausrichtung der europäischen Strukturpolitik auf eine intelligente Spezialisierung die regionale Strukturpolitik sowie Forschungs- und Entwicklungspolitik beeinflusst und welche Unterschiede sich im Vergleich zur niedersächsischen RIS3 ausmachen lassen. Im Folgenden gehen wir auf einzelne Aspekte der Innovationsstrategien wie identifizierte Spezialisierungsfelder, Regionalisierungsansätze sowie gewählte Governance-Strukturen kursorisch ein und vergleichen diese mit Niedersachsen.

Etliche Länder (Baden-Württemberg, Bayern, Berlin-Brandenburg, NRW, Thüringen, Sachsen-Anhalt) haben in den letzten Jahren den Clusteransatz zum zentralen Instrument ihrer Struktur- und Innovationspolitik gemacht und damit die Verknüpfung dieser beiden Politikfelder deutlich stärker vorangetrieben als auf Bundesebene. Dabei hat eine Verschiebung des ausgleichsorientierten regionalen Ansatzes zugunsten eines landesweiten sektoralen Ansatzes (Wertschöpfungsketten, Leitmärkte, Landescluster, Technologiefelder – die Terminologie variiert und diffundiert) stattgefunden.

Diese Verschiebung hatte einen weitreichenden Wandel der Implementationsstrukturen zur Folge (regionale Cluster und Landescluster), der nicht ohne Weiteres neu gestaltet werden kann. Die Cluster bleiben auch weiterhin Basis einer der intelligenten Spezialisierung verpflichteten Innovationsstrategie, was auch in Einklang mit den oben skizzierten Grundideen dieser Strategie steht.

Niedersachsen hat seine Ausrichtung auf die Clusterförderung in der Vergangenheit eher verhalten vorangetrieben. Als Flächenland steht Niedersachsen bei der Umsetzung der intelligenten Spezialisierung zudem vor besonderen Herausforderungen: Zentrale Angebote allein reichen nicht aus, um die Akteure in allen Regionen Niedersachsens eng miteinander zu verzahnen und Profilierungsprozesse anzustoßen. Notwendig ist, verknüpft mit der zentralen Koordinierung durch die Landesregierung, auch einen Bottom-up-Prozess in Gang zu bringen, der dafür sorgt, dass regionale Akteure ihr spezifisches Wissen nutzen und in Form von Konzepten, Veranstaltungen und Projekten in die Innovationspolitik des Landes einbringen (Regionalisierung der Wirtschafts-, Struktur- und Innovationspolitik).

Um Kompetenzen in den Regionen des Landes zu schaffen und so die Handlungsfähigkeit der Landesregierung in der Fläche zu stärken, haben am 1. Januar 2014 vier Landesbeauftragte für regionale Landesentwicklung in den Regionen Braunschweig, Leine-Weser, Lüneburg und Weser-Ems ihre Tätigkeit aufgenommen. Sie stehen den neu geschaffenen Ämtern für regionale Landesentwicklung vor. Zu ihren ersten wichtigen Aufgaben gehört es, unter Einbeziehung der regionalen Akteure regionale Handlungsstrategien zu erarbeiten und dabei mögliche Projekte mit den Förderungsmöglichkeiten von EU, Bund und Land zu verknüpfen.

Vergleichbare regionale integrative Handlungsstrategien werden nur in Ansätzen in weiteren Bundesländern verfolgt. So wird in NRW im Laufe des Jahres 2014 ein sogenannter RegioCall erwartet (Ministerium für Wirtschaft, Energie, Industrie, Mittelstand und Handwerk des Landes Nordrhein-Westfalen 2014). Die Auswahl von zu fördernden Projekten wird in NRW auch in der neuen Förderperiode in der Hauptsache über Wettbewerbsaufrufe in sogenannten Leitmärkten im Sinne einer Bestenauswahl erfolgen. Zusätzlich ist unter dem Oberbegriff »Regio-Call« ein Aufruf an die Regionen des Landes zur Unterstützung von projektbezogenen Managementleistungen und integrierten, regional bedeutsamen Projekten geplant. Die acht Regionalmanagementorganisationen in NRW werden aufgefordert, im Rahmen des künftigen EFRE-Programms regional integrierte Handlungskonzepte einzureichen, auf deren Basis Projekte abgeleitet und begründet werden. Eine ressortübergreifende Jury wird die besten Projekte zur Förderung vorschlagen.

Baden-Württemberg setzt mit »RegioWIN« ebenfalls auf ein Wettbewerbsverfahren (Ministerium für Finanzen und Wirtschaft Baden-Württemberg 2014). Es wurden Regionen, Landkreise, Städte und Gemeinden aufgefordert, sich mit relevanten Akteuren aus Wirtschaft, Wissenschaft, Gesellschaft und Verwaltung mit den Stärken und Schwächen ihrer Region auseinanderzusetzen. Dabei sollten im Hinblick auf Innovation, nachhaltiges Wachstum und Beschäftigung Zukunftschancen identifiziert und ein gemeinsames regionales Strategiekonzept erarbeitet werden. Eine unabhängige Jury hat aus fünf Kreisverbünden und neun Regionen elf Projekte für die zweite Wettbewerbsphase ausgewählt. Der Wettbewerb endet mit der Prämierung der regionalen Entwicklungskonzepte und der darin entwickelten Leuchtturmprojekte. Somit wurden zwar flächendeckend strategische Konzepte für die regionale Entwicklung aufgerufen, eine Förderung erfolgt aber nur punktuell für die überzeugendsten Projekte.

Niedersachsen setzt hier auf eine flächendeckende Regionalisierung, um künftig allen Regionen des Landes gleichwertige Chancen für eine eigenständige und nachhaltige Entwicklung zu geben. Mit der derzeit stattfindenden Ausgestaltung der Operationellen Programme für die kommende EU-Förderperiode (2014–2020) soll die Basis dafür geschaffen werden, dass eine gerechte, ausgewogene und auf die tatsächlichen regionalen Bedürfnisse zugeschnittene Förderpolitik entsteht. Auf ihrer Basis sollen gemeinsam mit den Akteuren vor Ort ressortübergreifende regionale Entwicklungskonzepte und Förderprojekte initiiert, koordiniert, gebündelt und umsetzt werden.

Mit der intelligenten Spezialisierung sollen bundesweit die realen Stärken und Potenziale der einzelnen Regionen herausgearbeitet und weiterentwickelt werden. Auf Ebene der deutschen Bundesländer zeichnen sich im Laufe des Jahres 2014 je nach Abgrenzung 6 bis 7 Prioritätsfelder ab, die bundesweit als Schwerpunktsetzungen gelten.

Die Felder Lebenswissenschaften, Energie/Umwelt und Digitale Wirtschaft/IKT sind in allen 16 Bundesländern benannt, so dass hier klar von einem nationalen Innovationssystem gesprochen werden kann.

Die Prioritätsfelder »Werkstoffe/Materialien« sowie »Produktionstechnologien« werden ebenso in fast allen Ländern explizit hervorgehoben und geben eindeutige Hinweise auf die große Bedeutung der Industrie für Deutschland, genauso wie die Ausrichtung auf das Feld »Mobilität« die Stärke der Automobilindustrie widerspiegelt und den hohen Stellenwert des Zielfelds »Elektromobilität«.

Als Alleinstellungsmerkmal Niedersachsens kristallisiert sich die Definition spezialisierungsfeldunabhängiger Potenzialbereiche heraus (Industrie 4.0, Metropolitan Solutions und Rural Solutions), die quer zu allen Feldern der intelligenten Spezialisierung verlaufen. Sie sind nicht einem oder mehreren Spezialisierungsfeldern, sondern allen zuzuordnen. So kann es dem Land gelingen, den Innovationsstandort Niedersachsen in neue Wachstumsbereiche zu diversifizieren, so dass sich Nachbar- und Folgeinnovationen und Wertschöpfungszusammenhänge herausbilden können. Es geht somit nicht darum, die »Gewinnerbranchen« und »Gewinnertechnologien« herauszufiltern, sondern um die gegenseitige Befruchtung dieser Branchen und Technologien.

Ein wesentliches Element der intelligenten Spezialisierung ist ein kontinuierliches Monitoring und eine entsprechende Strategieüberprüfung. Hierfür werden pfadabhängig in den Ländern unterschiedliche Wege gewählt, die nachfolgend anhand dreier Beispiele aufgezeigt werden:

Die gemeinsame Innovationsstrategie von Berlin-Brandenburg wird in einem jährlichen Innovationsgipfel der beiden Länder hinsichtlich ihrer Bedarfe einer Weiterentwicklung diskutiert. Daneben existiert ein Lenkungskreis der Staatssekretärinnen und Staatssekretäre der Wissenschafts- und Wirtschaftsressorts der Länder Berlin und Brandenburg. Das operative Umsetzungsmanagement erfolgt größtenteils in den Cluster-/Zukunftsfeld-Strukturen unter Einbeziehung aller Beteiligten aus Wirtschaft und Wissenschaft.

In Sachsen-Anhalt ist für die Weiterentwicklung eine Anknüpfung an bestehende Strukturen und Gremien vorgesehen: der Cluster- und Innovationsbeirat stellt den Lenkungskreis der RIS dar (Ministerium für Wissenschaft und Wirtschaft des Landes Sachsen-Anhalt 2013). Leitmarktarbeitskreise und fallweise Arbeitsgruppen zu Fachthemen erstellen und begleiten die Aktionspläne der jeweiligen Leitmärkte. Sie übernehmen das Monitoring und Controlling der Umsetzung der Roadmaps. Cluster / Netzwerke werden für themenspezifische Herausforderungen benötigt und arbeiten mit der Geschäftsstelle zusammen.

Letztere organisiert und koordiniert die Umsetzung der RIS. Die Geschäftsstelle der RIS wird dem zuständigen Fachreferat des Ministeriums für Wissenschaft und Wirtschaft angegliedert und mit circa 6 Personen ausgestattet. Die interministerielle Arbeitsgruppe RIS (IMAG RIS) soll die Umsetzung und Fortschreibung der RIS begleiten.

Auch in Schleswig-Holstein wird ein interministerieller Arbeitskreis für die Fortentwicklung eingerichtet, welcher unter dem Vorsitz des Ministeriums für Wirtschaft, Arbeit, Verkehr und Technologie die inhaltlichen Schwerpunkte der Innovationspolitik bestimmen soll (Prognos 2013). Die Aufgaben des Arbeitskreises umfassen dann u. a. die koordinierende Überführung der regionalen Innovationsstrategie in einen Masterplan Innovationsförderung in den jeweiligen strategischen Zielfeldern, den Dialog und die Abstimmung zwischen den Ressorts der Landesregierung, um ihre Zusammenarbeit noch zu verbessern und zu intensivieren, sowie die Bewertung neuer und querschnittsorientierter Themen/Technologien hinsichtlich ihrer Relevanz für das Land Schleswig-Holstein. Im Rahmen von Innovationskonferenzen soll über den Fortschritt, die Umsetzung und die Inhalte der regionalen Innovationsstrategie berichtet, informiert und diskutiert werden. Die Veranstaltung ist somit eine Plattform, die Politik-, Unternehmensvertreter und Experten die Möglichkeit bietet, sich aktiv auszutauschen.

Für die Umsetzung der Innovationsförderung in Niedersachsen liegt die Verantwortung neben der Niedersächsischen Staatskanzlei vor allem bei den zuständigen Ministerien, den Begleitausschüssen, den Ämtern für regionale Landesentwicklung sowie bei der Niedersächsischen Investitions- und Förderbank (NBank). Vor dem Hintergrund der RIS3 als fondsübergreifender Innovationsstrategie ist eine Zusammenarbeit und

Abstimmung der Ministerien, die Maßnahmen im Rahmen der Struktur- und Investitionsfonds durchführen, von besonders großer Bedeutung. In der Umsetzung einer Partizipationsstruktur für den Prozess der RIS3 ist des Weiteren eine Einbindung der innovationsrelevanten Akteure vorgesehen. Hierfür werden Innovationskonferenzen als Instrument einer breiten Beteiligung und Vernetzung verschiedener Akteure zum Thema Innovationen angesehen.

Fazit: Die Grundidee von »smart specialisation« ist, dass sich die Regionen der EU ihrer Stärken bewusst werden und Konzepte für die Förderung von Innovationen und deren ökonomischer Verwertung entwickeln. Spezialisierung auf ausgewählte Felder steckt dabei ebenso im Namen »smart« wie die Einbeziehung aller relevanten Stakeholder in den Strategieentwicklungsprozess. Im Sinne der von der EU-Kommission aufgesetzten Strategie bedeutet »smart« vor allem, den Prozess der Erfindung und Innovation von Beginn an ökonomisch zu konzipieren und ein dichtes Netz aus Politik, Wirtschaft, Forschung und Zivilgesellschaft zu spinnen.

In Niedersachsen wird dabei im bundesweiten Vergleich großer Wert auf eine regionale Partizipation gelegt. Die regionale Ebene bietet eine Vielzahl an Möglichkeiten für die RIS3 und die EU-Strukturpolitik in Niedersachsen. Die vier niedersächsischen Regionen sollen sich deshalb aktiv in die RIS3 und ihre Weiterentwicklung einbringen.

Literatur

Barca, F., (2009): An Agenda for a reformed cohesion policy. A place-based approach to meeting European Union challenges and expectations. Independent Report prepared at the request of Danuta Hübner, Commissioner for Regional Policy.

Brandt, A., Bornemann, H. (2014): Industrie 4.0 in Niedersachsen. Hannover (unveröffentlichtes Papier).

Brandt, A., Skubowius, A. (2013): Mobilität in Niedersachsen – Eine Einführung. In: Wissenschaftliche Gesellschaft Niedersachsen e.V. (Hrsg): Neues Archiv für Niedersachsen 1/2013. S. 6–11.

Brandt, A., Heine, M. (2012): Gesunde Ernährung als Zukunftsmarkt. In: Wissenschaftliche Gesellschaft Niedersachsen e.V.(Hrsg): Neues Archiv für Niedersachsen 2/2012. S. 98–109.

Brandt, A., Krätke, S., Hahn, C., Borst, R. (2008): Metropolregionen und Wissensvernetzung – Eine Netzwerkanalyse innovationsbezogener Kooperationen in der Metropolregion Hannover-Braunschweig-Göttingen. Beiträge zur europäischen Stadt- und Regionalforschung, 6. Münster.

Bundesministerium für Bildung und Forschung (BMBF) (2012): Bundesbericht Forschung und Innovation 2012.

Buß, H. J. (2014): Niedersachsen auf dem Weg zur biobasierten Wirtschaft – Bioökonomie für Nachhaltigkeit, Klimaschutz und regionale Wertschöpfung. Niedersächsisches Innovationszentrum (Hrsg.). Hannover.

CIMA, CRIE, Prognos (2014): Niedersächsische regionale Innovationsstrategie für intelligente Spezialisierung (RIS3). Studie im Auftrag der Staatskanzlei Niedersachsen Hannover.

CIMA (2012): Gemeinsam wirtschaftlich menschlich sozial stark handeln. Die Bedeutung der Sozialwirtschaft in Niedersachsen. Hannover. Studie im Auftrag der Landesarbeitsgemeinschaft Freie Wohlfahrtspflege.

CIMA, Nord/LB (2012): Optionen des Modells »Offene Hochschule« zur Verbesserung der Innovationsfähigkeit von kleinen und mittleren Unternehmen in der Region Hannover. Gutachten im Auftrag der Region Hannover.

European Commission (2014): Regional Innovation Scoreboard 2014. Entreprise and Industry.

European Commission (2005): European Innovation Scoreboard 2005. Entreprise and Industry.

Foray, D., (2013): The economic fundamentals of smart specialisation. Ekonomiaz No. 83, 2.0 cuatrimestre, S. 54–78.

Foray, D., Goenega, X. (2013): The goals of smart specialisation. S3 Policy Brief Series n° 01/2013 – May 2013, S3 Platform, JRC-IPTS.

Foray, D., David, P. A., Hall, B. (2009): Smart Specialisation – The Concept. Knowledge Economists Policy Brief n° 9.

Krätke, S. (2013): Die Positionierung der Metropolregion Hannover Braunschweig Göttingen Wolfsburg im globalen Netzwerk von Standorten der Automotive Industry. In: Wissenschaftliche Gesellschaft Niedersachsen e.V. (Hrsg): Neues Archiv für Niedersachsen 1/2013. S. 55–67.

Lies, O. (2013): Interview: »Die niedersächsische Automobilindustrie ist sehr innovativ«. In: Wissenschaftliche Gesellschaft Niedersachsen e.V. (Hrsg): Neues Archiv für Niedersachsen 1/2013. S. 12–17.

Ministerium für Finanzen und Wirtschaft Baden-Württemberg (2014): Wettbewerb zur zukunftsfähigen Regionalentwicklung. Leitfaden zweite Wettbewerbsphase regionales Entwicklungskonzept. Stuttgart.

Ministerium für Wissenschaft und Wirtschaft des Landes Sachsen-Anhalt (2013): Grundlagen einer regionalen Innovationsstrategie Sachsen-Anhalt 2014–2020.Stand April.

Niedersächsisches Institut für Wirtschaftsforschung (2013a): Stärken-Schwächen-Analyse (SWOT) für das Land Niedersachsen und seine Regionen. Studie im Auftrag der Staatskanzlei Niedersachsen.

Niedersächsisches Institut für Wirtschaftsforschung (2013b): Basisanalyse zur Identifizierung spezifischer Handlungsbedarfe für fünf Regionen in Niedersachsen. Studie im Auftrag der Staatskanzlei Niedersachsen.

Niedersächsische Staatskanzlei (2014): Regional- und Strukturpolitik der EU im Zeitraum 2014–2020 – Niedrsächsische regionale Innovationsstrategie für intelligente Spezialisierung (RIS3). Kabinettsbeschluss vom 17.06.2014.

NORD/LB, Basler und Partner, MR, NIW (2009): Gutachten zur Stärkung und Weiterentwicklung der Maritimen Wirtschaft in Niedersachsen und zum Aufbau maritime Cluster. Studie im Auftrag des Niedersächsischen Ministeriums für Wirtschaft, Arbeit und Verkehr.

NORD/LB, INW (2011): Energieland Niedersachsen – Struktur, Entwicklung und Innovation in der niedersächsischen Energiewirtschaft. Hannover.

Nowak, R. (2013): Elektromobilität – Neuer Antrieb für die Verkehrs- und Energiewende. In: Wissenschaftliche Gesellschaft Niedersachsen e.V.(Hrsg): Neues Archiv für Niedersachsen 1/2013. S. 18–33.

Prognos (2013): Eckpunkte zur Regionalen Innovationsstrategie Schleswig-Holstein. Entwurfsstand 14.02.2013. Ministerium für Wirtschaft, Arbeit, Verkehr und Technologie des Landes Schleswig-Holstein.

Vier Fragen an die Landesbeauftragten
zur Regionalpolitik der vier Teilregionen in Niedersachsen

Karin Beckmann, Franz-Josef Sickelmann
Jutta Schiecke, Matthias Wunderlich-Weilbier

Karin Beckmann

1. Was macht Ihre Teilregion in Niedersachsen ganz besonders? Was sind die Differenzierungsmerkmale?

Der Bereich Leine-Weser ist durch die Region Hannover geprägt, die allein durch ihre Einwohnerzahl heraussticht und über große wirtschaftliche und wissenschaftliche Potenziale verfügt. Zudem hat die Stadt Bremen auf den nördlichen Teil der Region eine große Ausstrahlungswirkung.

Charakteristisch ist auch, dass einerseits alle Landkreise der Region Leine-Weser in ihren ländlichen Bereichen mit den Herausforderungen einer Verschiebung der Altersstruktur und einem Einwohnerrückgang konfrontiert sind. Andererseits verfügen sie zum Teil über leistungsfähige Hochschulen und vor allem mittelständische Betriebe, die positive Entwicklungen durchlaufen bzw. hohe Potenziale bergen. Die Region weist eine leistungsfähige Landwirtschaft sowie eine vielfältige Natur- und Kulturlandschaft auf.

Die Besonderheit der Region Leine-Weser liegt in der Ausgewogenheit der Wirtschaft. Die Dominanz einzelner Sektoren fällt weniger eindeutig aus als in anderen Teilregionen, auch wenn der Automobilindustrie eine erhebliche Bedeutung zukommt.

2. Wo liegen die besonderen Herausforderungen Ihrer Teilregion in der Zukunft?

Die besonderen Herausforderungen liegen in der Attraktivitätssteigerung der Lebensstandorte und der Bündelung der Innovationskräfte, um die mittelständisch geprägte Wirtschaftsstruktur zu stärken. Deshalb gilt es, sich auf seine Stärken zu besinnen und in zielorientierten Kooperationen zukunftsfähige Projekte zu entwickeln.

3. Welche strategischen Ziele sehen Sie für Ihre Teilregion bis 2020?

Die Diskussion unseres Amtes mit den regionalen Akteuren ist zum jetzigen Zeitpunkt noch nicht abgeschlossen. Dennoch ist absehbar, dass es um die Erschließung von wirtschaftlichen sowie Forschungs- und Innovationspotenzialen auf der Basis vorhandener Strukturen gehen wird. Diese gilt es zielgerichtet fortzuentwickeln. Daher stehen die Arbeitsmarktteilhabe sowie die Unterstützung regionaler Fachkräftestrategien, die Förderung der CO_2-Einsparung und der Energiewende sowie die Sicherung funktions- und zukunftsfähiger Versorgungseinrichtungen und Mobilitätsangebote im Fokus.

Pheno, Wolfsburg

4. Welche Strategien und Projekte stehen in der kommenden Förderperiode für Sie im Vordergrund?

Die thematischen Ziele speziell der europäischen Strukturfonds stehen weitgehend fest und finden sich zum überwiegenden Teil in unseren strategischen Zielen wieder, in denen es um Innovation, CO_2-Minderung und Daseinsvorsorge geht. Konkrete Projekte zeichnen sich inzwischen an der einen oder anderen Stelle ab, können von mir zum jetzigen Zeitpunkt aber noch nicht abschließend benannt werden, da der Verständigungsprozess noch läuft. Wichtig ist, Kräfte zu bündeln, die Aktivitäten auf möglichst nachhaltig wirksame Projekte zu konzentrieren und von vielfältigen Erfahrungen – auch aus anderen Regionen – zu lernen.

Franz-Josef Sickelmann

1. Was macht Ihre Teilregion in Niedersachsen ganz besonders? Was sind die Differenzierungsmerkmale?

Die Region Weser-Ems ist einer der wenigen ländlichen Räume im Bundesgebiet, die sich in den letzten Jahren außergewöhnlich dynamisch entwickelt haben. So erreicht diese Region in vielen Bereichen, beispielsweise aufgrund der geringen Arbeitslosenquote sowie des vergleichsweise hohen Bevölkerungswachstums in einigen Landkreisen, landes- und bundesweit absolute Spitzenwerte. Andererseits gibt es in dieser besonders großen Region in Niedersachsen mit fast 2,5 Mio. Einwohnern nicht unerhebliche teilregionale Unterschiede. Bei allen Unterschieden ist vor allen Dingen die stark ausgeprägte Struktur flexibler kleiner und mittelständischer Unternehmen, die auch Nischen besetzen können, für die Region prägend.

2. Wo liegen die besonderen Herausforderungen Ihrer Teilregion in der Zukunft?

Neben den allgemein bekannten Herausforderungen des demografischen Wandels steht die Region vor der Aufgabe, ihre Stärken in einer wissensbasierten und globalisierten Wirtschaft zu sichern und auszubauen. Gleichzeitig muss die Region dafür Sorge tragen, dass sie das weitere wirtschaftliche Wachstum in Ausgleich mit ökologischen und sozialen Themen bringt (Ästuarien, FFH-Gebietsschutz, Wasserrahmenrichtlinie, Flächenknappheit, Nährstoffüberschüsse, Mindestlohn, prekäre Beschäftigungsverhältnisse etc.).

3. Welche strategischen Ziele sehen Sie für Ihre Teilregion bis 2020?

Neben vielen strategischen Zielsetzungen, die es auch in anderen Regionen gibt, wird es besonders wichtig sein, die Zukunft der besonderen regionalen Kompetenzfelder wie Bioökonomie, Maritimes und Energie im Sinne einer nachhaltigen Wirtschaft zu sichern und auszubauen.

4. Welche Strategien und Projekte stehen in der kommenden Förderperiode für Sie im Vordergrund?

Im Vordergrund wird die Wissensvernetzung in allen wichtigen Kompetenzfeldern stehen. Insbesondere die stark ausgeprägte und diversifizierte Struktur der kleinen und mittelständischen Unternehmen gilt es auszubauen und zu fördern.

Jutta Schiecke

1. Was macht Ihre Teilregion in Niedersachsen ganz besonders? Was sind die Differenzierungsmerkmale?

Der Amtsbezirk Lüneburg ist eine Region, die mit einer Fläche von über 15.500 qkm und knapp 1,7 Millionen Einwohnern größer ist als mancher europäische Staat. Eine Region, die flächenmäßig in etwa der Größe Schleswig-Holsteins entspricht und sich im Spannungsfeld zwischen drei Metropolregionen befindet. Trotz ihrer Lage zu bevölkerungsreichen Nachbarn wie Hamburg, Bremen oder Hannover ist diese Region eher ländlich geprägt und im Vergleich zu anderen niedersächsischen Räumen sehr heterogen aufgestellt. So unterscheiden sich Problemlagen und Handlungsmöglichkeiten selbst innerhalb identischer Raumkategorien und sogar innerhalb einzelner Landkreise. Aufgrund der vorherrschenden wirtschaftsstrukturellen Schwäche ist die Region Lüneburg die einzige Region in Gesamtwestdeutschland, die von der EU als sogenanntes »Übergangsgebiet« eingestuft worden ist.

CFK-Nord, Stade

2. Wo liegen die besonderen Herausforderungen Ihrer Teilregion in der Zukunft?

Aufgrund der deutlich reduzierten Fördermittel aus den Struktur- und Investitionsfonds der EU und der daraus resultierenden Neuausrichtung der Regionalpolitik erscheint es für eine nachhaltig erfolgreiche Regionalentwicklung notwendig, die Kooperationskultur in der Region auszubauen und weiterzuentwickeln. Die Region Lüneburg steht insbesondere vor folgenden Herausforderungen: demografischer Wandel, eine verbesserungswürdige Infrastrukturausstattung in den Bereichen Datenübertragung, Schiene und Straße und Verbesserung einer quantitativ eher schwachen Ausstattung mit wissenschaftlichen Einrichtungen als wesentliche Bausteine für eine innovations- und wettbewerbsfähige Region. Anzumerken ist an dieser Stelle jedoch, dass die Region durch die sehr guten Bildungsangebote der großen Zentren profitiert, die außerhalb des Amtsbezirks Lüneburg liegen. Als weitere besondere Herausforderung kommt hinzu, dass viele Kommunen im Amtsbezirk Lüneburg so finanzschwach sind, dass sie die erforderlichen Entwicklungs- und Anpassungsmaßnahmen kaum bzw. nicht (ko-)finanzieren können. Hier besteht Unterstützungsbedarf.

3. Welche strategischen Ziele sehen Sie für Ihre Teilregion bis 2020?

Die Attraktivität der Region als Wirtschafts- und Lebensraum sichern. Insbesondere die Erreichbarkeit verbessern durch intelligente Mobilitäts- und Verkehrsprojekte – möglichst schnell, bequem und umweltfreundlich –, aber auch durch Breitbandausbau. Die Region zukunftsfähig aufstellen durch ökonomische, ökologische und soziale Tragfähigkeit von Entscheidungen. Die Mitverantwortung stärken und ausbauen. Bei allen Zielen die Gleichberechtigung von Frauen und Männern sowie die Vereinbarkeit von Familie und Beruf mitdenken.

43

4. Welche Strategien und Projekte stehen in der kommenden Förderperiode für Sie im Vordergrund?

Folgende Handlungsfelder, die mit den Investitionsprioritäten der EU im Einklang stehen, werden in der Zukunft vorrangig bearbeitet werden:

- Infrastruktur
- Innovation
- Wettbewerbsfähigkeit
- Umwelt/Klimaschutz
- Bildung/Qualifizierung
- Gesellschaftliche Teilhabe

Konkrete Projekte werden voraussichtlich in diesen Handlungsfeldern entwickelt werden. Da dieses zusammen mit den Akteuren der Region stattfinden wird, ist es derzeit noch zu früh, konkrete Projekte zu benennen.

Matthias Wunderlich-Weilbier

1. Was macht Ihre Teilregion in Niedersachsen ganz besonders? Was sind die Differenzierungsmerkmale?

Im Amtsbezirk Braunschweig stehen den urbanen Räumen ländliche Regionen gegenüber, die insbesondere in den südlichen Landkreisen und im Landkreis Helmstedt eine abnehmende Einwohnerzahl aufweisen. Die Alterung ist in den Gemeinden im Harz und großen Teilen des Landkreises Northeim, also in den peripheren ländlichen Räumen, erheblich fortgeschritten.

Hinsichtlich der Wirtschaftsstruktur ist die Bedeutung der Automobilindustrie im Großraum Braunschweig – Wolfsburg überragend. Der Anteil des produzierenden Gewerbes an der gesamten Bruttowertschöpfung ist in der Region mit mehr als zwei Dritteln der höchste in ganz Niedersachsen. Die südliche Region hat eine heterogenere Wirtschaftsstruktur. Der Landkreis Göttingen ist durch die dortige Gesundheitsbranche und die Universität Göttingen in besonderem Maße dienstleistungsorientiert.

Der Amtsbezirk Braunschweig verfügt über eine diversifizierte Hochschul- und Forschungslandschaft mit sechs Landkreisen bzw. kreisfreien Städten, die Hochschulstandorte aufweisen. Beim Personal in Forschung und Entwicklung liegt der Wert weit über dem niedersächsischen, aber auch über dem westdeutschen Durchschnitt. Am Forschungsflughafen in Braunschweig mit der international bedeutsamen Avionikforschung wurden jüngst ca. 260 Mio. € für Forschungszentren investiert.

Daneben bietet der Amtsbezirk Braunschweig großes kulturhistorisches und kulturtouristisches Potenzial. Bauwerke aus der Zeit der Romanik legen Zeugnis davon ab, dass in dieser Kulturregion schon früh deutsche Geschichte geschrieben worden ist.

2. Wo liegen die besonderen Herausforderungen Ihrer Teilregion in der Zukunft?

Der Weg zu einer Weiterentwicklung der Region erfordert eine klare Vorstellung von den Stärken und Schwächen sowie Chancen und Risiken der Region und eine gemeinsame Vision der Verantwortungsträger vor Ort, in welche Richtung sich die Region weiterentwickeln soll. Besondere Herausforderungen liegen in der demografischen Entwicklung, bei der Gewinnung ausreichender Fachkräfte für die regionale Wirtschaft und in der Aufrechterhaltung angemessener Infrastrukturen auch im peripheren ländlichen Raum. An den Hochschul- und Forschungsstandorten sind Entwicklungspotenziale aus der Vernetzung zwischen Forschungseinrichtungen und der regionalen Wirtschaft zu unterstützen.

Effiziente Intralogistik im Warenlager der Lenze SE

3. Welche strategischen Ziele sehen Sie für Ihre Teilregion bis 2020?

Die beteiligten Akteure im Amtsbezirk sind sich darüber einig, dass in den nächsten Jahren insbesondere die folgenden fünf zentralen Entwicklungsleitsätze die Weiterentwicklung der Region im Wesentlichen bestimmen sollen:

- Stärkung und Weiterentwicklung der in Europa führenden Forschungs- und Wissenschaftsregion
- Zukunftssicherung der Automobilregion
- Weiterentwicklung zur Kompetenzregion für Energie- und Ressourceneffizienz
- Entwicklung von zukunftsfähigen Konzepten in der Gesundheits- und Sozialwirtschaft
- Entwicklung, Stabilisierung und Anpassung des ländlichen Raumes unter Berücksichtigung der spezifischen Herausforderungen des demografischen Wandels

4. Welche Strategien und Projekte stehen in der kommenden Förderperiode für Sie im Vordergrund?

Die thematischen Ziele speziell der europäischen Strukturfonds stehen insbesondere mit Beschäftigungssicherung, Innovation und CO_2-Reduzierung weitgehend fest. Konkrete Projekte zeichnen sich zwar ab, können zum jetzigen Zeitpunkt aber noch nicht abschließend benannt werden. Wichtig ist es, Kräfte zu bündeln und die Aktivitäten auf möglichst nachhaltig wirksame Projekte zu konzentrieren.

Anschlussfähigkeit des Flächenlandes Niedersachsen an die Wissensökonomie

Hans Joachim Kujath

1. Einleitung

Mit dem Begriff Wissensökonomie wird die gewachsene Bedeutung von Wissen als Produktionsfaktor, als immaterielles kommerziell verwertbares Gut bzw. als Dienstleistung und als wichtige Komponente materieller Güter zum Ausdruck gebracht. Standen in den traditionellen Produktionssystemen das Bewahren und Replizieren von Wissen, Innovationen in kleinen Schritten und praxisbasiertes Lernen im Mittelpunkt, werden nun Fähigkeiten verlangt, mit einem wachsenden global verteilten Wissensbestand kreativ umzugehen. Wissensgenerierung, Wissensaustausch, Wissensanwendung und Vermarktung wissensbasierter Güter stehen im Mittelpunkt der Wissensökonomie. Dabei wird in der Diskussion immer wieder betont, dass die zunehmende Wissensbasierung des Wirtschaftens vor allem den großen Städten und Stadtregionen zugute kommt. Die Wissensökonomie gilt in räumlicher Hinsicht sowohl als ein Motor der Globalisierung als auch der Stärkung der großen Städte als Wirtschaftszentren innerhalb globaler Netzwerke. Einerseits wird die Wissensökonomie als eine globale Interaktionsnetzwerke ausbildende Kraft verstanden, unter deren Einfluss sich die Städte zu leistungsfähigen Transaktionsknoten umgestalten. Andererseits werden die großen Städte als Standorte dargestellt, die in besonderer Weise den spezifischen Produktions- und Austauschansprüchen wissensbasierten Wirtschaftens genügen bzw. sich diesen Ansprüchen leicht anpassen lassen.

In solchen Betrachtungen wird die Wissensökonomie als ein relativ homogener Wirtschaftssektor mit einheitlichen Raumansprüchen dargestellt, an dessen Dynamik die meisten Standorte eines Flächenlandes wie Niedersachsen nicht teilhaben könnten. Bei einer näheren Betrachtung wird man jedoch feststellen, dass alle Branchen mehr oder weniger von wissensbasierten Aktivitäten durchdrungen werden, wobei einige Branchen durch eine besonders hohe Wissensintensität – ausgedrückt durch ein hohes Qualifikationsniveau der Beschäftigten oder durch einen besonders hohen Anteil der Forschung und Entwicklung am Umsatz – hervorstechen. Diese Branchen sind in der Regel Innovationstreiber, sichern wirtschaftliches Wachstum und Beschäftigung. Sie stellen sich nicht einheitlich dar, sondern sind in unterschiedliche Funktionstypen ausdifferenziert, deren Merkmale sich nach den Formen des Wissensaustausches, der institutionellen Einbettung und nach der jeweils dominanten genutzten Wissensart unterscheiden.

Unter Berücksichtigung der unterschiedlichen Merkmalsausprägungen (Kujath, Schmidt 2010: 44f.) lassen sich grob vier

Klimmt,
Hildesheim

Funktionstypen abgrenzen, in denen der öffentliche Sektor ausgeblendet bleibt.

Der Funktionstyp (1), der *transaktionsorientierte Dienstleistungsunternehmen* umfasst, ist spezialisiert auf das Management von wirtschaftlichen Transaktionen innerhalb und zwischen Unternehmen. Die Tätigkeitsfelder beinhalten einen weiten Bereich der Informationsbeschaffung und -verarbeitung, Finanzierungsdienste, Rechtsberatung, Wirtschaftsberatung, Marktanalysen.

Einen weiteren Funktionstyp (2) bildet die *Informations- und Medienindustrie*. Sie entwickelt Wissensprodukte als Prototypen, die sich elektronisch leicht vervielfältigen und vertreiben lassen, z.B. Software, Musik, Design, Werbung usw. Sie ist in den letzten Jahren der am stärksten wachsende Bereich der Wissensökonomie gewesen. Hierzu gehört auch der derzeit viel diskutierte Bereich der Kultur- und Kreativwirtschaft.

Im Funktionstyp (3) der *Hochtechnologie-Industrie* werden solche Branchen zusammengefasst, in denen neues Wissen und Innovationen in materielle Produktionsprozesse integriert werden, z.B. in der Medi-zintechnik, Computertechnik, Kommunikationstechnik, Biotechnologie, aber auch in solchen Bereichen wie dem Automobil- und Maschinenbau, deren Produkte immer größere Anteile innovativen Wissens enthalten.

Transformationsorientierte Dienstleistungsunternehmen umschreiben den Funktionstyp (4), der Wissen generiert, welches für die Transformation materieller Ressourcen, d.h. für die materielle Güter- und Infrastrukturproduktion benötigt wird. Sie sind eng mit der industriellen Produktion verbunden und sind Zulieferer in den Bereichen der Produkt- und Prozessinnovationen. Sie decken das weite Feld der Produktentwicklung und -verbesserung, der Entwicklung neuer technischer Produktionsverfahren, der Anwendung neuer Materialien, der Entwicklung von Produktmodellen und industriellen Design-Spezifikationen usw. ab.

Welche räumlichen Implikationen ergeben sich aus den funktionalen Ausdifferenzierungen wissensökonomischer Aktivitäten? Welche Standorte wählen die Unternehmen für die Generierung und Anwendung ihres funktionsspezifischen Wissens? Wie wandeln sich damit die Funktionen der Städte mit ihrem regionalen Umfeld? Im Folgenden soll näher beleuchtet werden, welche Optionen vor allem mittlere Städte und kleinere Großstädte innerhalb eines in weiten Teilen ländlich geprägten Flächenlandes wie Niedersachsen haben, wissensökonomische Aktivitäten aus den verschiedenen Funktionstypen der Wissensökonomie an sich zu binden und mit dem wirtschaftlichen Wandel Schritt zu halten.

2. Neue räumliche Arbeits- und Wissensteilung durch die Wissensökonomie?

Der wissensökonomische Wandel ist in seinen Dimensionen räumlich verortet, wobei in der wirtschafts- und sozialwissenschaftlichen Debatte vor allem die Großstadtregionen zu den Orten größter Dynamik gezählt werden und im Fokus der Forschung stehen. Danach führt die Mobilität von Wissensträgern und Kapital (Industrien und Dienstleistungen) zur räumlichen Konzentration wissensintensiver Wirtschaftsbereiche und von Wissensarbeitern, um Transaktionskosten zu senken sowie Verbund- und Skalenvorteile zu nutzen. In diesem Zusammenhang rücken die Besonderheiten des Wissens als Ressource, die Spezifika seiner Vermittlung und die damit verbundenen Lern- und Innovationsprozesse in den Mittelpunkt der Argumentation. Die in der theoretischen Debatte übermächtige Rolle der großen Stadtregionen findet in der Realität allerdings nur bedingt eine Entsprechung. Zumindest in Deutschland lässt sich neben den Großstadtregionen eine Vielzahl von Raum- und Standorttypen nachweisen, die in unterschiedlicher Weise wissensökonomisch spezialisiert sind (vgl. Kujath, Pflanz, Stein, Zillmer 2008; Fritsch 2007).

Zur Erklärung dieses Ausdifferenzierungsprozesses gibt es bisher jedoch vergleichsweise wenige Ansätze. Eine der wenigen tragfähigen Erklärungen stützt sich aus einem ökonomischen Blickwinkel auf die in der Wissensökonomie entstehenden neuen Formen von Arbeitsteilung, die zu neuen Mustern der Spezialisierung im Raum führen. Nonaka und Takeuchi (1995: 152) sowie Capurro (1998) liefern eine einfache Erklärung für die raumdifferenzierende Wirkung der Wissensarbeit, indem sie zwei Typen von Wissensarbeitern – Wissensanwender (knowledge operators) und Wissensspezialisten (knowledge specialists) – unterscheiden. *Wissensanwender* sind in dieser Definition darauf fokussiert, ihr Wissen als Kombination von praktischen Fertigkeiten und Fachwissen weiterzuentwickeln und in objektbezogenes Handeln einzubringen. Ihre Kenntnisse und Fähigkeiten basieren zum einen auf Erfahrungswissen, welches durch Imitieren, Ausprobieren und Partizipieren angeeignet und genutzt wird (Stehr 2001: 284). Zum anderen müssen Wissensanwender heute mit systematischem, wissenschaftlichem Wissen umgehen können, was z.B. eine über die duale Ausbildung hinausgehende Qualifikation von Facharbeitern erfordert. *Wissensspezialisten* folgen mit ihrer Arbeit einer anderen Logik. Sie schaffen mit ihrer Arbeit Wissensgrundlagen für Wissensanwender. Sie arbeiten mit Informationen, Ideen, Fachkenntnissen und erzeugen als Output Ideen, Konzepte, Strategien. Ihre Tätigkeit besteht vor allem darin, neues Wissen zu erschließen und zu generieren. Sie bedienen eine beständig wachsende Nachfrage nach Expertise, die nicht nur für die Implementierung von Neuerungen in Gütern und Dienstleistungen benötigt wird, sondern auch für die Gestaltung unternehmensinterner Prozesse sowie die Organisation globaler Wirtschafts- und Wissensbeziehungen. Zu diesem Typ Wissensarbeit gehören die wissensökonomischen Funktionstypen der wissensintensiven Dienstleistungen (Rechts- und Wirtschaftsberatung), die Forschungs- und Entwicklungsarbeit, die Technikberatung (Ingenieurdienstleister) sowie der große Bereich der Informations- und Medienindustrie.

Nach Duranton und Puga (2003) findet diese Arbeitsteilung aufgrund der unterschiedlichen Logiken des Umgangs mit Wissen ihren Niederschlag in einer sich verändernden räumlichen Spezialisierung, die mit der Entwicklung der neuen Kommunikationstechniken verstärkt würde. Waren in der Vergangenheit Unternehmenshauptquartiere, Forschung und Entwicklung sowie Produktionsstandorte wegen hoher Kommunikations- und Transportkosten meist an einem Standort vereint, so sei es heute vorteilhaft, die von hoch qualifizierten Wissensspezialisten besetzten Arbeitsfelder (Management, unternehmensbezogene Dienstleistungen, Forschung und Entwicklung) von den Produktionsstätten zu trennen. Das ehemalige sektorale räumliche Spezialisierungsmuster verändere sich folglich in ein funktionales. Die Gruppe der Wissensspezialisten und die ihnen zugeordneten Wirtschaftsbereiche der »knowledge industries« (Park 2000) ballen sich vor allem in den großen Zentren und deren Umfeld. Hier ist der Wissensreichtum groß, und es bestehen vielfältige Optionen des Wissenstausches und der Generierung neuen Wissens. Die Wissensanwendung im Bereich der materiellen Produktion (»knowledge-based industries«) findet hingegen nicht nur wegen günstigerer Faktor- und Lebenshaltungskosten, sondern vor allem wegen eines geringeren Kommunikations-

bedarfs bzw. einer Fixierung des Handelns auf materiell-objekthafte Kontexte eher außerhalb der Großstadtregionen in kleineren Zentren im ländlichen Raum statt (vgl. Dohse et al. 2004: 46).

Duranton und Puga entwickelten ihre Erklärungen anhand beobachteter US-amerikanischer Gegebenheiten. Auf den ersten Blick scheinen diese Überlegungen auch auf das Flächenland Niedersachsen übertragbar: In den führenden Großstädten – vor allem in Hannover – konzentrieren sich zahlreiche Konzernzentralen international agierender Großunternehmen, wissensintensive Dienstleister, die die Transaktionen der Unternehmen und die Transformation von Ressourcen zu neuen innovativen Produkten unterstützen. Die großen Zentren sind darüber hinaus auch Orte privater und öffentlicher Forschung und Entwicklung, während sich in den Städten außerhalb dieser Agglomerationen vor allem Betriebe der industriellen Fertigung konzentrieren. Dies hieße aber auch, dass die Lern- und Innovationsprozesse vor allem in den großen Zentren stattfinden, während der Rest des Landes die Funktion einer »Werkbank«, ohne eigene Wissens- und Wachstumsimpulse, übernehmen müsste.

Dieser Sicht widersprechen bereits die teilweise sehr starken Beschäftigungszuwächse in der Wissensökonomie außerhalb der großen Städte vor allem im nordwestlichen Teil Niedersachsens. Auch die hier vertretenen zahlreichen kleinen und mittleren Unternehmen (KMU) im produzierenden Gewerbe und die diesen zugeordneten transformationsorientierten Dienstleistungen, die ihre Firmenstammsitze und Forschungsaktivitäten nicht in die Agglomerationsräume verlagern, weisen auf ein weiteres Erklärungsmuster hin. Offensichtlich findet die räumliche Arbeitsteilung hier nicht nur nach dem von Duranton und Puga beschriebenen Muster

statt, sondern basiert auf einem Zusammenspiel lokaler pfadabhängiger Mechanismen (Heidenreich 1997). Aus diesem Blickwinkel lässt sich die spezifische Entwicklung ländlicher Standorte vor allem aus einem sich kumulativ entwickelnden Erbe spezialisierten und gespeicherten Wissens und als eine Sequenz von lokalisierten Lern- und Innovationsschritten der Wirtschaft beschreiben. Das in der Lokalität, ihren Betrieben und Menschen verankerte Vorwissen sowie gemeinsame Arbeitskulturen und Konventionen bilden danach die Grundlage für eine schrittweise Weiterentwicklung der vorhandenen industriellen Basis und lokaler Dienstleistungen in Richtung Wissensökonomie. Dies schließt eine Evolution durch etablierte Firmen ein, aber auch Ausgründungen und Neugründungen von Firmen innerhalb der Möglichkeiten, die der historisch gewachsene Wissenskontext bietet. Der sich dabei herausbildende Pfad kann sich als relativ stabil erweisen, da Verlagerungen mit hohen Transaktionskosten verbunden sind, zum Beispiel bei der Auswahl des neuen Standortes, der Einschätzung und Bewertung der neuen Rahmenbedingungen, der Rekrutierung und Ausbildung von Fachkräften (Rehfeld 2010: 48). Es entsteht ein lokaler Raum, der geprägt ist von einer gemeinsamen Wissensbasis, von einer gemeinsamen Arbeitskultur, von gemeinsamen Konventionen und einem gemeinsamen Grundverständnis (Boschma, Frenken 2003).

3. Die ländlichen Regionen Niedersachsens als Hochtechnologiestandorte?

In den ländlichen Regionen Niedersachsens finden sich, wie in anderen Regionen der westlichen Bundesrepublik auch, eine Vielzahl kleinerer Großstädte und mittlerer Städte sowie eine mittelständisch geprägte industrielle Struktur, in denen sich der Ansatz einer pfadabhängigen Entwicklung zu bestätigen scheint. Eine Clusteranalyse zur wissensökonomischen Regionstypologie für die Periode 1998 bis 2006 bestätigte bereits dieses räumliche Muster wissensökonomischer Aktivitäten (Kujath, Zillmer 2010). Danach hebt sich der Großraum Hannover mit einer diversifizierten wissensökonomischen Struktur heraus, die ihn in der Regionstypologie als »Region mit ausgeprägter Wissensökonomie« charakterisiert. Dieser Regionstyp wird getragen von mehreren wissensökonomischen Spezialisierungen, die sich auf die Funktionstypen der transaktionsorientierten Dienstleistungen, der Informations- und Medienindustrie und in relativ geringerem Maße auch der Hochtechnologie-Industrie beziehen. Daneben gibt es Regionen im Umfeld großer Städte mit einer einzigen Spezialisierung auf Hochtechnologie oder transformationsorientierte Dienstleistungen, wie die Landkreise Hildesheim, Wesermarsch und Gifhorn sowie die Städte Salzgitter, Braunschweig, Wolfsburg. Die übrigen, meistens ländlich geprägten Regionen Niedersachsens sind in dieser Analyse aber dem Typ »Regionen mit geringer Bedeutung der Wissensökonomie« zugeordnet, der sich in zwei Untergruppen aufteilt. Das Profil der ersten Untergruppe lässt sich als »Regionen im Wandel basierend auf Hochtechnologie« bezeichnen. Diese Regionen verzeichneten im betrachteten Zeitraum zwischen 1998 und 2006 eine deutliche Zunahme wissensökonomischer Beschäftigung, überwiegend in der Hochtechnologie. Das Profil der zweiten Untergruppe wurde als »Regionen ohne Dynamik« charakterisiert. Es handelt sich um Regionen, die im betrachteten Zeitraum, verglichen mit anderen Regionen, auf einem sich kaum verändernden niedrigen Beschäftigungsniveau in den Funktionstypen der Wissensökonomie verharrten und teilweise sogar durch eine leicht abnehmende Bedeutung der Wissensökonomie geprägt waren.

Am Beispiel der Landkreise und Städte im Nordwesten Niedersachsens, die sich bis 2006 überwiegend als Region der ersten Untergruppe profiliert hatten, und der Landkreise in Südniedersachsen, die sich in ihrer Mehrzahl in der zweiten Untergruppe wiederfanden, lässt sich aufzeigen, wie sich die beiden Regionsprofile in den Folgejahren bis heute verändert haben. Haben die dynamischen Regionen im Nordwesten Niedersachsens sich in Richtung hochtechnologische Spezialisierung weiterentwickeln können? Sind die Regionen Südniedersachsens mit ihrem starken Dienstleistungszentrum Göttingen auf einen wissensökonomischen Wachstumspfad eingeschwenkt? Bildet auch hier die Hochtechnologie das Fundament der Regionalentwicklung oder sind andere Formen wissensökonomischer Spezialisierung erkennbar?

- Betrachtet man das Gebiet, das einen breiten Gürtel zwischen Weser und Ems im Nordwesten Niedersachsens bildet, so zeigt sich hier eine Dominanz des Profils »Regionen im Wandel basierend auf Hochtechnologie« in den meisten Landkreisen. In diesen Landkreisen fand bereits zwischen 1998 und 2006 eine deutliche Zunahme wissensökonomischer Beschäftigung statt, wobei der Zuwachs in starkem Maße auf die Beschäftigungsentwicklung in der *Hochtechnologieindustrie* zurückzuführen war. Diese Beschäftigungszu-

wächse zeigen sich in der exportstarken Industrie, aber auch in mittelbar betroffenen Wirtschaftsbereichen, wie dem nicht technologieintensiven Handwerk, das teilweise mit der Industrie verkoppelt ist, oder in verschiedenen wissensintensiven Dienstleistungsbereichen. In den darauf folgenden Jahren bis heute hat sich dieser Trend fortgesetzt und könnte diesen Regionstyp Schritt für Schritt zu einem Typ der »Regionen mit ausgeprägter Wissensökonomie« transformieren, wie wir ihn bisher vor allem in Süddeutschland und einigen niedersächsischen Landkreisen im Umfeld oder innerhalb der Großstädte finden, in den Landkreisen Hildesheim, Holzminden und Wesermarsch sowie in den Städten Salzgitter, Braunschweig und Wolfsburg. Während der Zuwachs an sozialversicherungspflichtig Beschäftigten im Hochtechnologiebereich zwischen 2008 und 2013 im Bundesdurchschnitt 4,3 % betrug, waren dies in Niedersachsen 5,8 % und in einigen ländlich geprägten Landkreisen der Weser-Ems-Region, wie Vechta 14,6 % und Osnabrück 14,1 %. In diesen wissensökonomisch dynamischen Landkreisen nimmt auch die Gesamtzahl aller Beschäftigten stark zu. Es setzt sich damit die bereits seit den 90er Jahren zu beobachtende breite Dynamik des Beschäftigungszuwachses in der Weser-Ems-Region fort, eine Dynamik, die in der Metropolregion Hannover, Braunschweig, Wolfsburg und in Göttingen nicht erreicht wird. Führende Treiber des Wandels in Richtung Wissensökonomie sind Hochtechnologie-Unternehmen wie z. B. der Windanlagenhersteller Enercon aus Aurich, die Meyer Werft in Papenburg oder der Landmaschinenhersteller Krone aus Spelle, die die drei wissensökonomischen Schwerpunkte der maritimen Wirtschaft, der Energiewirtschaft und der

Agrarsystemtechnik repräsentieren. Allerdings gibt es innerhalb dieses regionalen Gürtels auch Landkreise und Städte, die als Produktionsstandorte der Hochtechnologie eine untergeordnete Rolle spielen, z.B. die Landkreise Leer, Friesland und Wittmund.

- Für das südliche Niedersachsen ergibt sich ebenfalls ein differenziertes Bild. Allerdings dominiert hier bis heute das Bild einer Region »mit geringer Bedeutung der Wissensökonomie« und »ohne Dynamik« in Hinblick auf die Beschäftigtenentwicklung in der Wissensökonomie. Zwei Besonderheiten sind dabei hervorzuheben. Zum einen bildet die Stadt Göttingen innerhalb des Landkreises Göttingen einen Standort, der eine große wissensökonomische Vielfalt bietet, aber ebenfalls durch eine stagnierende und leicht rückläufige Entwicklung geprägt ist. Hier sind neben der Universität von überregionaler Bedeutung auch zahlreiche wissensintensive Dienstleister konzentriert, wie sie sonst nur in großen Städten wie Hannover zu finden sind. Zum anderen sticht der Landkreis Holzminden hervor, dessen Beschäftigtenentwicklung in der Hochtechnologieindustrie zwischen 2008 und 2013 positiv verlaufen ist und dessen Standortquotient als räumliches Konzentrationsmaß für die Hochtechnologieindustrie deutlich über dem Bundesdurchschnitt liegt. Insgesamt ist aber die wissensökonomische Dynamik in Südniedersachsen, gemessen an der Beschäftigtenentwicklung, wesentlich geringer als in der Weser-Ems-Region. Der bereits zwischen 1998 und 2006 beobachtete negative Trend der Beschäftigtenentwicklung in der Wissensökonomie hat sich bis heute fortgesetzt. Langfristig könnte sich darin ein schleichender Niedergang zumindest einzelner auf Hoch-

technologie sich stützender Standorte der Wissensökonomie andeuten. Unabhängig von dieser Schrumpfungstendenz ist die Region aber nach wie vor ein diversifizierter Standort der Medizin-/Mess-/Regeltechnik sowie der Automobilzulieferindustrie, die mit Göttingen als dem Zentrum der dienstleistungsorientierten Wissensökonomie sowie dem Landkreis Holzminden als Hochtechnologiestandort, starke Potenziale für eine wissensökonomische Dynamisierung besitzt. Dafür spricht auch, dass sich hier einige »hidden champions« der Hochtechnologieindustrie wie Otto Bock (Orthopädie) und Sartorius (Messen und Wägen), Mahr (Fertigungsmesstechnik), Stiebel-Eltron (regenerative Energien) konzentrieren.

Drei Aspekte sind in diesem Zusammenhang besonders erwähnenswert:

- Deutlich wird, dass an *ausgewählten* Standorten in den ländlich geprägten Regionen Niedersachsens eine auf Hochtechnologie basierende wirtschaftliche Entwicklung stattfindet, ohne dass es hierfür der Vorteile großer Agglomerationen oder anderer für Agglomerationen charakteristischer Ausstattungsmerkmale bedarf (Moßig 2002). Es zeigt sich aber auch, dass die wissensökonomische Basis im Vergleich zum Großraum Hannover schmal ist. Eine Verschlechterung der Wettbewerbsposition, z.B. als Folge einer nachlassenden Innovationsfähigkeit oder einer Verschärfung des internationalen Wettbewerbs, kann deshalb zu erheblichen Beschäftigungsverlusten in den exportorientierten Sektoren führen, die nicht in kurzer Frist durch den Aufbau neuer exportorientierter Wirtschaftszweige ausgeglichen werden können. Derartige Schwierigkeiten treten zurzeit vor allem in der maritimen Wirtschaft der

Wallcover, Giesen

Weser-Ems-Region auf, d.h. im Schiffbau und in der Offshore-Windkraft-Industrie, die teils mit zyklischen Ausschlägen auf ihren Absatzmärkten zu kämpfen haben oder wegen reduzierter Ausbauplanungen für Offshore- Windkraftanlagen und technischer Probleme bei der Integration dieser Stromerzeuger in die vorhandenen Netze ihre Expansionsziele revidieren mussten.

- Es gibt aber auch Anzeichen, dass die Hochtechnologiebasis sich in diesen Regionen verbreitert und vernetzt. So wird in der »Ems-Achse« durch die Vernetzung zwischen den Bereichen der Windenergie, der maritimen Verbundwirtschaft, des Metall-, Fahrzeug- und Maschinenbaus sowie der Kunststoffverarbeitung eine größere Vielfalt und damit geringere Abhängigkeit von der Entwicklung in einzelnen Branchen angestrebt. Ähnliche Tendenzen lassen sich auch in Süd-

niedersachsen – vor allem in der Stadt Göttingen und ihrem Umfeld – nachweisen, wo der Industriecluster mit den Schwerpunkten in (Bio-)Medizin-, Mess- und Regeltechnik sowie Optoelektronik zahlreiche Optionen der Diversifizierung eröffnet. Des Weiteren finden sich in Südniedersachsen (Landkreis Holzminden) Firmen des produzierenden Gewerbes in den Schwerpunkten Metall- und Kunststoffverarbeitung, Stahlbau, Elektrotechnik, Drucktechnik, Gusstechnik, Verpackungstechnik sowie Holzverarbeitung, deren Wissen sich auf vielfältige Weise zu neuen wissensbasierten Produkten kombinieren lässt.

- Insgesamt wird anhand der Zeitreihe auch deutlich, dass die pfadabhängigen Entwicklungen in den ländlichen Regionen Niedersachsens nur in großen Zeiträumen ihre Wirkung entfalten, denn im Vergleich zur Clusteranalyse, die die wissensökonomische Entwicklung zwischen 1998 und 2006 erfasst hat, ergeben sich im Jahr 2013 kaum veränderte regionale Schwerpunkte im Hochtechnologiebereich. Gemessen an den Standortquotienten, die das Gewicht des für den Hochtechnologiebereich verantwortlichen Branchenquerschnitts der Region ins Verhältnis zum Bundesdurchschnitt setzt, sind die Branchen der Hochtechnologie, wie in der Vergangenheit, in der Stadt Emden und in den Landkreisen Wesermarsch, Cloppenburg, Emsland sowie Landkreis Holzminden überdurchschnittlich stark vertreten, während benachbarte Landkreise wie Leer und Friesland im Nordwesten oder die Landkreise Nort-

heim und Göttingen im Süden deutlich unter dem Bundesdurchschnitt liegen. Darin kommt auch ein Niveaueffekt zum Ausdruck, da im Bundesdurchschnitt als Bezugsgröße ebenfalls eine Zunahme der Gesamtbeschäftigung wie auch der in der Hochtechnologieindustrie Beschäftigten stattgefunden hat. Für die Weser-Ems-Region bedeutet dies, dass trotz Expansion der Hochtechnologieindustrie sich ihre relative wissensökonomische Position in der Bundesrepublik nicht wesentlich verbessert hat, und für die Landkreise in Südniedersachsen, dass sie als Hochtechnologiestandorte, ausgenommen Holzminden, weiter zurückgefallen sind.

4. Erste Herausforderung: Kombination betriebsspezifischer »step by step«-Innovationen mit systematischen Innovationen durch anwendungsbezogene Forschung

Die Besonderheit der meist mittelständisch geprägten Industrie (KMU) in den ländlichen Regionen Niedersachsens besteht darin, dass diese häufig Marktsegmente besetzt, die eine internationale Expansion, verbunden mit wirtschaftlichem Wachstum und einer steigenden Nachfrage nach Arbeitskräften, begünstigen. Dabei weisen die Regionen im nordwestlichen Niedersachsen und teilweise auch in Südniedersachsen (Landkreis Holzminden) im Vergleich zu den Großstadtregionen, gemessen an den Aufwendungen für Forschung und Entwicklung sowie an Patenten, eine geringere Innovationskraft auf, was auf die überwiegend mittelständische Betriebsstruktur hindeutet, in der nur begrenzte personelle Kapazitäten und finanzielle Mittel für Forschung und Entwicklung mobilisiert werden können.

So sind sowohl im Nordwesten Niedersachsens als auch in Südniedersachsen die Patentanmeldungen aus der Wirtschaft unterdurchschnittlich (Cassing 2013). Dies gilt auch für die Anteile des in Forschung und Entwicklung tätigen Personals an den sozialversicherungspflichtig Beschäftigten in der gewerblichen Wirtschaft im Nordwesten Niedersachsens, während die Unternehmen in Südniedersachsen mehr Personal in Forschung und Entwicklung engagieren (ebd.).

Welches sind die Gründe für die unterdurchschnittliche Forschungsintensität? Bekanntermaßen unterscheiden sich die Innovationspraktiken von KMU deutlich von denen in Großunternehmen und von Unternehmen der Spitzentechnologie. Letztere sind besonders forschungsintensiv, während die meisten KMU sich aus »Low-tech«-

Betrieben, manchmal auch mit handwerklichen Wurzeln, entwickelt haben. Diese KMU generieren durch inkrementelle Innovationen im Rahmen von Produkt- und Prozessverbesserungen sowie durch geschickte Kombination ihrer Produkte mit allgemein verfügbarem technologischem Wissen und durch Modifikationen ihrer Technologien Innovationsbeiträge, deren Bedeutung sich nicht in den Statistiken wiederspiegelt (»hidden innovators«). Hirsch-Kreinsen (2012) beschreibt diesen Typus an Produktinnovationen als »step-by-step product development«, der auf lokalen Anwendungskontexten aufbaut und unternehmensexterne Wissensquellen integriert (vgl. Tab. 1).

Dieses Innovationsmodell wird von den Unternehmen selbst als immer weniger tragfähig dargestellt, um im globalen Wettbewerb bestehen zu können. Die mittelständische Wirtschaft sieht sich zunehmend gezwungen, basierend auf wissenschaftlichen Erkenntnissen systematisch zu forschen und auf dieser Grundlage neue Produkte und Verfahren zu generieren. Gesteigerte Innovationsanforderungen ergeben sich für sie z.B. aus den stetig steigenden Umwelt- und Sicherheitsstandards, die die technischen Anforderungen an die Betriebs- und Sicherheitssysteme sowie deren Energieeffizienz rasant zunehmen lassen. Gleichzeitig nimmt der Innovations- und Anpassungsdruck zu, je mehr internationale Kunden mit steigenden Ansprüchen bedient werden sollen. Schließlich wird schrittweise das »Internet der Dinge« (Industrie 4.0) die Fertigungsprozesse durchdringen und das derzeit existierende Produktionsmodell ablösen. Hieraus ergeben sich neue qualifikatorische Anforderungen, aber auch die Notwendigkeit eigener professioneller Forschungsanstrengungen, die das Verfahren schrittweiser kleiner Innovationen mit einer wissenschaftlich basierten Forschungs- und Entwicklungstätigkeit kombiniert.

Der Einstieg der Unternehmen in eine professionelle Forschungsarbeit ist nicht nur mit hohen finanziellen Risiken verbunden, sondern bedeutet in gewisser Weise auch, sich von den regionalen Arbeitskulturen und Wissensvorräten zu lösen und sich auf global wirksame Forschungsmuster einzulassen. Diese bestehen – vereinfacht dargestellt – aus einer professionell organisierten Wissenstransformation, die sich aus drei Phasen zusammensetzt: (1) Erkunden/Entdecken, (2) Testen/Prüfen und (3) (kommerzielle) Nutzung. Bezugnehmend auf March (1991) definiert Strambach (2008, 160) die erste Phase der Erkundung als einen Prozess des Suchens und Findens von bisher ungenutzten Wissenspotenzialen, die sich möglicherweise in bestehende Wissenskontexte von Unternehmen integrieren lassen. In der Phase (2) finden hingegen Experimentier- und Validierungsaktivitäten statt, die von den Unternehmen schließlich bis zur Marktreife in der Phase (3) geführt werden. Von zentraler Bedeutung für jeden Innovationsprozess ist die Phase (1) des Erkundens und Entdeckens von Wissen, das sich mit den Wissensbeständen der Unternehmen zu neuem Wissen verbinden lässt. Es ist eine mit großen Risiken verbundene Phase, weil man sich noch nicht sicher sein kann, ob das neue Wissen von praktischem Nutzen für das Unternehmen ist. Investitionen in diese Innovationsphase können sich also leicht als verloren darstellen, weshalb KMU auf sich allein gestellt schon aus finanziellen Gründen oft auf einen Einstieg in professionell organisierte Innovationen verzichten.

Während große multinationale Unternehmen organisationsinterne Forschung und Entwicklung nach diesem Muster verwirklichen können, stellt für KMU, deren finanzieller Handlungsspielraum meist begrenzt ist, eine kooperative Zusammenführung von

	FuE-Personal je 1.000 SV-Beschäftigte (2009)	FuE-Personal je 1.000 SV-Beschäftigte (2009)
Deutschland (West)	14	16
Niedersachsen	10	8
Region Weser-Ems	2	8
Südniedersachsen	12	9

Tab. 1: FuE und Patente in Südniedersachsen und der Weser-Ems-Region
Quelle: Schiller et al. 2014

Wissensressourcen oft die einzige Möglichkeit dar, die Risiken von Innovationsprozessen zu tragen und im wechselseitigen Austausch Synergien zu erzielen. In einer vertraglich geregelten Zusammenarbeit mit anderen Unternehmen lässt sich unterschiedliches Wissen bündeln und dessen Nutzungsmöglichkeiten für ein gemeinsames Ziel (z.B. Elektromobilität, neue Fertigungssteuerung der Industrie 4.0, Ressourceneffizienz usw.) ausloten. Jeder Kooperationspartner bringt zur Erreichung des gemeinsamen Forschungsziels seine Kompetenzen in einen gemeinsamen Wissenspool ein. Die Zusammenarbeit beschränkt sich meist auf inhaltlich und zeitlich begrenzte Projekte, die sich auf die Phase (1) der Wissenstransformation (Erkunden/Entdecken) beziehen, während die Phase der Validierung und des Testens sowie der kommerziellen Umsetzung von jedem Partner in eigener Regie durchgeführt wird. Die gemeinschaftliche Generierung neuen Wissens hat schließlich zur Folge, dass alle Beteiligten eine gemeinsame Kontrolle über das neu entstehende Wissen ausüben, aber jeder einzelne Teilnehmer durch abgestimmte Nutzung dieses neuen Wissens mit einer eigenen Innovationsleistung zum Gesamtergebnis beiträgt, das ohne Kooperation nicht zustande käme (Kujath, Stein 2011: 141). Derartige Kooperationen dienen nicht nur der Zusammenführung unterschiedlichen Wissens aus vielen Unternehmen, sondern auch einer Reduzierung von Unsicherheit in den Prozessen des Suchens. Sie machen darüber hinaus durch die Aufteilung der Kosten eines derartigen Suchprozesses auf viele Schulten das wirtschaftliche Risiko von Innovationen für jeden Partner kalkulierbarer (Brandt 2011: 160, Hirsch-Kreinsen 2009: 202).

Sowohl in der Weser-Ems-Region als auch in Südniedersachsen lassen sich derartige kooperative Innovationsansätze nachweisen, die von politischer Seite durch unterstützende Rahmenbedingungen gefördert werden. Das Projekt MariTIM, das sich mit dem Thema »Green Shipping« beschäftigt, ist ein solches Beispiel, in dem 36 Unternehmen auf deutscher und niederländischer Seite kooperativ miteinander verbunden sind, um neue Antriebstechnologien für See- und Binnenschiffe zur Steigerung der Energieeffizienz zu erforschen. Ein ähnlicher Zusammenschluss ist das sogenannte »Measurement Valley« in Südniedersachsen. Hier haben sich ca. 40 Unternehmen und Forschungseinrichtungen aus den Bereichen Mess- und Medizintechnik zusammengeschlossen, um sich Wettbewerbsvorteile durch den Wissensaustausch untereinander zu verschaffen. Auch an Einzelbeispielen wie der Offshore-Windenergie (z.B. Enercon, Aurich) und der Orthopädie/Medizintechnik (Otto Bock, Duderstadt) zeigt sich deutlich, dass Kooperationen nicht nur einen Wertschöpfungsverbund herstellen, sondern vor allem auch hoch spezialisiertes Wissen in die Innovationsprozesse einbringen. Bei der Offshore-Windenergie handelt es sich zum Beispiel um ein komplexes Zusammenspiel von verschiedenen Disziplinen und Tätigkeiten – von Maschinenbau, Elektrotechnik, Aerodynamik, Windphysik und Energiewirtschaft und der maritimen Wirtschaft, inklusive einer Vielzahl von Anwendungen aus der Meerestechnik. Trotz des Erfahrungswissens in den einzelnen Bereichen müssen die Kompetenzen neu und innovativ zusammengefügt werden, um die technischen Herausforderungen, die aus den ozeanografischen Gegebenheiten resultieren, meistern zu können (Brandt et al 2013: 27). Ähnlichen Herausforderungen sieht sich der Orthopädiespezialist Otto Bock in Südniedersachsen gegenüber. Das Unternehmen ist mit vielen Unternehmen der Region und darüber hinaus durch Kooperationsaktivitäten verbunden.

Für den Aufbau eines leistungsfähigen Innovationssystems in den ländlichen Hochtechnologieclustern sind nicht zuletzt Hochschulen und öffentlich geförderte Forschungseinrichtungen wichtige Impulsgeber. Sie können die begrenzten Forschungspotenziale der mittelständischen Wirtschaft, vor allem in der ersten Innovationsphase (Erkunden/Entdecken), durch eigene anwendungsbezogene Forschungsaktivitäten ergänzen, wenn diese in enger Zusammenarbeit mit der lokalen Wirtschaft stattfinden. Hochschulen und Forschungseinrichtungen bilden Wissen generierende Subsysteme, die den anwendenden Unternehmen außerhalb etablierter regionaler Innovationsroutinen generiertes Wissen (neue Forschungsergebnisse aus dem Wissenschaftssystem) zuspielen und ihnen einen Ausbruch aus den Innovationspfaden der kleinen Schritte ermöglichen. Viele Hochtechnologiestandorte in Deutschland haben ihre wissensökonomische Basis durch Hochschulneugründungen oder -erweiterungen und die Ansiedlung von Forschungseinrichtungen (z.B. Kaiserslautern) ausbauen können. Ähnliche Konstellationen finden sich auch in der Weser-Ems-Region und in Südniedersachsen. Doch sind die Hochschulen in den hier betrachteten Regionen bisher entweder eher auf die Ausbildung von Fachkräften für die regionale Wirtschaft wie im Weser-Ems-Gebiet (z.B. Hochschule Emden/Leer mit ihren Standorten in Leer und Emden, Hochschule Osnabrück mit Standort Lingen sowie zwei Berufsakademien) spezialisiert; oder die Universität ist wie am Beispiel Göttingen deutlich wird, mit ihren grundlagenorientierten Forschungsansätzen so weit von der angewandten Forschung und experimentellen Entwicklung in diversen Technologiefeldern der Hochtechnologieindustrie entfernt, dass die Wissensdistanzen nur von wenigen in der Spitzentechnologie engagierten Firmen überbrückt werden können. In Göttingen findet sich aber auch ein beispielgebender Ansatz der Verknüpfung von Lehre und anwendungsbezogener Forschung. Hier haben die Hochschule für angewandte Wissenschaften und Kunst Hildesheim/Holzminden/Göttingen (HAWK) mit ihrem Anwendungszentrum für Plasma und Photonik und das Fraunhofer-Institut für Schicht- und Oberflächentechnik (IST) ein neuartiges Kooperationsmodell für eine gemeinsame anwendungsbezogene Forschung entwickelt.

Ungeachtet der Bemühungen, Hochschulen als Wissensbasis mit internationalen Beziehungen stärker in die Innovationsstrategien der Unternehmen einzubeziehen sowie interorganisatorische Forschungsnetzwerke zwischen Unternehmen zu bilden, zeigen sowohl das Beispiel Südniedersachsen als auch die Weser-Ems-Region, dass es in den ländlichen Regionen aufgrund zu kleiner kritischer Massen und begrenzter Wissensressourcen nur eingeschränkt möglich ist, ein diversifiziertes regionales Innovationssystem mit vielfältigen Forschungskapazitäten zu entfalten, wie es sich in großen Stadtregionen entwickeln kann. Für die innovationsorientierten Firmen bedeutet dies, dass sie Kooperationspartner aus Forschung und Wissenschaft nur zum kleineren Anteil in ihrer eigenen Region finden und gezwungen sind, Beziehungen zu den Zentren technologiebezogener Forschung in Niedersachsen, in anderen Bundesländern und auch im Ausland herzustellen. Oft erhalten die Firmen nur auf diese Weise Zugang zu Wissenspotenzialen führender Wissensproduzenten und sind in der Lage, die Abwesenheit größerer Forschungskapazitäten innerhalb der eigenen Region zu kompensieren (Brandt et al. 2013: 91). Aus einer Netzwerkanalyse zur maritimen Wirtschaft geht hervor, dass die Firmen in der Weser-Ems-Region über Kooperationen ins übrige Bundesgebiet sowie ins Ausland, vor allem nach Westeuropa, sich trotz der Abwesenheit einer Universität einen Zugang zu wissenschaftlichem Wissen sichern (ebd.: 111). Ähnlich ist die Ausgangslage in Südniedersachsen. Hier zeigen die führenden Firmen der Mess- und Regeltechnik sowie Orthopädie, dass es unter den heutigen Bedingungen eines weltweiten Wissensaustausches auch möglich ist, von einem vermeintlich peripheren ländlichen Standort aus weltweit mit externen Kooperationspartnern wie Universitäten, Fachhochschulen und Forschungsinstituten zusammenzuarbeiten. Die führenden mittelständischen Firmen profilieren sich also zunehmend zu Knotenpunkten der Sammlung und Verarbeitung überregional und teilweise global verteilten wissenschaftlich-technischen Wissens.

5. Zweite Herausforderung: Kombination des Erfahrungswissens der Mitarbeiter mit neuestem wissenschaftlich-technologischem Wissen

Die Wissensbasis der Hochtechnologieindustrie besteht in ihrem Kern zunächst aus firmeninternem Wissen, das als anwendungsorientiertes praktisches Wissen charakterisiert werden kann und das im laufenden Produktionsprozess generiert und weiterentwickelt wird. Mit dem firmeninternen Wissen werden Wissensbestandteile bezeichnet, die explizite, d.h. kodifizierte und formalisierte Elemente wie etwa Konstruktionszeichnungen und Pflichtenhefte für neue Produkte umfassten, vor allem aber auch implizite Elemente, bestehend aus Erfahrungen und eingespielten Routinen bei der Lösung technischer Probleme (Hirsch-Kreinsen 2012). Träger und Nutzer dieses Wissens sind die Belegschaft bzw. Facharbeiterschaft, die in ihrer großen Mehrheit in der deutschen Hochtechnologieindustrie bisher eine duale Berufsausbildung ohne tertiären Abschluss durchlaufen hat. In der Statistik findet diese Struktur des Wissens von Technologiebetrieben in einem verglichen mit den Dienstleistungsbetrieben der Wissensökonomie (transaktionsorientierte Dienstleistungen) geringen Anteil von wissenschaftlichem Personal und von an Hochschulen und Universitäten ausgebildeten

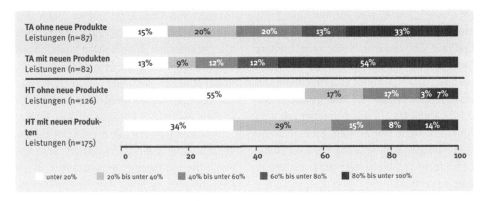

Abb. 1: Anteil hochqualifizierter Mitarbeiter in Betrieben
ausgewählter ländlicher Regionen Deutschlands
Quelle: Schmidt 2010: 281, IRS Unternehmensbefragung 2008

Fachkräften ihren Niederschlag (vgl. Abb. 1). Diese Unterschiede bilden sich auch räumlich ab. Betrachtet man die ländlichen Regionen Niedersachsens im Vergleich mit den größeren Städten und dem Großraum Hannover, so zeigt sich wie im übrigen Bundesgebiet auch ein deutliches Gefälle zwischen Stadt und Land bzw. zwischen den wissensintensiven Dienstleistungsstädten und den Hochtechnologiestandorten außerhalb der Agglomerationsräume (Jung et al. 2008: 111). Die sich daraus ergebenden wirtschaftlichen Konsequenzen belegen europaweite empirische Untersuchungen. Danach erreichen die Einkommens- und Produktivitätswerte der ländlichen Regionen nicht die der großen Agglomerationen (Capello et al. 2013).

Wie die verbreitete Klage der Industrie über den Mangel an Fachkräften mit technischer Qualifikation bereits eindrücklich belegt, besteht eine der großen Herausforderungen für die Hochtechnologieindustrie darin, ihre Wissensbasis so auszuweiten, dass in großem Umfang neues technologisches und organisatorisches Wissen in die betriebliche Praxis integriert werden können und Innovationen möglich werden, die

über die Praxis inkrementeller, aus der betrieblichen Praxis gewonnener Verbesserungen hinausgehen. Für die Facharbeiter als Wissensanwender beinhaltet dies, die Praktiken des Bewahrens und Replizierens von Wissen sowie des praxisbasierten Lernens erstens mit wissenschaftlich-technischer Kompetenz zu kombinieren. Darüber hinaus müssen sie zweitens eine neue Beweglichkeit entwickeln und in der Lage sein, eingespielte Handlungs- und Wahrnehmungsmuster sowie vorhandenes Wissen in Frage zu stellen (Krohn 1997: 64). Der Umgang mit neuem Wissen verlangt von ihnen drittens, mit Wissensspezialisten und Wissensarbeitern aus anderen Fachgebieten interagieren zu können. Teams und Arbeitsgruppen von spezialisierten Beschäftigten mit unterschiedlichen Qualifikationen werden zu tragenden Formen der Wissensarbeit innerhalb der und zwischen den Firmen, zunehmend aber auch in weltweit organisierten Arbeitszusammenhängen. Kommunikation und die Zusammenführung von Wissen stehen im Zentrum der heutigen Arbeitswelt und bedürfen hierzu der Fähigkeit zum Teamwork. Vor allem im Metall- und Maschinenbau wird mit immer komplexeren technischen Systemen umgegangen, was auf der einen Seite mehr Spezialisierung bei den Mitarbeitern und auf der anderen Seite eine breitere Systemkompetenz verlangt. Darüber hinaus wird von den international verflochtenen Firmen internationale Handlungskompetenz, d.h. Mobilität, Fremdsprachenkenntnis, Netzwerk- und Projektmanagementkompetenz gefordert (vgl. Arbeitsgemeinschaft der Landkreise und kreisfreien Städte in Weser-Ems 2013: 19ff.).

Eine derartige Ausweitung des Qualifikationsprofils lässt sich nicht mehr allein durch das klassische System der dualen Ausbildung und das Sammeln von Erfahrungen in der betrieblichen Praxis bewerkstelligen. Als zentrale Akteure rücken in zunehmendem Maße Hochschulen und Universitäten als Vermittler von technischem Fachwissen sowie kulturellem und organisatorischem Wissen in den Mittelpunkt. In dieser Rolle scheinen sie sogar von noch größerer Wichtigkeit zu sein als in der Rolle von regionalen Innovationsimpulsgebern, denn sie vermitteln mit ihren Bildungsangeboten Qualifikationen und Fähigkeiten, die es den Fachkräften in den Unternehmen erst ermöglichen, wissenschaftlich-technologisches Wissen zu absorbieren und es für Innovationen fruchtbar zu machen. Vor allem die technisch orientierten Hochschulen mit einem starken Anwendungsbezug und einer Spezialisierung auf lokale Technologieoptionen steigen zu wichtigen Trägern der Hebung des Qualifikationsniveaus der Menschen auf. Dabei wird nicht mehr allein auf die Ausbildung des akademischen Nachwuchses gesetzt, sondern auch eine verstärkte Öffnung der Hochschulen angestrebt, die einen Übergang von der klassischen beruflichen Qualifizierung in die Hochschulen erlaubt. Die räumliche Nähe zwischen Betrieben und Ausbildungseinrichtungen erscheint dabei in mehrfacher

Hinsicht von Vorteil, erlaubt sie doch den Firmen, frühzeitig Kontakt zu den Lernenden als potenziellen Mitarbeitern aufzubauen und darüber hinaus die Lerninhalte in enger Kooperationen mit den Ausbildungsstätten genauer auf die Bedürfnisse der in der Region ansässigen Betriebe auszurichten.

Ergänzend hierzu ist die Hochtechnologie-Industrie aber auch darauf angewiesen, ihre endogene Wissensbasis durch Rekrutierung externer hochspezialisierter Wissensträger, die vom lokalen Bildungs- und Ausbildungssystem nicht generiert werden können, zu erweitern. Eigene Untersuchungen belegen, dass mehr als 80% der befragten Hochtechnologiefirmen in ländlichen Regionen, die sich durch Innovationen hervortun und hoch qualifizierte Mitarbeiter suchen, diese aus der eigenen Region rekrutierten. Aber rund 36% der Firmen gaben auch an, Personal aus dem übrigen Bundesgebiet und 6% aus dem Ausland einzustellen (Kujath 2013: 132). Darin kommt unter anderem zum Ausdruck, dass es den Firmen mit steigender Spezialisierung immer schwerer fällt, hoch spezialisierte Mitarbeiter im unmittelbaren Umfeld der Unternehmen zu finden. Die überregionale Rekrutierung trägt auch dazu bei, dass Wissen aus anderen regionalen Kontexten und Unternehmenskulturen gewonnen wird, d.h. nicht nur neue fachliche Qualifikationen, sondern auch Wissen aus anderen Produktions- und Leistungszusammenhängen eingebracht werden können (Schmidt 2010: 264). Die Verfügbarkeit spezialisierter technisch qualifizierter Fachkräfte kann folglich nur durch eine Doppelstrategie gesichert werden, durch eine Strategie, die die Region als Lebensmittelpunkt für externe Spezialisten attraktiver macht, und zugleich durch eine massive Ausweitung von Aus- und Weiterbildungsanstrengungen, die ein endogenes Fachkräftepotenzial sichert, das den

	Hochtechnologie-betriebe mit neuen Produkten/Leistungen (n=131)	Hochtechnologie-betriebe ohne neue Produkte/Leistungen (n=54)	Transaktions-dienstleister mit neuen Produkten/Leistungen (n=63)	Transaktions-dienstleister mit neuen Produkten/Leistungen (n=48)
Aus der Region	87,02 %	96,30 %	71,43 %	89,58 %
Bundesweit	35,88 %	11,11 %	50,79 %	29,17%
International	6,11 %	1,85 %	4,76 %	0,00 %

Tabelle 2: Herkunft neuer hochqualifizierter Mitarbeiter
in ausgewählten ländlichen Regionen Deutschlands
Quelle: Schmidt 2010: 265, IRS Unternehmensbefragung 2008

gesteigerten wissenschaftlich-technischen Ansprüchen gerecht wird.

Betrachtet man die Besonderheiten der niedersächsischen Regionen, zeigt sich, dass es keinen Königsweg für die Umsetzung einer derartigen Doppelstrategie geben kann. Jede Region hat ihre Besonderheiten, die sich aus der Branchen- und Wissensstruktur sowie pfadabhängigen Arbeitskulturen und Identitäten ergeben. Deutlich wird aber, dass auch hier die Hochschulen sich zu zentralen Institutionen wandeln, die in enger Zusammenarbeit mit den KMU auf regionaler Ebene vielfältige Ansätze des Übergangs von beruflicher Bildung zu akademischer Qualifizierung bieten (Brandt 2013: 81). Beispielsweise ist in der Weser-Ems-Region Arbeitskräftenachwuchs noch reichlich vorhanden. Doch treten auch hier bereits Rekrutierungsprobleme bei den hoch qualifizierten Fachkräften auf, die sich negativ auf das Innovationsgeschehen und die Leistungsfähigkeit der Unternehmen auswirken können (Arbeitsgemeinschaft der Landkreise und kreisfreien Städte in Weser-Ems 2013). Es nimmt deshalb nicht wunder, dass die regionalen Unternehmen vor allem aus dem Hochtechnologiebereich massiv darauf gedrängt haben, mit dem Erhalt und weiteren Ausbau der Hochschule Emden/Leer in der Weser-Ems-Region die Weichen für die Aus- und Weiterbildung ei-

nes endogenen hoch qualifizierten Fachpersonals zu stellen. Die Hochschule entspricht dem fachlichen Profil der Firmen recht gut und ermöglicht z.B. mit dem Angebot des »dualen Studiums« auch Quereinsteigern eine akademische Ausbildung, ohne den Arbeitsplatz und die Region verlassen zu müssen. Unterstützt wird diese Öffnung der Hochschule insbesondere vom Schiffbau und den Schiffbauzulieferern, die großen Wert auf die Weiterqualifizierung der Mitarbeiter legen, um den gestiegenen Qualifikationsanforderungen in den Bereichen Maschinenbau, Installation, Elektronik, Navigationsinstrumente etc. gerecht zu werden (Brandt et al. 2013: 78).

In Südniedersachsen sind die Schnittmengen zwischen den naturwissenschaftlichen Ausbildungsfächern an der Universität Göttingen und den anwendungsbezogenen naturwissenschaftlich-technischen Bedarfen der regionalen Technologiefirmen dagegen weniger groß. Die Universität ist im (Exzellenz)Wettbewerb mit anderen Hochschulen in erster Linie national und international nicht nur in der Grundlagenforschung sondern auch in der akademischen Ausbildung ausgerichtet und fühlt sich weniger als Lieferant von gut ausgebildeten Fachkräften für die regionale Wirtschaft. Dieses regionsbezogene Defizit wird zunehmend von der Hochschule für angewandte Wissenschaften und Kunst (HAWK) Hildesheim/Holzminden/Göttingen ausgeglichen. Auch ihre Existenz am Standort Göttingen ist – ähnlich wie die Hochschule in der Weser-Ems Region – auf die Initiative der meist mittelständischen Unternehmen der Region, hier der optischen und feinmechanischen Industrie zurückzuführen. Seit Mitte der 90er Jahre bietet die Fakultät Naturwissenschaften und Technik ein breites Studienangebot in Fächern wie Physikalische Technologien, Elektrotechnik/Informationstechnik, Medizintechnik, Energietechnik, Präzisionsmaschinenbau am Standort Göttingen an, das sich bewusst an den Praxisanforderungen der Hochtechnologiebetriebe in Südniedersachsen orientiert. Um diesen Zusammenhang dauerhaft zu sichern, hat die Hochschule auf Betreiben der Unternehmen das Modell eines Studiums im Praxisverbund entwickelt. Ungeachtet dessen sind in Göttingen die Ingenieurwissenschaften an der Fachhochschule im Vergleich zu sozialwissenschaftlichen, naturwissen-schaftlichen und medizinischen Studienangeboten an der Universität nur marginal vertreten (vgl. Cassing 2012). Inwieweit die Universität mit ihren Spitzenleistungen in der Grundlagenforschung und Ausbildung langfristig der Wissensökonomie in der Region zu Gute kommt, dürfte im Wesentlichen auch davon abhängen, ob die Hochtechnologieunternehmen und die mit ihnen verbundenen transformationsorientierten Dienstleistungen ihr Wissens- und Technologieniveau so weit angehoben haben, dass die derzeit noch vorhandenen Wissensbarrieren überwunden werden können. Bei einigen mittelständischen Firmen wie Otto Bock, Sartorius und anderen dürfte dies inzwischen der Fall sein. Unabhängig davon haben die wirtschaftlich starken mittelständischen Firmen, die weltweit aktiv sind, inzwischen einen so hohen Spezialisierungsbedarf, dass sie diesen auch durch eigene Bildung- und Weiterbildungsaktivitäten und die Anwerbung externer Fachkräfte befriedigen müssen.

6. Dritte Herausforderung: Aufrechterhaltung eines hohen Lern- und Innovationsniveaus mit einem alternden Erwerbspersonenpotenzial

Vor dem Hintergrund der wachsenden Nachfrage nach flexiblen, kreativen und fachlich auf hohem Niveau stehenden Fachkräften sind die parallel ablaufenden demografischen Veränderungen eine zusätzliche Herausforderung für die Sicherung der regionalen Wissensbasis. Nimmt man die regionale Dimension des demografischen Wandels in den Blick, so zeigt sich, dass in Niedersachsen, wie in der Bundesrepublik insgesamt, zwischen den demografischen Differenzierungsprozessen und der regionalen Wirtschaftsentwicklung eine enge empirisch belegte Korrelation existiert (Maretzke 2001, Jung et al. 2010: 94). Dieser Differenzierungsprozess betrifft auch die ländlichen Regionen Niedersachsens, deren Entwicklung unter demografischen Gesichtspunkten höchst unterschiedlich verläuft. Die Weser-Ems-Region ist danach nicht nur eine Region mit großer wissensökonomischer Dynamik im Hochtechnologieschwerpunkt, sondern sticht auch als Region hervor, in der die endogene demografische Entwicklung vergleichsweise positiv verläuft. Fast alle Landkreise können auch auf mittlere Sicht mit einer stabilen Bevölkerung und teilweise sogar mit Bevölkerungszuwachs als Folge von Geburtenüberschüssen und einem positiven Wanderungssaldo rechnen. Kontrastierend dazu verlieren die ländlichen Regionen Südniedersachsens als Folge von Geburtenarmut und Abwanderung jüngerer Menschen Einwohner (Driefert 2011).

Oft wird eine enge statistische Korrelation zwischen wirtschaftlicher Dynamik und quantitativer Bevölkerungsentwicklung nachgewiesen, doch dürften die Zukunftsperspektiven der Hochtechnologieindustrie in den ländlichen Regionen wesentlich von der sich dabei wandelnden Altersstruktur beeinflusst werden. Denn fast noch dramatischer als die Veränderungen der Bevölkerungszahlen stellt sich für die Unternehmen die Alterung des Erwerbspersonenpotenzials dar. So wird insgesamt der Anteil älterer Erwerbspersonen in allen Regionen der Bundesrepublik zunehmen, wobei die Regionen in unterschiedlicher Intensität betroffen sind. Die Weser-Ems-Region wird aufgrund ihres Geburtenüberschusses und des insgesamt positiven Wanderungssaldos bei jüngeren Menschen auch auf mittlere Sicht mit einer vergleichsweise jungen Erwerbsbevölkerung rechnen können, während Geburtendefizite und Abwanderungsüberschüsse in Südniedersachsen den Anteil älterer Erwerbspersonen nach oben treiben.

Für Regionen wie Südniedersachsen könnten sich aus dem demografischen Alterungsprozess negative Folgen für die zukünftige wissensökonomische Entwicklung ergeben. Verschiedene betriebliche Untersuchungen in anderen Regionen weisen nach, dass in Unternehmen, deren Belegschaften einen hohen Altersdurchschnitt aufweisen, eine abnehmende Kreativität und Innovationsbereitschaft beobachtet werden kann. Nach Ragnitz und Schneider (2007) sowie Schat und Jäger (2010) verringert ein hohes Durchschnittsalter der Belegschaft die Innovationsleistung des Unternehmens er-

heblich. Gleiches gelte für die Bereitschaft, sich selbständig zu machen, also für das Gründergeschehen, das in der Altersgruppe über 50 Jahren kaum mehr stattfinde. Dies könne zu einem »lock-in«- Effekt in Bezug auf die Wissensbasis und das Innovationsgeschehen führen. In Erklärungen zu diesem Phänomen wird auf den Zusammenhang zwischen typischen Berufsverläufen und dem Verlauf der Innovations- und Produktivitätskurve verwiesen. Danach ist es für Beschäftigte im letzten Drittel ihres Erwerbslebens wegen des vergleichsweise geringen beruflichen Zeithorizonts nicht mehr rational, ihre Fähigkeiten durch zusätzliche Investitionen in ihr »Humankapital« auf den neuesten Stand zu bringen. Vielmehr sei es rational, Kreativität und Innovationsfähigkeit in der Anfangsphase des Berufslebens zur Entfaltung zu bringen, die im weiteren Verlauf der Berufskarriere einer auf Erfahrung basierenden Berufstätigkeit Platz machen. In den ländlichen Räumen wird es in Zukunft aber vor allem darauf ankommen, das vorhandene Erwerbspersonenpotenzial an sich zu binden und zugleich so zu qualifizieren, dass Kreativität und Innovationsbereitschaft auch in den späteren Phasen des Berufslebens erhalten bleiben und ausgebaut werden.

Das berufliche Bildungssystem unterstützt bis heute noch überwiegend »klassische« Berufsverläufe, indem es bevorzugt den Nachwuchs zum Träger des technischen Fortschritts und der regionalen Wissensbasis ausbildet. Erst in jüngster Zeit gibt es Reformbemühungen, die eine stärkere Durchlässigkeit von beruflicher und akademischer Bildung auch in Niedersachsen ermöglichen. So zielt das Konzept der Offenen Hochschule grundsätzlich darauf, die Zugangsmöglichkeiten zum Studium auf eine breitere Zielgruppe auszudehnen und auch älteren Erwerbspersonen ohne klassische im Bildungssystem erworbene Zugangsberechtigung einen Zugang zu den Hochschulen und ein berufsbegleitendes Studium zu öffnen. Dies gilt in besonderer Weise für Südniedersachsen, wo der demografische Alterungsprozess bereits weit fortgeschritten ist. Dort sind bereits jetzt Lösungen zu finden, wie die vergleichsweise wenigen Jungen in Zusammenarbeit mit den Älteren auch unter ungünstigeren demografischen Rahmenbedingungen die wissensbasierte wirtschaftliche Entwicklung im Hochtechnologiesektor am Leben erhalten. Um dies zu erreichen, wird die bis heute weit verbreitete Erwerbsbiografie mit

Lern- und Ausbildungsphase, Arbeitsphase, Ruhestand durch flexiblere Erwerbsverläufe abgelöst werden müssen, die auch älteren Erwerbspersonen eine Perspektive in regionalen Innovationssystemen eröffnen (vgl. Cassing 2013: 59). Neben dem Schwerpunkt der Nachwuchsförderung und den verschiedenen praktizierten Ansätzen einer Bindung des Nachwuchses müssen hier Rahmenbedingungen für die Weiterbildung der älteren Erwerbspersonen verbessert werden. Vor allem die Generation 50+ muss in die Lage versetzt werden, die technologischen und andere die Wirtschaft tragende Umwälzungen zu verarbeiten.

7. Fazit: Wege zur Wissensökonomie in Niedersachsens ländlichen Regionen

Am Beispiel des Flächenlandes Niedersachsen zeigt sich sehr deutlich, dass nicht alle Regionen eine im nationalen Vergleich hoch entwickelte Wissensbasis besitzen und auch die Intensität und Ausrichtung der Innovationsprozesse von Region zu Region sich deutlich unterscheiden. Vergleichsweise günstig sind die wissensökonomischen Entwicklungspotenziale in den Großstädten der Metropolregion Hannover, Göttingen, Braunschweig und Wolfsburg. Hier finden sich die passenden Dienstleister (Wissensspezialisten) und Anwendungsbereiche vor allem in der Hightech-Industrie (Wissensanwender). Diversität und gleichzeitige Spezialisierung erlauben kombinatorische Innovationsdynamiken, die noch dadurch unterstützt werden, dass sich hier ein vielfältig spezialisiertes junges Fachkräftepotenzial als Folge nationaler und internationaler Zuwanderung konzentriert. In den kleinen und mittleren Städten des ländlichen Raumes ist die Wissensbasis hingegen wesentlich

schmaler. Spezialisierungen sind hier meist auf einige Branchen der Hochtechnologie gerichtet, was eine erhöhte Krisenanfälligkeit des regionalen Wirtschaftsstandortes zur Folge haben kann. Hinzu kommt, dass die hier ansässigen Unternehmen sich primär auf ein endogenes Erwerbspersonenpotenzial stützen, was einerseits ihre Stärke ausmacht und eine endogene Wissensspezialisierung erlaubt, andererseits aber aufgrund des demografischen Wandels in einigen Regionen (Südniedersachsen) schon heute Nachwuchsmangel und eine alternde Belegschaft zur Folge hat. Dies könnte dazu führend, dass der Wissensstand der Beschäftigten veraltet und die Innovationsdynamik der Unternehmen, die ständig neuestes wissenschaftlich-technologisches Wissen benötigt, zum Stillstand kommt.

In den betrachteten beiden Regionen, die zwei für ländliche Regionen typische wissensökonomische Falltypen (1) »Regionen im Wandel – basierend auf Hochtechnologie« (Weser-Ems-Region) und (2) »Regionen ohne Dynamik« (Südniedersachsen) darstellen, sind Strategien zur Förderung der Wissensökonomie in drei Problem- und Handlungsfeldern erkennbar:

- Das erste Problem ergibt sich daraus, dass Hochtechnologiefirmen in den ländlichen Regionen meist kleine und mittelständische Unternehmen sind, denen die Ressourcen fehlen, innerbetrieblich systematisch Innovationsprozesse basierend auf wissenschaftlich-technologischem Wissen voranzutreiben. Die in der betrieblichen Praxis üblichen kleinteiligen »step-by-step«-Innovationen sind nicht mehr ausreichend, um im globalen Innovationswettbewerb zwischen den Firmen der Wissensökonomie bestehen zu können. In beiden Regionen haben Firmen und regionale Politik darauf zum einen mit forschungsbezogenen Vernetzungsinitiativen geantwortet, um auf der ersten, besonders riskanten und teuren Stufe des Innovationsprozesses gemeinsam neues nutzbares Wissen zu erkunden und zu entdecken. Zum anderen rücken die in den Regionen ansässigen Hochschulen und Universitäten mit ihren Wissensbasen und internationalen Verbindungen auf Drängen der Unternehmen als Akteure in den Vordergrund. Während die Hochschulen anwendungsnahes neues Wissen produzieren, sind die Forschungsergebnisse der Universität Göttingen bisher nur für solche Firmen interessant, die bereits auf Gebieten der Spitzentechnologie aktiv sind. So wichtig Hochschulen und Universitäten für die Innovationsdynamik der regionalen Unternehmen sind, ihre Kapazitäten reichen nicht aus, um als Wissensproduzenten ein ausreichend großes und vielfältiges *regionales Innovationssystem* zusammen

mit den Unternehmen als Wissensanwendern zu bilden. Aufgrund der Begrenztheit verfügbarer Wissensressourcen sind die Unternehmen der Wissensökonomie gerade in den ländlichen Regionen gezwungen, auf dem Weg von Kooperationen mit externen Hochschulen, Forschungseinrichtungen und Dienstleistern sich in die weltweiten Wissensnetzwerke einzuklinken und innovationsrelevantes Wissens zu beschaffen.

- Ein weiteres Grundproblem vieler mittelständischer Technologiefirmen in den betrachteten Regionen ist der niedrige Anteil hoch qualifizierter Fachkräfte an der Belegschaft. Dies erschwert die Wahrnehmung und Nutzung neusten technologischen und organisatorischen Wissens, da die Absorptionsfähigkeit der Facharbeiterschaft als Wissensanwender sich im Wesentlichen auf in der eigenen Praxis gewonnenes Erfahrungswissen beschränkt. Die große Herausforderung besteht darin, das in den Betrieben angesammelte Know-how der Belegschaften einerseits zu bewahren und weiterzuentwickeln, andererseits aber auch mit neustem wissenschaftlich-technologischem Wissen zu kombinieren, d.h. die Belegschaften zu befähigen, ihr Know-how mit zusätzlichem externem technologischem und organisatorischem Wissen anzureichern. Die regional ansässigen Hochschulen sind für dieses Aufgabenfeld noch bedeutsamer als für die Bereitstellung von FuE-Ressourcen. Bezogen auf die Erhaltung und Weiterentwicklung des endogenen regionalen Erwerbspersonenpotenzials übernehmen sie in beiden Regionen in Abstimmung mit der regionalen Wirtschaft die Funktion der Höherqualifizierung des betrieblichen Nachwuchses und zunehmend auch der Weiterbildung des Fachkräftebestandes (Offene Hochschule, duales Studium, Studium im Praxisverbund). Die Hochschulen sollten dabei nicht nur Fachwissen, sondern auch reflexives Wissen, d.h. die Fähigkeit, einmal Erlerntes zu überprüfen und zu revidieren, und die Fähigkeit, heterogenes Wissen aus verschiedenen Wissensdomänen zusammenzuführen (Interaktion und Kommunikation in Netzwerken) vermitteln. Auch die Universitäten können hierzu beitragen, wenn auch ihr akademischer Anspruch eine relativ große Distanz zum Wissen der Facharbeiter schafft und ihr Ausbildungsanspruch sich nicht an regionalen Bedarfen orientiert.

- Der demografische Wandel und hier insbesondere auch das Schrumpfen des Nachwuchspotenzials, verbunden mit einer starken Alterung des Arbeitskräftebestandes, drohen zu einer schwer wiegenden Belastung für die regionalen Innovationsprozesse zu werden. Dabei ist weniger der generelle Bevölkerungsrückgang problematisch, als vielmehr aus Sicht der wissensbasierten, innovationsgetriebenen Wirtschaft, die Alterung der erwerbsfähigen Bevölkerung. Bisher zeigt sich jedenfalls, dass vor allem junge Menschen unternehmerische Initiativen ergreifen und auch bereit sind, den riskanten Weg radikaler Innovationen zu gehen. Bei Älteren nimmt im Rahmen standardisierter Berufsbiografien dagegen die Innovationsbereitschaft mit zunehmendem Alter erheblich ab. Vor diesem Hintergrund sind regionale Strategien zur Ausbildung und Bindung des Nachwuchses ebenso gefragt wie Strategien des Aufbrechens traditioneller Sichtweisen auf die Berufsverläufe sowie eine Förderung von kognitiver Beweglichkeit und Lernbereitschaft bei den älteren Arbeitskräften in den Betrieben. Auch für diese Aufgabe sind die regional verankerten

Hochschulen prädestiniert, die vor allem für berufserfahrene ältere Arbeitskräfte besondere Weiterbildungsangebote entwickeln müssten. Besonders in Regionen wie Südniedersachsen ist die Anerkennung und Förderung der Potenziale älterer Arbeitskräfte von existenzieller Wichtigkeit, ist diese Region doch besonders stark von demografischer Schrumpfung und Alterung durch Geburtenarmut und Abwanderung betroffen. Die Firmen der Weser-Ems-Region können dagegen in dieser demografischen Wachstumsregion mit einer noch jungen Bevölkerung zurzeit noch stark auf die Lernpotenziale der Jugend setzen.

Zusammenfassend hängt die Perspektive der ländlichen Regionen in Niedersachsen als Standorte der Wissensökonomie davon ab, ob es gelingt, die jeweilige Region zum Hub eines differenzierten Netzwerkes der Wissensgenerierung zu organisieren, das alle wichtigen regionalen Wissensträger einbezieht und sie dazu animiert, auf innerregionales und weltweit verteiltes Wissen zuzugreifen. Dies bedeutet nicht nur, Fähigkeiten zu entwickeln, selektiv aus der Vielfalt weltweit verteilter Wissensbestände auszuwählen, sondern auch, aus den lokalen Wissenskontexten heraus sich in die fachspezifischen Diskurse, Erfahrungsaustausche und Innovationsprozesse einzuklinken. Ein solcher Zugang ergibt sich nicht von selbst, sondern bedarf spezifischer Anstrengungen und hängt unter anderem von der Gestaltung der institutionellen Rahmenbedingungen ab, wie sie in der Weser-Ems-Region z.B. von dem Maritimen Kompetenzzentrum (MARIKO) wahrgenommen wird, das die Rolle eines regionalen Wissens-Netzwerkmanagers übernommen hat.

Literatur

Arbeitsgemeinschaft der Landkreise und kreisfreien Städte in Weser-Ems (2013): Wissensvernetzung in Weser-Ems 2020. Regionale Strategie zur intelligenten Spezialisierung.

Boschma, F.; Frenken, K. (2003): Evolutionary Economics and Industry Location. In: Review of Regional Research, H. 23: 183–200.

Brandt, A. (2013): Die Offene Hochschule als Ansatzpunkt zur Fachkräftesicherung von KMU in der Ära der Wissensökonomie. In: Loccumer Protokolle 64/12: 75–86.

Brandt, A.; Lindner, F.; Stüve, M. (2013): Hart am Wind. Die Maritime Wirtschaft in der Wachstumsregion Ems-Achse. Analyse der Strukturen und Potenziale der Maritimen Wirtschaft in der Ems-Achse. Studie im Auftrag der MARIKO GmbH. Hannover.

Capello, R., et al. (2013): Knowledge, Innovation, Territory. ESPON. Draft Final Report (KIT). Luxemburg.

Capurro, R. (1998): Wissensmanagement in Theorie und Praxis. In: Bibliothek, Forschung und Praxis. Jg. 22, H. 3: 346–355.

Cassing, G. (2012): Hochschulstandort Göttingen. Regionale Anforderungen an eine koordinierte Hochschulentwicklung. Regionalverband Südniedersachsen. Göttingen.

Cassing, G. (2013): Untersuchungen und Anregungen zum Südniedersachsenplan Regionales Entwicklungsprofil: Wissenschaftsregion Göttingen. Regionalverband Südniedersachsen. Göttingen. (Entwurf).

Dohse, D.; Laaser, C.-F.; Schrader, J.-V.; Soltwedel, R. (2004): Räumlicher Strukturwandel im Zeitalter des Internets: eine Untersuchung der raumwirtschaftlichen Folgen des Vordringens des Internets als Transaktionsmedium. In: Wüstenrot Stiftung (Hrsg.), Räumlicher Strukturwandel im Zeitalter des Internets – Neue Herausforderungen für Raumordnung und Stadtentwicklung. Wiesbaden: 11–143.

Driefert, K. (2011): Die Einwohnerzahl wird in weiten Teilen Niedersachsens weiter zurückgehen – Ergebnisse der regionalisierten Bevölkerungsvorausberechnung. In: Statistische Monatshefte Niedersachsen 1/2011: 4–26.

Fritsch, M. (2007): The Geography and the Effect of Creative People in Germany. Working Paper Friedrich-Schiller-University Jena, Faculty of Economics and Business Administration. Jena.

Heidenreich, M. (1997): Zwischen Innovation und Institutionalisierung. Die soziale Strukturierung technischen Wissens. In: Blättel-Mink, B.; Renn, O. (Hrsg.): Zwischen Akteur und System. Organisation von Innovation. Opladen: 177–206.

Hirsch-Kreinsen, H. (2012): »Hidden Innovators« – Perspektiven nicht-forschungsintensiver Industrien. In: WSI-Mitteilungen 08/2012: 561–569.

Jung, H.-U. (2008): Regionalmonitoring Niedersachsen. Regionalreport 2008. Positionierung und Entwicklungstrends städtischer und ländlicher Räume. Hannover.

Krohn, W. (1997): Rekursive Lernprozesse. Experimentelle Praktiken in der Gesellschaft. Das Beispiel der Abfallwirtschaft. In: Rammert, W.; Bechmann, G. (Hrsg.): Technik und Gesellschaft. Jahrbuch 9. Innovation – Prozesse, Produkte, Politik. Frankfurt am Main, New York: 65–89.

Kujath, H. J. (2013): Fachkräfte als Treiber dynamischer Regionalentwicklung und zukunftsorientierten Strukturwandels. In: Loccumer Protokoll 64/12: 117–142.

Kujath, H.J.; Pflanz, K.; Stein, A.; Zillmer, S. (2008): Raumentwicklungspolitische Ansätze zur Förderung der Wissensgesellschaft. Werkstatt: Praxis. Nr. 58, Bundesministerium für Verkehr, Bau und Stadtentwicklung, Bundesamt für Bauwesen und Raumordnung. Bonn.

Kujath, H.J.; Stein, A. (2011): Lokale Wissenskonzentrationen in globalen Beziehungsräumen der Wissensökonomie. In: Ibert, O.; Kujath, H.J. (Hrsg.): Räume der Wissensarbeit. Zur Funktion von Nähe und Distanz in der Wissensökonomie. Wiesbaden: 127–154.

March, J. G. (1991): Exploration and Exploitation in Organizational Learning. In: Organization Science, Jg. 2, H. 1: 71–87.

Maretzke, S. (2011): Die demografischen Herausforderungen Deutschlands konzentrieren sich

auf die ostdeutschen Regionen. In: Bundes-
institut für Bau-, Stadt- und Raumforschung
(Hrsg.): Demografische Spuren des ostdeutschen Transformationsprozesses.
20 Jahre deutsche Einheit. BBSR-Online-
Publikation, Nr. 02/2011: 12–27.

Moßig, I. (2002): Konzeptioneller Überblick zur
Erklärung der Existenz geographischer Cluster.
Evolution, Institutionen und die Bedeutung
des Faktors Wissen. In: Jahrbuch für Regio-
nalwissenschaften, Jg. 22, H. 2: 143–161.

Nonaka, I.; Takeuchi, H. (1995): The Knowledge-
Creating Company. How Japanese Companies
Create the Dynamics of Innovation. New York.

Park, S. O. (2000): Knowledge-Based Industry
and Regional Growth. IWSG Working Papers,
Nr. 02–2000.

Ragnitz, J.; Schneider, L. (2007): Demographi-
sche Entwicklung und ihre ökonomischen
Folgen. In: Wirtschaft im Wandel, Heft 6/2007:
195–202.

Rehfeld, D. (2010): Regionale Kulturen und
Unternehmenskulturen. Ein Problemaufriss.
In: Roost, F.: Metropolregionen in der
Wissensökonomie. Detmold: 43–60.

Schat, H.-D.; Jäger, A. (2010): Einfluss demografischer Entwicklungen in Betrieben auf deren
Innovationsfähigkeit. Fraunhofer ISI Discus-
sion Papers, Innovation Systems and Policy
Analysis, Nr. 23.

Schiller, D.; Sissa, C.; Cordes, A.; Reinhold, M.;
Schasse, U. (2014): Basisanalyse zur Identifizierung spezifischer Handlungsbedarfe für
fünf Regionen in Niedersachsen. Gutachten
des NIW im Auftrag der Niedersächsischen
Staatskanzlei. Hannover.

Schmidt, S. (2010): Beziehungen der Wissensgenerierung von Hochtechnologiebetrieben und
Transaktionsdienstleistern in deutschen Stadtregionen. In: Kujath, H. J., Zillmer, S. (Hrsg.):
Räume der Wissensökonomie. Implikationen
für das deutsche Städtesystem. Münster.

Stehr, N. (2001): Wissen und Wirtschaften. Die
gesellschaftlichen Grundlagen moderner
Ökonomie. Frankfurt am Main.

Strambach, S. (2008): Knowledge-Intensive
Business Services (KIBS) as Drivers of Multi-
level Knowledge Dynamics. In: IJSTM International Journal of Service and Technology
Management, Jg. 10, H. 2/3/4: 152–174.

Die Neuerfindung der Stadt und die Rückkehr der Produktion

Interview mit Dieter Läpple

Brandt: Wir erleben zurzeit einen bemerkenswerten Strukturwandel, der manchen Beobachter von einer »Vierten industriellen Revolution« sprechen lässt. Mit den neuen Produktionskonzepten scheint eine Reindustrialisierung der Ökonomie denkbar zu werden und manche halten sogar die Vision einer Reindustrialisierung des urbanen Raums unter dem Stichwort »urban manufacturing« für möglich. Du selbst hast in diesem Zusammenhang von der »Rückkehr der Produktion in die Stadt« gesprochen. Was ist passiert?

Läpple: Mit einem Blick zurück will ich versuchen, diese Entwicklungen zu verdeutlichen. Die modernen Städte waren lange Zeit privilegierte Orte industrieller Produktion. Dies war das historische Resultat der gegenseitigen Durchdringung und Verstärkung von Industrialisierung und Verstädterung, den beiden dominanten Tendenzen der Moderne. Mit der Erfindung der Dampfmaschine und deren Kombination mit der Werkzeugmaschine wurde eine städtische Produktion, unabhängig von den lokalen Energievorkommen, möglich. In Verbindung mit der Aufhebung der tradierten Beschränkungen sozialer und räumlicher Mobilität und einem starken Bevölkerungswachstum entfaltete sich eine bisher ungeahnte Modernisierungsdynamik. Dies führte zu einem stürmischen Wachstum der Städte und zugleich zu der »Unentrinnbarkeit der Zusammenballungstendenzen der kapitalistischen Industrie und der modernen Bevölkerungsagglomeration«[1], wie Alfred

Maker Faire, Hannover

Weber, der Bruder von Max Weber, es formuliert hat.

Der Siegeszug der städtischen Industrie und der industriellen Verstädterung schuf jedoch gleichzeitig die Voraussetzungen für die Wiederloslösung der Industrie aus der Stadt. Paradigmatisch lässt sich dieser Wendepunkt am Beispiel von Henry Ford verdeutlichen. Ford hatte sich in den Kopf gesetzt, aus der in Europa erfundenen Luxusform der Mobilität – einer Kutsche, die nicht von Pferden, sondern von einer Maschine betrieben wird – ein Alltagsprodukt zu machen, das Auto-Mobil. Die notwendigen handwerklichen und technischen Experimente konnten nur in einem städtischen Kontext gemacht werden. Dementsprechend hat Ford die technologische Basis seiner Automobilproduktion in der Großstadt Detroit entwickelt. Aber ihm war klar, dass er dieses Produkt so billig wie möglich machen musste. Es musste standardisiert werden. Für eine standardisierte Produktion brauchte er aber keine Stadt mehr! Ford hat selbst geschrieben: »Heutzutage besteht absolut kein Anlass, eine Fabrik in einer großen Stadt oder in der Nähe eines Arbeitsmarktes zu errichten.« Für seine standardisierte Massenproduktion baute er dezentralisierte Fabriken auf dem Lande. Die Industrie macht sich unabhängig von der Stadt. Er war überzeugt davon, die – dank seiner Erfindung – mobilen Arbeitskräfte anlernen zu können, jenseits der Zumutungen der Stadt, ohne die städtischen Verkehrsprobleme, ohne die Probleme der Klassenkämpfe usw. Was sich paradigmatisch bei Ford mit seiner beginnenden standardisierten Massenproduktion vollzogen hat, vollzog sich im Anschluss früher oder später weltweit, wenn auch vielmals gebrochen.

Deutschland hatte zunächst den Nachteil, dass die internen Märkte nicht groß genug waren, d.h. in Deutschland konnte sich die fordistische Massenproduktion nie in Reinform durchsetzen. Und damit blieb die Industrie auch sehr viel länger eine städtische, wenn auch am Stadtrand. Der Versuch, das amerikanische Modell einer standardisierten Massenproduktion durchzusetzen, ist bei den Faschisten unternommen worden.

Brandt: In Wolfsburg ...

Läpple: In der »Kraft-durch-Freude-Stadt«, dem Produktionsort des »Kraft-durch-Freude«-Wagens. Hitler hatte an die deutsche Automobilindustrie den Auftrag gegeben, amerikanische Produktionsverfahren einzuführen. Weil dies aber nicht gelang, hat Hitler durch ein staatliches Industrialisierungsprogramm versucht, einen »deutschen Fordismus« aufzubauen.

Brandt: Bei Abelshauser steht, dies wäre ein »gebrochener Fordismus«[2] gewesen.

Läpple: Ich finde Abelshausers These sehr richtig. Man muss die soziale, korporatistisch orientierte Dimension des Faschismus berücksichtigen. Zusätzlich wurde der Fordismus dadurch gebrochen, dass die deutsche Variante staatlich verordnet war und in der deutschen Tradition der industriellen Beziehungen stand. Der deutsche Typus des Fordismus hatte ganz spezifische Ausprägungen.

Ich betone das Regime der Massenproduktion, weil man sich vergegenwärtigen muss, dass der Bedeutungsverlust der Städte für die industrielle Produktion im hohen Maße mit der Herausbildung einer Formation zusammenhängt, die man »Fordismus« nennt. Also kurz, die Verbindung von standardisierter Massenproduktion, Massenkonsum, bismarckschem Sozialstaat und Globalsteuerung. Der entscheidende Wendepunkt kam, als die Globalsteuerung durch die Globalisierung unterlaufen wurde. Die bisherige Form der Massenproduktion musste grundlegend verändert werden: Das Produktionssystem wurde flexibilisiert und zum Markt hin geöffnet, die Produktion wurde gewissermaßen »vermarktlicht«. Der Fordismus intendierte ja gerade eine Massenproduktion für den anonymen Markt, die auf differenzierte Kundenwünsche keine Rücksicht nahm, sowie die Abschottung der Produktion von den Schwankungen des Marktes durch die Globalsteuerung. Unter den neuen Bedingungen volatiler Märkte funktionierte die websche Logik der rationalen Organisation und Regelhaftigkeit der Betriebsabläufe und die Standardisierung der Produktion nicht mehr. Es wurde flexibilisiert und individualisiert – technisch, organisatorisch und sozial.

Brandt: Wir haben in Deutschland, wie auch in anderen Industriestaaten, eine lange Phase der Deindustrialisierung von Städten erlebt. Das Ruhrgebiet ist für diese Entwicklung ja paradigmatisch, aber auch andere Städte, z.B. Hamburg oder Hannover, haben z.T. massiv an industrieller Substanz verloren. Zum Teil aufgrund von Rationalisierungsprozessen, aber auch, weil umweltbelastende Industrien nach außen verlagert wurden.

Läpple: Die Deindustrialisierung der Städte war mit der Tertiarisierung und Globalisierung lange Zeit ein scheinbar unaufhaltsamer Vorgang. Die Industrie, vor allem die Großindustrie, hatte sich längst an die Stadtperipherie zurückgezogen. Das kann man sehr schön an unserer Hauptstadt sehen: Berlin war der Prototyp der industriellen Stadt. Mit dem Aufkommen der Massenproduktion hat sich die Industrie aus der innerstädtischen Kreuzberger Mischung heraus nach außen in die Siemensstadt und den Industriegürtel geschoben. Nachdem man dann in der Nachkriegszeit zunächst die »Gastarbeiter« zu uns geholt hat, wurde die Produktion durch Kapitalexport zu den billigeren Arbeitskräften außerhalb Deutschlands gebracht. Das war der Einstieg in die Globalisierung der Produktion.

Brandt: Also über die starke Exportorientierung und über Direktinvestitionen.

Läpple: Das hat sich in sehr unterschiedlichem Maß durchgesetzt, in der Textilindustrie radikal und schnell, in der Automobilindustrie selektiv. Hier zeigte sich auch die Besonderheit des deutschen Modells: die diversifizierte Qualitätsproduktion, die nur selektive Outsourcingstrategien zugelassen hat und bei der es immer wichtig war, den Kern der Produktion zu behalten. Dadurch haben sich Industriestädte wie Stuttgart und München und z.T. auch Frankfurt stabilisiert. Andere Städte, wo eher standardisierte Massenproduktion angesiedelt war, bspw. Hannover, hatten unter der Auslagerung viel mehr

zu leiden und haben zunehmend auf Dienstleistungen gesetzt. Damit begann das, was ich die »funktionelle Ausdünnung« der Stadt nenne: Die Stadt hat nicht nur die Industrie verloren, sondern man hat zusätzlich – entsprechend der Vorstellung der Stadtplanung, dass Stadt vor allem Wohnort sein soll – alles »Störende« beseitigt und die Stadtteile in Orte des Wohnens transformiert.

Brandt: Wenn ich es richtig sehe, spielte in diesem Zusammenhang auch das Leitbild der Charta von Athen eine ambivalente Rolle.

Läpple: Ja, die Leitbilder in der Tradition der Charta von Athen haben diesen Prozess stark mitgeprägt. In Hannover oder auch in »Neu-Altona« hat man sich beim Wiederaufbau sehr stark an diesen Leitbildern orientiert. Die ganze Profession hatte das Bild im Kopf, Stadt müsse ausgerichtet werden auf störungsfreies Wohnen und flüssigen Autoverkehr. Über die ökonomische Basis der Stadt hat man kaum nachgedacht. Die Stadtökonomie wurde als eine Art Deus ex Machina betrachtet und die Stadtplanung war auf die Domestizierung und Kanalisierung der »exogenen« ökonomischen Dynamik ausgerichtet.

Brandt: Aber diese Entwicklung war durchaus auch mit der Schaffung von Räumen für Dienstleistungen oder Handel verknüpft!

Läpple: Handel und Dienstleistungen betrachtete man als städtisch, alles andere war störend. Wir hatten ja in unseren Städten ein breites Spektrum von Klein- und Mittelbetrieben. Das wurde von niemandem thematisiert! Man hat nur über die Großindustrie gesprochen. Das war einer der verhängnisvollen, nicht-intendierten Effekte der Stadtplanung: die Zerstörung der Mittel- und Kleinbetriebe, die aus dem städtischen Geflecht hinausgedrängt wurden.

Brandt: Teilweise war diese Verdrängung doch auch intendiert, weil man die emittierenden Kleinbetriebe nicht wollte.

Läpple: Die Umweltgesetzgebung, z.B. Lärmschutz- und Emissionsverordnungen, hatte fatale Folgen. Es gab aber auch Quartiere, wo sich die Betriebe noch lange Zeit gehalten haben, weil sie z.B. historisch in den Hinterhäusern eingelagert waren. Im Berliner Kreuzberg oder in Ottensen in Hamburg hatten wir ja lange Zeit noch die traditionelle Mischung. In München gab es auch noch Gewerbehoftraditionen. Aber im Grunde wurde das städtische Gewerbe nicht thematisiert. Die Leute hatten nur Qualitätsverbesserung zugunsten des Wohnens im Kopf. Die Zerstörung der Klein- und Mittelbetriebe in den deutschen Städten ist nie richtig bearbeitet worden. Dies kann man nicht mit der Flucht der standardisierten Industrieproduktion erklären. Allerdings gibt es einen doppelten Zusammenhang: Einerseits waren viele dieser KMU Zulieferer der Industrie, andererseits wurden ihre Produkte verdrängt durch standardisierte, billigere Massenproduktion. Dadurch wurden die eigenen Produkte nicht mehr nachgefragt. Auch von dieser Seite wurde ihnen die ökonomische Basis entzogen.

Brandt: Das gilt auch für viele Handwerksbetriebe, wie die Möbeltischler, die der Massenproduktion nicht standhalten konnten.

Läpple: Der Möbeltischler, gewiss! Oder auch der Polsterer. Das Handwerk hat stark darunter gelitten, dass man so gut wie nichts mehr repariert hat. Dadurch hat das Handwerk, das produziert und repariert hat, seine Basis verloren, wurde zu einem reinen Anhängsel der Industrie. Der Elektriker oder der Klempner war nur noch der Monteur der Industrie und konnte kaum noch etwas selbst machen. Mit der Zerstörung der Qualifikationen wurde auch der Bezug zur Stadt unterminiert.

Brandt: Diese Entwicklung ist doch von politischer Seite durchaus mit befördert worden.

Läpple: Ja! Man hat es mit der Schaffung von Gewerbegebieten an den Stadträndern eigentlich gut gemeint. Allerdings hat man den Handwerkern damit ihre lokalen Bezüge genommen. Die Trennung von Kunden und Kooperationsbeziehungen und die Anreisekosten haben zur Zerstörung ihrer komparativen Stärken geführt und sie damit verstärkt der Konkurrenz mit der Industrie ausgesetzt.

Brandt: Um jetzt mal den Bogen zur Gegenwart zu schlagen. Wir haben momentan eine Diskussion über die Renaissance oder die Rückkehr der Stadt, die du ja auch maßgeblich mit beeinflusst hast. Kannst du noch mal kurz die Kernthesen dieser Debatte zusammenfassen.

Läpple: Ich habe bisweilen von der »Renaissance der Städte« bzw. von der »Reurbanisierung« gesprochen Beide Begriffe finde ich nicht gut, da es sich nach einem »zurück zu früher« anhört. Ich spreche lieber von der »Neuerfindung der Stadt«, weil wir nicht zurück zur alten Stadt können. Die Stadt mit ihren besonderen Qualitäten muss als Einbettungskontext für differenzierte Produktion wieder neu erfunden werden. Zunächst ist wichtig zu sehen, dass durch die gesellschaftlichen Wandlungsprozesse der Suburbanisierung das Wasser abgegraben wurde. Der Arbeitsmarkt ist insgesamt unsicherer geworden und das standardisierte Zeitregime hat sich aufgelöst. Eine wichtige Voraussetzung der über Jahrzehnte anhaltenden Stadtflucht war das »Normalarbeitsverhältnis« mit stabiler Erwerbsbiografie und antizipierbarem Einkommen. Wenn die Menschen in die Familiengründungsphase kamen, konnten sie einen Kredit für ein Eigenheim aufzunehmen und diesen auch sicher abbezahlen. Verbunden mit dem Normalarbeitsverhältnis war ein impliziter Geschlechtervertrag. Der Mann war der Haupternährer und die Frau hat allenfalls hinzuverdient, hat aber ansonsten hauptsächlich den Haushalt in Suburbia organisiert. Mit der Transformation der Ökonomie, vor allem der zunehmenden Vermarktlichung und Entstandardisierung, wurden beide Bedingungen untergraben. Es gibt nicht mehr die Antizipierbarkeit von Einkommen – das Normalarbeitsverhältnis wurde zum Sonderfall – und der traditionelle Geschlechtervertrag hat sich aufgelöst. Das Eigenheim in Suburbia verlor sukzessive die sozialökonomische Basis. Der wichtigste Grund für den Bedeutungsgewinn der Stadt ist in Deutschland die außerordentlich dynamische Entwicklung der Frauenerwerbstätigkeit – vor allem in höheren Qualifikationen. Selbst in Städten, die schrumpfen, haben wir immer noch einen deutlichen Zuwachs an erwerbstätigen Frauen.

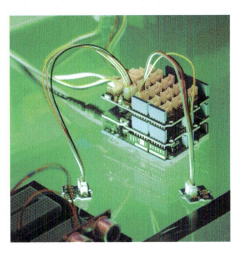

Maker Faire, Hannover

Brandt: Und diese existieren vor allem in den Dienstleistungsberufen.

Läpple: Ja, in den Dienstleistungsberufen! Der Vorteil der Frauen ist ihre spezifische Qualifikation. Die Bereiche, die das höchste Beschäftigungswachstum aufwiesen, hatten auch den höchsten Frauenanteil. Zudem ist es den Frauen gelungen, in die höher qualifizierten Dienstleistungen, bspw. Medien, vorzudringen. Starke Wachstumsbereiche waren zunächst die sozialen Dienstleistungen wie Pflegeberufe, Gesundheit und Erziehung. Allerdings wurde diese Entwicklung aufgrund staatlicher Sparpolitik gedämpft. Insgesamt waren Sozialdienstleistungen sowie wissensbasierte und kulturbasierte Dienstleistungen die dynamischen Felder des Beschäftigungswachstums. In diesem Sinne könnte man die Frauen als Gewinnerinnen des Strukturwandels bezeichnen. Sie waren aber auch Verliererinnen. Sie haben zwar an Arbeitsmöglichkeiten gewonnen, aber die soziale Infrastruktur ist die alte geblieben: Die Doppelbelastung von Beruf und Familie verschärfte sich für sie. Insofern ist die Gewinnerposition für die Frau ambivalent. Lange Zeit haben es die Städte nicht kapiert, dass wir es mit völlig neuen Raum-Zeit-Konfigurationen und veränderten Anforderungen an das Verhältnis von Wohnen und Arbeiten zu tun haben. Die Frage der Work-Life-Balance stellt sich unter den neuen Bedingungen viel radikaler als in der »fordistischen« Gesellschaft. Die Dynamik, die zum Bedeutungsgewinn der Stadt geführt hat, lässt sich kurz zusammenfassen: Erosion des Normalarbeitsverhältnisses, dynamische Entwicklung der Frauenerwerbstätigkeit, die Auflösung der integrierten Unternehmen in innovationsgetriebe Netzwerkunternehmen und die Herausbildung neuer, projektorientierter Arbeitsformen.

Ein Wort noch zum Strukturwandel. Die Tertiarisierung der städtischen Ökonomie ist meines Erachtens lange Zeit falsch interpretiert worden. Bei der Verschiebung von der Industrie zu den Dienstleistungen ist nicht gesehen worden, dass es sich nicht so sehr um eine Ablösung der Industrie durch Dienstleistungen, sondern um eine Transformation handelt, die zu neuen Verflechtungs- und Bedingungszusammenhängen von Industrie und Dienstleistungen führt. Bei den besonders erfolgreichen Städten in Deutschland, insb. München, aber auch Frankfurt und Stuttgart, wird deutlich, dass die Dynamik der wachsenden Städte nicht allein auf Dienstleistungen basiert, sondern stark durch einen Verflechtungszusammenhang von industriellen und tertiären Funktionen, den sog. »Service-Manufacturing-Link«, geprägt ist.

Brandt: Meinst du damit unternehmensbezogene Dienstleistungen?

Läpple: Ja, aber hochgradig vernetzt mit verbleibenden industriellen Funktionen. Das ist auch das Interessante im Vergleich zum angelsächsischen Beispiel. Dort ist der »Service-Manufacturing-Link« kaum bekannt. Saskia Sassen und andere haben das Modell der Global City mit der »New Urban Centrality« begründet. Diese basiert auf hochwertigen Dienstleistungen, d.h. auf den speziellen Arbeitsmärkten hoch spezialisierter Dienstleistungen, die in den Städten eine neue Zentralität brauchen, während die Industrie davon völlig abgekoppelt und quer über den Globus verteilt ist.

Brandt: Zurück bleiben die Wissenshubs!

Läpple: Reine Wissenshubs! Es ist eine interessante Entwicklung, dass gerade dieses Phänomen, das in der angelsächsischen Diskussion die Reurbanisierung begründete, heute in die Krise geraten ist. Diese »postindustriellen Wissenshubs« sind mit vielfältigen Problemen verbunden. Am deutlichsten zeigt

sich dies am Beispiel von London, das sich als »postindustrial global city« gefeiert hat, die nur noch auf Finanzwirtschaft und »creative industries« basierte. Die industrielle Produktion wurde geradezu mutwillig zerstört. Heute gibt es eine große Kampagne, Technologie und technologische Entwicklungen wieder zurück nach London zu bringen. Das am meisten gehasste Wort scheint inzwischen die »postindustrial city« zu sein, weil man begriffen hat, dass dies ein gefährlicher Holzweg war. Wir haben es ja fast vergessen, dass kurz vor den Olympischen Spielen ein großes Areal von London in Flammen stand. Damals wurde deutlich, dass ein Teil der Bevölkerung keinen Zugang zu einem Arbeitsmarkt hat, der vor allem durch hochwertige Dienstleistungen und kreative Industrien geprägt ist. Für die Zuwanderer sind die Zugangsbarrieren dieser »high road«-Wirtschaftsbereiche viel zu hoch.

Brandt: Nun ist es ja viel leichter, den Faden aus der Dose rauszuziehen, als ihn wieder reinzudrücken, vor allem was die Versuche betrifft, eine deindustrialisierte Stadt wieder in eine »urban manufacturing«-Strategie zu integrieren.

Läpple: Der angelsächsische und EU-Diskurs über Reindustrialisierung hat sicher etwas Voluntaristisches. Überall hört man den Ruf nach Reindustrialisierung, ohne zu begreifen, dass es kein Zurück zur alten Massenproduktion geben kann. In dieser Hinsicht steht Deutschland sehr viel besser da. Unser Problem ist, dass wir blind sind für unsere eigenen Stärken. Aufgrund unseres historischen Handicaps – eines zu geringen Marktes – konnte sich die Massenproduktion bei uns nur bedingt durchsetzen. Exportmärkte konnten deutsche Unternehmen – vor allem gegen die US-amerikanische Konkurrenz – nur gewinnen, indem in Nischenmärkten in Spezialsegmente investiert wurde.

Dieses Modell hat auch dazu geführt, dass die Produktion nie ganz vom nationalen und auch nicht vom städtischen Kontext abgekoppelt wurde. So war in den pharmazeutischen Hochburgen Ludwigshafen und Frankfurt, der Maschinenbauindustrie in Baden-Württemberg, in München mit seiner Elektrotechnik oder der Automobilindustrie in Stuttgart klar, dass man immer eine kritische industrielle Basis behalten muss. Das deutsche Innovationsmodell kommt stark aus der handwerklichen Tradition heraus, hat sich erst spät verwissenschaftlicht und als wichtigen Transmissionsriemen immer den Facharbeiter gehabt. Dieser hatte dann eine Mittelstellung zwischen den Ingenieuren und dem Fließbandarbeiter. Man hat die Dequalifizierung nie zu weit vorangetrieben und dadurch diese ambivalenten Strukturen aufrechterhalten. Trotz der destruktiven Folgen tayloristisch-fordistischer Rationalisierung in einigen Branchen wurde vor allem in der erfolgreichen Exportindustrie die Produktionsintelligenz der Beschäftigten vom Management erkannt und genutzt, wie dies Kern und Schuhmann in ihren Studien sehr differenziert herausgearbeitet haben.[3] Das hat der deutschen Industrie bei der Transformation von einer fordistischen in eine postfordistische Produktion einen historischen Vorteil verschafft.

Aber gleichzeitig fehlt uns – vor allem in den Städten – das Bewusstsein, wie wir diesen Vorteil für eine Verbreiterung der ökonomischen Basis nutzen könnten. In unserer »Online-Gesellschaft« scheint die Materialität der Dinge an Bedeutung – vor allem aber an Beachtung – zu verlieren. Unsere Städte werden – wie ich schon ausgeführt habe – unter dem Einfluss postindustrieller Stadtvorstellungen immer mehr reduziert auf Orte des monofunktionalen Wohnens, des Konsums und auf Standorte hochwertiger Dienstleistungen. Dabei hätten wir die historische Chance, Produktion wieder zurück in die Stadt zu bringen. Ich will nur ein paar Stichworte benennen: die Notwendigkeit, eine postfossile Ökonomie aufzubauen, die Möglichkeiten, die sich durch die Digitalisierung der Produktion und die neuen Produktionsverfahren wie 3-D-Drucker oder Laserschneidung ergeben. All dies könnte Entwicklungskorridore für urbane Manufakturen und neue Formen der städtischen Industrie eröffnen.

Brandt: Es gibt ja seit einigen Jahren eine Diskussion über neue technologische Optionen der Industrie, die unter dem Label »Industrie 4.0« geführt wird. Auf der diesjährigen Industriemesse in Hannover stand die vierte industrielle Revolution im Mittelpunkt der Aufmerksamkeit. Die gemeinsame Überzeugung war, dass wir mit unserem spezifisch deutschen Produktionsmodell spezielle Stärken haben und damit sehr gut an die neuen technologischen Optionen anknüpfen können.

Läpple: Das ist richtig. Die Industrie 4.0 eröffnet wahrscheinlich viele Möglichkeiten. Das »Internet der Dinge« ist schon eine aufregende Geschichte. Allerdings können die Auswirkungen auch sehr ambivalent sein. In Hamburg haben wir gesehen, dass mit der intelligenten Informationsvernetzung im Bereich der Logistik eine starke Erosion des Beschäftigungspotenzials des Hafens einherging. Man könnte sagen, die Beschäftigungspotenziale des Hafens sind durch eine Vorform der Industrie 4.0 unterminiert worden. Im Grunde ging es dabei um die Einführung intelligenter digitaler Techniken als Steuerungsmedien von Transportströmen.

Brandt: Da würde ich aber behaupten, dass die Containerisierung die Erosion der Hafenbeschäftigung mehr vorantreibt.

75

Läpple: Es gibt zwei Einflussgrößen und das Zusammenspiel ist entscheidend. Containertechnologie automatisiert den Umschlag. Paradoxerweise hatten wir eine Industrialisierung der gesamten Wirtschaft – bis auf den Hafen. Der Hafen war mit heterogenen Gütern konfrontiert, wodurch sich der Umschlag kaum mechanisieren bzw. automatisieren ließ. Der Hafen war gewissermaßen ein »Flaschenhals« in der Wertschöpfungskette. Dies konnte man nur durch den massenhaften Einsatz von Arbeit kompensieren. Die Einführung des Containers ermöglichte plötzlich die Automatisierung des Umschlags. Aber dann kam der Computer dazu und der Computer in Verbindung mit einer intelligenten Informationsvernetzung ermöglichte die Integration der Transportkette. Das ist entscheidend! Container werden heute mit Remote-Tracking-Systemen ausgestattet, die eine lückenlose Kontrolle während des gesamten Transportweges ermöglichen. Damit wandern potenzielle Arbeitsmöglichkeiten mit der informationell integrierten Transportkette ins Hinterland. Das führt zu einer schleichenden Erosion der Beschäftigungspotenziale des Hafens, die man hier in Hamburg noch gar nicht richtig zur Kenntnis genommen hat.

Brandt: Die Industrie 4.0 stellt mit ihren technischen Möglichkeiten ja auch Chancen für KMU dar, bspw. im Maschinenbau, in der Automobilzulieferindustrie und Produktionstechnik. Im Automotivebereich gibt es natürlich noch eine ganze Reihe weiterer Optionen über Fahrzeugtechnik und Automobilbau. Da spielt das Thema natürlich auch eine Rolle, weil das Fahrzeug immer stärker mit intelligenten Systemen verknüpft wird. Eine zentrale These ist, dass gerade die mittelständische Struktur der deutschen Wirtschaft eine sehr gute Voraussetzung dafür ist, die neuen technologischen Mög-

lichkeiten erfolgreich umzusetzen. Das sind ja nicht nur technologische, sondern auch organisatorische und soziale Fragen.

Läpple: Da würde ich eine These von Abelshauser aufgreifen, der meiner Ansicht nach zu Recht sagt, dass das Geheimnis des deutschen industriellen Erfolgs in den industriellen Distrikten zu suchen ist.

Brandt: In der regionalen Verbundwirtschaft, sagt Abelshauser.

Läpple: Ja, es ist interessant, dass die verspätete Industrialisierung in Deutschland nicht nur durch industrielle Städte wie Berlin, sondern auch durch die industriellen Distrikte geprägt worden ist. Ich könnte mir vorstellen, dass diese neue Technologie, die jetzt mit dem schrecklichen Begriff »4.0« belegt wird, in Deutschland zu einer Revitalisierung industrieller Distrikte führen könnte. Allerdings wird es kaum möglich sein, neue industrielle Distrikte aus dem Boden zu stampfen. Diese sind hochgradig pfadabhängig. Maschinenbauerregionen wie in Baden-Württemberg können durchaus von dieser Entwicklung profitieren, wenn es ihnen gelingt, die neue Technik zu beherrschen. In Baden-Württemberg waren die Maschinenbaubetriebe ja schon relativ weit. Die hatten ja schon Techniken zur Ferndetektion ihrer Maschinen entwickelt, ehe es das »Internet der Dinge« überhaupt gab. Durch die Fernüberwachung konnten Monteure bereits losgeschickt werden, ehe die Maschine kaputtging. Letztlich haben sie Problemlösungen und Laufzeiten verkauft und keine Maschinen!

Brandt: Aber Maschinen haben sie auch gebaut.

Läpple: Ja, und das ist gerade das Wichtige, was ich den Angelsachsen immer sage. Die materielle Dimension ist nach wie vor das

Entscheidende: Wenn ihr die materiellen Prozesse nicht beherrscht, dann könnt ihr die Dienstleistungen vergessen.

Brandt: Kannst du das noch mal ausführen? Man könnte ja auch auf die Idee kommen, Deutschland mit seinen ganzen Ingenieuren, Qualifikationen und Wissenschaftstraditionen in eine Blaupausenökonomie zu transformieren. Was wären deine Einwände?

Läpple: Das Problem kann man gut am amerikanischen Modell studieren. Die Amerikaner hatten ja lange darauf gesetzt, die wichtigsten Forschungs-, Entwicklungs- und Entwurfskompetenzen in den USA zu halten und immer mehr Fertigungsfunktionen vor allem in asiatische Länder auszulagern. Heute haben die USA nicht nur die Fähigkeiten eingebüßt, anspruchsvolle Hightech-Produkte zu produzieren, sondern sie verlieren zunehmend auch ihre Kompetenz und Konkurrenzfähigkeit auf dem Gebiet der Entwicklung komplexer technologischer Produkte. Sie sind konfrontiert mit einer Erosion ihrer Innovationsfähigkeit. Pisano und Shih von der Havard Business School sprechen von der Erosion der »industriellen Allmende« (»erosion oft the industrial commons«) als Folge der »destruktiven Auslagerungen« von Fertigungsfunktionen[4]. Die beiden Harvard-Wissenschaftler sagen:»Leute, wir haben einen Denkfehler gemacht. Wir haben gedacht, wir könnten die Produktion auslagern und den Fabriken in den anderen Ländern unsere Pläne schicken. Aber erstens mussten wir die Arbeitskräfte dort qualifizieren, damit sie die Pläne überhaupt lesen konnten, und dann fingen die an, blitzschnell zu lernen, und machten ihre eigenen Pläne für ihre eigenen Produkte.« Modellhaft dafür ist Südkorea, dessen Wirtschaft jetzt weltweit die Mikroelektronik dominiert. Und die Amerikaner mussten feststellen, dass sie in den USA beispiels-

weise keinen einzigen Betrieb mehr finden, der noch einen »Kindle« produzieren kann.

Die Amerikaner sind zwar Weltmeister in radikalen Innovationen, wie Internet usw., können diese aber kaum in Produktionsinnovationen umsetzen. Das ist ihre große Schwäche. In Deutschland gab es ja viele Diskussionen zur technologischen Systemführerschaft. Dabei hat man sehr früh begriffen, dass man sich nicht nur auf die Produktentwicklung konzentrieren darf, sondern auch das Produktionssystem im Auge haben muss. Man versuchte zumindest die Produktion von Prototypen in eigener Hand zu halten.

Es wird interessant, wie nun diese Diskussion im Kontext der Industrie 4.0 weitergeführt wird. Die Idee, eine Art Renaissance der industriellen Produktion zu gestalten, ist zwar vorhanden, aber man müsste die Frage der Systemführerschaft ebenso wie Fragen bzgl. Service-Manufacturing-Link und industrielle Distrikte mitdiskutieren. Im Zusammenhang mit der Frage einer globalen Positionierung muss man aus deutscher Perspektive dann auch über die Requalifizierung der Arbeit und eine neue Arbeitskultur reden.

Brandt: Es gibt z.B. Constanze Kurz im Hauptvorstand der IG-Metall, die früher beim SOFI-Institut in Göttingen als Industriesoziologin tätig war, die jetzt im Auftrag der Gewerkschaft mit ihren Kollegen an den arbeitspolitischen Voraussetzungen der Industrie 4.0 arbeitet. Es gibt ja auch Fraunhofer-Institute, die über die Qualifizierungsperspektiven der Industrie 4.0 sprechen.

Läpple: Ich finde es interessant, dass die IG-Metall von Anfang an dabei ist. Nicht in einer reinen Abwehrhaltung, sondern indem sie, wie es die Gewerkschaft in den 90er und in den ersten Jahren dieses Jahrhunderts schon gemacht hat, als Ko-Innovator eine Rückorientierung auf menschzentrierte Technologien fordert.

Brandt: Das hat ja alles Voraussetzungen, am Ende auch im Hinblick auf die räumlichen oder raum-zeitlichen Konstellationen. Ist aus dieser Perspektive eher absehbar, dass die Städte die Gewinner sind, oder was wäre dann mit dem baden-württembergischen Ländle?

Läpple: Ich würde jetzt ungern die Diskussion verengen auf Industrie 4.0. Ich denke schon, dass zunächst die noch leistungsfähigen industriellen Distrikte die Hauptgewinner sein werden. Das sind Baden-Württemberg, der Bodenseebereich, Bereiche in der Region München, Ingolstadt usw. Möglicherweise kann es solche Potenziale auch im norddeutschen, vor allem im Hannoveraner und Braunschweiger Raum geben.

Brandt: Die Industriecluster in Ostwestfalen-Lippe sind auch ein schönes Beispiel.

Läpple: Ja, das ist ein ganz wichtiger Industriedistrikt. Es wird auch interessant sein, ob sich Sachsen die neuen Entwicklungen zunutze machen kann. Sachsen war ja mal das klassische Land der Mittel- und Kleinbetriebe. Ob es dort gelingt, wieder an alte Traditionen anzuknüpfen, weiß ich nicht. Wir haben gegenwärtig die historisch einmalige Chance, materielle Produktion wieder zurück in die Städte zu bringen. Zunächst zur Notwendigkeit: Wir sind konfrontiert mit einer funktionalen Ausdünnung der städtischen Wirtschaft. Es wurden immer mehr Funktionen aus der Stadt ausgelagert. Im 19. Jahrhundert hatten wir noch eine vielfältige landwirtschaftliche Produktion in den Städten, Gärtnereien und wichtige Nahrungsmittelproduktion. Dann verließ die Industrie die Stadt und die Handwerker und Mittel- und Kleinbetriebe wurden rausgedrängt, zwischenzeitlich wurden auch Versorgungsfunktionen ausgelagert. Die Stadt wurde zum Ort monofunktionalen Wohnens, zum Standort hochwertiger Dienstleistungen

und zum Festivalplatz oder Jahrmarkt einer ausufernden Entertainmentbranche. Das sind hochgradig anfällige Strukturen.

Brandt: Warum sind diese Strukturen so anfällig?

Läpple: Durch ihre einseitige Ausrichtung auf eine externe Entwicklungsdynamik und die Verengung des städtischen Arbeitsmarktes – vor allem im unteren Qualifikationsbereich. Unsere Stadtgesellschaft hat sich in den letzten Jahrzehnten tiefgreifend verändert. Aus einer relativ homogenen, vom Mittelstand geprägten Gesellschaft, die ethnisch wenig differenziert war, entstand eine zunehmend kosmopolitische Stadtbevölkerung. Wir sind konfrontiert mit einer sozialen und kulturellen Ausdifferenzierung, einer Ausdifferenzierung nach Lebensstilen und Qualifikationen sowie einer zunehmenden sozialen Spaltung, die ihre tiefen Spuren auch im Erziehungssystem hinterlässt. Diese Entwicklung koppelt ganze Bevölkerungsteile von der städtischen Ökonomie ab. Gerade in einer Zeit, wo wir die Öffnung des Arbeitsmarkts nach unten bräuchten, schließt sich der Arbeitsmarkt nach unten und verliert seine Integrationskraft. Der Arbeitsmarkt bleibt vielfach den »Verlierern« des wirtschaftlichen Strukturwandels und vielen Migranten entweder verschlossen oder ein Einstieg gelingt nur in das wachsende Segmente einfacher prekärer Dienstleistungtätigkeiten mit extrem niedrigen Löhnen und katastrophalen Arbeitsbedingungen.

Brandt: Ist das nicht ein Modell, das jetzt mit der Einführung von Mindestlöhnen ausläuft?

Läpple: Es wird nur bei politischem Druck auslaufen und nur, wenn man die Leute mobilisiert und die betreffenden Unternehmen stigmatisiert. Aber damit wird nur ein Übel zurückgedrängt. Es werden aber keine neuen Perspektiven eröffnet. Die zentrale Frage bleibt: Wie stärken wir die Integrationskraft des städtischen Arbeitsmarktes, so dass er den Menschen Arbeit und Lohn *und* Qualifikations- und Aufstiegsmöglichkeiten bietet. Wir brauchen dringend eine Differenzierung der städtischen Ökonomie. Meine These ist, dass auf mittlere Sicht Formen urbaner Manufakturen neue Perspektiven eröffnen könnten. Kurzfristig wohl nicht, weil diese zunächst relativ hohe Qualifikationen erfordern. Inzwischen gibt es in fast jedem Stadtteil einen Laden, wo man Maßschuhe oder Mode machen lassen kann. Oft sind dies z. B. russische Schuhmacher, die versuchen, mit ihren mitgebrachten Qualifikationen vom reinen Reparaturhandwerk wegzukommen. Ohne die Migranten hätten wir ja auch kaum mehr Schuhmacher oder Änderungsschneidereien. Ein großer Teil der Qualifikationen, die erforderlich sind, um von der Wegwerfgesellschaft wegzukommen und die Lebenszyklen von Produkten zu verlängern, basiert auf Migration.

Brandt: Eine Wiederbelebung der Reparaturökonomie.

Läpple: Das ist ein richtiges Stichwort. Wir müssen bestimmte Themen aktiv aufgreifen: Reparaturökonomie, Recyclingökonomie, dezentralisierte Energieproduktion, schnelle Problemlösungen vor Ort, die Rückgewinnung einer eigenständigen Perspektive für das Handwerk, sei es Richtung Kunsthandwerk oder über den Einsatz neuer Technologien. Wichtig ist auch eine andere Form des Bauens: Gebäude müssen nachrüstbar sein, ein Upgrading mit neuen Technologien muss möglich sein. Da sehe ich große Perspektiven.

Brandt: Es kann ja auch Möglichkeitsräume für neue Formen der Produktion geben.

Läpple: Deswegen müssen wir das ja thematisieren. Wir müssen jetzt mit dem Diskurs beginnen.

Brandt: Auf der Industriemesse in Hannover wurde die Firma Wittenstein in Fellbach im Zusammenhang mit Industrie 4.0 immer wieder rumgereicht. Die haben eine intelligente Fabrik in die Stadt hinein gebaut. Das könnte ein spannendes Experiment sein.

Läpple: Ja, und jetzt kommt es darauf an, die Diskurse zu erweitern und zu vernetzen. Zum Beispiel zwischen der Stadtsoziologie, der Regionalökonomie, der Arbeits- und Industriesoziologie. Es lohnt sich, über neue Verknüpfungen und Kooperationen von Dienstleistungen, Industrie, Kreativwirtschaft, urbanen Manufakturen, FabLabs und lokaler Ökonomie nachzudenken.

Brandt: Eine letzte Frage: Sind die FabLabs Signaturen einer reurbanisierten Produktion, oder repräsentieren sie lediglich eine Mode, die bald wieder flügellahm wird?

Läpple: Es geht um die neuen »additiven Fertigungsverfahren«, also die sogenannten 3-D-Drucker, die gegenwärtig als Alternativen zu den Massenproduktionsverfahren entwickelt werden. Man könnte es auch eine Weiterentwicklung des »Personal Computers« zum »Personal Fabricator« betrachten. In einer Zeit, in der durch den Siegeszug der Digitalisierung sich alles in Virtualität aufzulösen scheint, ermöglicht diese digital gesteuerte Technik des 3-D-Druckers (oder des »Rapid Prototyping«) die Rückkehr der materiellen Produktion ins tägliche Leben. Das *Fabrication Laboratory* ist das Herzstück einer nicht-profitorientierten Makerhood-Bewegung, die einerseits ihre Erfahrungen und Innovationen in der Form von Open-Source-Initiativen im Netz frei zugänglich macht, und andererseits versucht, mit den FabLabs die materielle Produktion in die

79

Stadtquartiere zurückzubringen. In diesen lokalen, vernetzten Kleinwerkstätten stehen computergesteuerte Modellierungs- und Produktionswerkzeuge wie 3-D-Drucker, Laserschneider etc. Diese Mischung aus Computer und Minifabrik spuckt fertige Produkte nach individuellen Entwürfen aus und eröffnet die Perspektive einer Dezentralisierung und Verlagerung der Produktion dorthin, wo die Produkte benötigt beziehungsweise konsumiert werden. Das Motto dieser Open-Source- und Makerhood-Bewegung ist: »Der Stadtteil ist unsere Fabrik«. Wie auch immer diese euphorischen Visionen einzuschätzen sind, entscheidend ist zunächst, dass eine neue Sensibilität für materielle Produktion und eine Begeisterung für das Machen von Dingen entsteht.

Parallel dazu sehen wir, dass die Industrie auch entdeckt, dass die neuen additiven Fertigungsverfahren Möglichkeiten für schnelle und kundenspezifische Produktionslösungen bieten: bei passgenauen Hörgeräten, Prothesen, Maschinenteilen, Automobilersatzteilen, und all das aus unterschiedlichsten Materialien: Plastik, Keramik, Titan, Aluminium, Glas etc. Diese Technologien werden aber auch für größere Strukturen eingesetzt. So wird beispielsweise schon die Herstellung von Häusern mit 3-D-Druckern erprobt. Inzwischen gibt es kein ernstzunehmendes Unternehmen, das nicht mit 3-D-Drucker experimentiert.

Während hinter der »Industrie 4.0« eine starke Großindustrie steht, wie Siemens, IBM, Cisco und bald auch Google, ist das Feld bei den FabLabs offen und unbestimmt. Sie werden deshalb auch vielfach als »Spielerei« und »Spinnerei« abgetan. Ich habe mit einem Kollegen diskutiert, der was von mir dazu gelesen hatte und sagte: »Eins möchte ich Ihnen sagen, Ihre Thesen zu den FabLabs finde ich völligen Quatsch.«

Brandt: Das wäre ja nicht das erste Mal in deinem Leben. Dazu gibt es einen schönen Aphorismus von Mark Twain: »Menschen mit einer neuen Idee gelten so lange als Spinner, bis sich die Sache durchgesetzt hat.«

Läpple: »Spinnerei« war vor 20 Jahren auch der Kommentar einiger Kollegen zu meinen Überlegungen zu einer möglichen Wiederkehr der Stadt.

Brandt: Danke für das Gespräch.

Das Gespräch führte Arno Brandt am 12.05.2014

Anmerkungen

1   Alfred Weber: Industrielle Standortlehre. Allgemeine und kapitalistische Theorie des Standorts. In: Grundriß der Sozialökonomik. VI. Abt., Tübingen 1923, S. 84.

2   Siehe Werner Abelshauser: Kulturkampf. Der deutsche Weg in die Neue Wirtschaft und die amerikanische Herausforderung. Berlin 2003, insbesondere: »Westdeutscher Fordismus: Der Fall Volkswagen«, S. 127ff.

3   Zu einer Übersicht siehe: Michael Schumann: Das Jahrhundert der Industriearbeit. Soziologische Erkenntnisse und Ausblicke, Weinheim und Basel 2013.

4   Gary P. Pisano; Willy C. Shih: Restoring American Competitiveness, in: Harvard Business Review, July-Aug. 2009, S. 1–14.

Die EU-Förderung als Katalysator einer ökologischen (Wirtschafts-) Förderpolitik

Eberhard Franz

Die finanzielle Bedeutung der EU-Förderung

In diesen Tagen (Jahresmitte 2014) wird überall in Europa die Endredaktion der EU-Förderprogramme für die Förderperiode 2014–2020 durchgeführt. Die traditionelle Landwirtschaftsförderung aus dem ELER steht dabei ebenso vor einer grundsätzlichen Neuausrichtung wie die Regionalförderung (Wirtschaftsförderung) aus dem EFRE und die Arbeitsmarktförderung aus dem ESF. Obwohl damit fast die Hälfte des EU-Haushaltes der kommenden 7 Jahre (440 Mrd. € von 960 Mrd. € Gesamthaushaltsvolumen) festgelegt wird, spielt die Frage der Verwendung der europäischen Fördermittel in der öffentlichen Diskussion bisher nur eine sehr untergeordnete Rolle. Dabei ist die ökonomische Bedeutung der EU-Förderung selbst in einem Nettozahlerland wie Deutschland erheblich: So werden aus den Brüsseler Kassen allein für EFRE, ELER und ESF rund 27,5 Mrd. € im Zeitraum 2014–2020 nach Deutschland flie-ßen. Da diese Mittel mindestens in gleicher Höhe kofinanziert werden (müssen), entsteht daraus ein Projektvolumen in Höhe von (mindestens) 55 Mrd. €[1].

Neben der monetären Bedeutung der EU-Förderung hat sich in den letzten Jahren auch deren politische Lenkungswirkung deutlich verstärkt. Im Rahmen der Politik der Haushaltskonsolidierung sind die Bundesländer verstärkt dazu übergegangen, die EU-Mittel in den Haushaltsaufstellungsprozess direkt mit einzubeziehen und in vielen Politikfeldern eigene Landesmittel nur noch in dem Umfang zur Verfügung zu stellen, wie diese zur Kofinanzierung der EU-Mittel benötigt werden. Der Einfluss der europäischen Förderprogramme und der dahinter liegenden Europäischen Strategien (früher die Lissabon-Strategie, seit 2010 nunmehr die Strategie Europa 2020) auf die nationale Politikgestaltung ist damit deutlich angewachsen.

Die Strategie Europa 2020

Im Jahr 2010 hat der Europäische Rat der Staats- und Regierungschefs auf Vorschlag der EU-Kommission die Strategie Europa 2020 beschlossen. Diese löste seinerzeit, die bis dahin geltende Lissabon-Strategie ab. Im Gegensatz zur ausschließlich auf Innovation sowie Forschung und Entwicklung ausgerichteten Lissabon-Strategie (Ein-Ziel-Strategie) verfolgt die Strategie Europa 2020 eine Zielmatrix aus drei gleichberechtigten Oberzielen, um gleichermaßen

- intelligentes Wachstum (Innovationsförderung),
- nachhaltiges Wachstum (Klimawandel, Energie- und Ressourcenschutz) und
- integratives Wachstum (Armutsbekämpfung)

zu erreichen.

Der Ansatz einer Zielmatrix ist dabei keineswegs so neu, wie es auf den ersten Blick erscheinen könnte. In der Vergangenheit erfolgte dies durch die Benennung von Querschnittszielen wie z.B. Nachhaltigkeit und Chancengleichheit (EU-Förderperiode 2007–2013) oder Gender-Mainstreaming (Förderperiode 2000–2006). Die Bedeutung und Verbindlichkeit der Querschnittsziele trat in der konkreten Programm- und Projektgestaltung jedoch deutlich hinter die jeweiligen Oberziele zurück.

Der nunmehr mit der Strategie Europa 2020 eingeschlagene Weg wertet insbesondere die Bereiche Nachhaltigkeit und Armutsbekämpfung deutlich auf, indem die traditionellen ökonomischen Leitindikatoren (u. a. Beschäftigungsquote, FuE-Quote[2]) durch verbindliche Indikatoren und Zielwerte aus den Bereichen Klimaschutz und Armutsbekämpfung ergänzt werden.

So sieht die Strategie Europa 2020 als Ziele vor:

• die Reduzierung der Treibhausgasemissionen um 20 % im Vergleich zu 1990, die Erhöhung des Anteils erneuerbarer Energien auf 20 % und die Steigerung der Energieeffizienz um 20 %,

• die Reduzierung des Anteils von Schulabbrechern von derzeit 15 % auf 10 % und die Steigerung von Hochschulabsolventen im Alter von 30 bis 34 Jahren von derzeit 31 % auf mindestens 40 %,

• die Reduzierung des Anteils an Bürgern unterhalb der jeweiligen nationalen Armutsgrenze um 25 %, wodurch 20 Millionen Bürger aus der Armut entkommen sollen.

Der Paradigmenwechsel in der europäischen Förderpolitik und die damit verbundene Einforderung einer an Nachhaltigkeits- und Klimaschutzkriterien ausgerichteten Förderpolitik wird insbesondere dadurch unterstrichen, dass im EFRE mindestens 20 % des operativen Programmvolumens für Klimaschutzmaßnahmen verwendet werden müssen[3] und im ELER sogar 30 % der Mittel für umwelt- und klimaschutzbezogene Maßnahmen[4] einzusetzen sind. Diese Verknüpfung von quantifizierten inhaltlichen Zielen mit verbindlichen monetären Regelungen führt zu einer bisher in der EU-Förderung nicht gekannten thematischen Fokussierung. Klimaschutz und Nachhaltigkeit bilden damit künftig den wesentlichen Schwerpunkt der EU-Förderung.

Chancen und Risiken der thematischen Fokussierung

In der Förderperiode 2007–2013 wurden in Niedersachsen im EFRE gerade einmal 12 Mio. € für den Bereich Energieeffizienz und Klimaschutz eingesetzt, in der kommenden Förderperiode 2014–2020 werden es (mindestens) 168 Mio. € sein. Das heißt, die Förderung wird allein im EFRE um 1.400 % anwachsen, obwohl insgesamt die EFRE-Förderung in Niedersachsen um rd. 45 % zurückgehen wird. Allein mit der Bereitstellung der entsprechenden Finanzmittel ist das Ziel eines förderpolitischen Paradigmenwechsels jedoch noch nicht erreicht. Wie alle Förderprogramme beruhen auch EFRE, ELER und ESF vollständig auf dem Prinzip der Freiwilligkeit. Nur wenn die bereitgestellten Fördermittel von Betrieben, Kommunen und Landwirten angenommen und entsprechend beantragt werden, lassen sie sich überhaupt zum Einsatz bringen.

Ob dies erfolgt, hängt im Wesentlichen von der Kosten-Nutzen-Rechnung jedes einzelnen Zuwendungsempfängers ab. Die Förderprogramme sollen sicherstellen, dass

- die Höhe der finanziellen Förderung über den Abschreibungszeitraum der geförderten Investitionen bzw. über die Laufzeit des Förderprogramms in der betriebswirtschaftlichen Kalkulation eine weitgehende Refinanzierung des Mehraufwandes ermöglicht und
- die Beantragung und Abrechnung der Fördermittel nicht mit einem Übermaß an bürokratischem Aufwand verbunden ist[5].

E-Ladestation, TÜV Nord

Darüber hinaus trägt auch die Komplexität der intendierten Fördermaßnahmen wesentlich zur Akzeptanz und Nutzung eines Förderprogramms bei. Kleinere, weniger komplexe Maßnahmen erzielen dabei häufig eine bessere Marktdurchdringung als finanziell umfangreiche und inhaltlich besonders ambitionierte Maßnahmen, bergen aber häufig das Risiko eines reinen Mitnahmeeffektes[6]. Die ambitionierten Ziele der Strategie Europa 2020 werden jedoch nur dann zu erreichen sein, wenn es gelingt, Mitnahmeeffekte weitgehend auszuschließen und Fördermittel vor allem für jene Projekte zur Verfügung zu stellen, welche ohne öffentliche Unterstützung überhaupt nicht realisiert werden würden. Entsprechende Förderbereiche, die hier einen besonderen Finanzierungsbedarf besitzen, sind vor allem der Infrastrukturbereich sowie die Veränderung von Produktionsprozessen und -methoden.

Förderbereiche

Öffentliche Gebäude und Anlagen sind über viele Jahre allein unter dem Aspekt geringer Baukosten und eines hohen Primärnutzens (z.B. Deckung des Raumbedarfes, repräsentative Architektur, Erzielung einer bestimmten Reinigungswirkung z.B. bei Kläranlagen) erstellt worden und besitzen deshalb heute unter Klimaschutzaspekten einen erheblichen Sanierungsbedarf. Zudem wurden (und werden) natürliche Ressourcen noch immer vielfach genutzt, ohne die daraus entstehenden Folgewirkungen ökonomisch und ökologisch zu berücksichtigen. Dies gilt z.B. für die Nutzung von Gewässern und Trinkwasservorkommen und die landwirtschaftliche Nutzung von Moorflächen.

Die EU-Programme Niedersachsens[7] sehen zu den oben genannten Bereichen eigenständige Förderrichtlinien vor. Dazu gehören z.B.
- Maßnahmen zur Entwicklung von Moorflächen[8],
- Maßnahmen zur Förderung von CO_2-Einsparung und Energieeffizienz in öffentlichen Infrastrukturen und Anlagen sowie im betrieblichen Bereich,
- die Einrichtung einer Sekundärrohstoffbörse,
- die Schaffung eines Fonds zur energetischen Sanierung von Sozialwohnungsbeständen.

Diese Maßnahmen bilden die unmittelbaren förderpolitischen Anforderungen ab, die sich aus den EU-Verordnungen für die Förderperiode 2014–2020 ergeben. Der umfassende klimapolitische Ansatz der Strategie Europa 2020 geht jedoch weit darüber hinaus und sieht auch für die anderen zentralen Politikschwerpunkte der Strategie, »Innovationsförderung« und »Förderung von kleinen und mittleren Unternehmen«, Klimaschutz als wichtiges Nebenziel vor.

In der EFRE-Verordnung ist dies nicht auf den ersten Blick zu erkennen. Dort wird zwar
* die Förderung von Öko-Innovationen im Innovationsbereich und
* die Förderfähigkeit von fortschrittlichen Kapazitäten für die Produkt- und Dienstleistungsentwicklung

erwähnt, eine genauere Definition jedoch nicht geliefert[9].

Diese findet sich aber in der Strategie Europa 2020 sowie in den damit verbundenen Leitinitiativen. Dass die Leitinitiative »Ressourcenschonendes Europa« vollständig auf Umwelt- und Klimaschutz ausgerichtet ist, ist selbstverständlich. Doch auch in anderen Leitinitiativen spielen Nachhaltigkeit und Klimaschutz eine herausgehobene Rolle. So sind als Kernelemente der »Innovationsunion« neben der Verbesserung des Zusammenspiels von EFRE-Förderung und zentraler Innovationsförderung (Horizon 2020) unter anderem die Themen
* Klimawandel
* Energie- und Ressourceneffizienz
* umweltfreundliche Herstellungsmethoden

als besondere Handlungsschwerpunkte genannt[10].

Die Leitinitiative » Eine Industriepolitik für das Zeitalter der Globalisierung« soll Unternehmen dabei unterstützen, »die Chancen der Globalisierung und der ökologischen Wirtschaft wahrzunehmen, [indem] das verarbeitende Gewerbe beim Übergang zu einer energie- und ressourceneffizienteren Wirtschaft unterstützt [wird und] Ressourcen schonende Technologie und Produktionsmethoden [gefördert] und Investitionen in das Naturvermögen der EU [erhöht werden]«[11].

Erwartungen, Zwischenergebnisse und Potentiale

Die im Jahr 2010 erstellte Zielformulierung im Rahmen der Strategie Europa 2020 zeigt deutlich, welche Bedeutung auf europäischer Ebene einer koordinierten Nachhaltigkeits- und Klimaschutzstrategie beigemessen wird. Diese erfüllt dabei eine Doppelfunktion, um im Sinne der Zielmatrix der Strategie Europa 2020 sowohl dem umwelt- und klimapolitischen Problemdruck gerecht zu werden und zugleich neue wirtschaftspolitische Wachstumsmöglichkeiten zu eröffnen.

Wie die von der EU-Kommission vorgelegte Bestandsaufnahme zur Strategie Europa 2020 zeigt, konnten von der umfangreichen Zielmatrix bisher lediglich im Bereich der Umweltziele nennenswerte Erfolge erzielt werden. In vielen weiteren Zielen (Beschäftigungsquote, Armutsbekämpfung, Anteil von Forschung und Entwicklung am europäischen BIP) ist Europa nach wie vor weit von den im Jahr 2010 formulierten Zielen entfernt und wird diese Ziele voraussichtlich auch im Planungszeitraum bis 2020 nicht erreichen.[12]

Die Erfolge bei der Erreichung der Energie- und Klimaziele sind dabei weitgehend mit Hilfe nationaler Mittel realisiert worden, da die Gestaltung der bisherigen EU-Programme (der Förderperiode 2007–2013) noch weitgehend auf der mittlerweile nicht mehr geltenden Lissabon-Strategie basierte. Die zukünftigen EU-Programme (die sich derzeit

Windpark in Niedersachsen

in der Genehmigungsphase befinden) werden in dieser Entwicklung für einen weiteren Schub sorgen, da sie (wie bereits dargestellt) einen sehr viel höheren Anteil für Umweltschutz- und Klimaförderung vorsehen, als dies in der Vergangenheit der Fall war.

Doch können die in den zukünftigen EU-Programmen für Umwelt- und Klimaschutz veranschlagten Finanzmittel überhaupt gebunden werden, oder anders formuliert, stehen dem eingeplanten Budget auch Projektvorschläge gegenüber, die dem gestiegenen Stellenwert in Anzahl und Anspruch entsprechen? Sowohl der Sanierungsbedarf im Bereich der Infrastrukturen als auch die Marktpotenziale umweltfreundlicher Güter und Produkte sind erheblich. Bis 2020 wird sich das Marktvolumen der grünen Technologien von 1,4 Billionen € im Jahr 2011 auf 3,2 Billionen € erhöhen.[13]

Für die Realisierung derartiger Wachstumsprozesse bedarf es in der Regel eines ebensolchen Material- und Energieeinsatzes. Hier besteht die Gefahr, dass der daraus resultierende Ressourcenverbrauch den ökologischen Gewinn ganz oder teilweise konterkarieren könnte, die Green Industries also selbst zu einem ökologischen Problem werden könnten.

Besondere Bedeutung kommt deshalb mehr und mehr dem Ziel einer umfassenden und nachhaltigen Steigerung der Ressourceneffizienz zu.

Gleiches gilt auch unter ökonomischen Aspekten. Die ständig steigenden Rohstoffpreise und die zunehmende Knappheit von Ressourcen führen dazu, dass die Ökoeffizienz von Produkten verstärkt in den Blick von Staat und Unternehmen gerät. Insbesondere im Bereich öffentlicher Förderprogramme geht es dabei nicht nur darum, Umweltbelastungen zu vermeiden, sondern auch darum, die Wettbewerbsfähigkeit der damit verbundenen Industrien zu verbessern[14]. Dies gilt vor allem in einer besonders exportorientierten und exportabhängigen Volkswirtschaft wie der deutschen.

Förderprogramme, die hier ansetzen, besitzen gleichermaßen einen ökologischen und ökonomischen Nutzen und sind deshalb im Sinne einer umfassenden Zielmatrix wie jener der Strategie Europa 2020 besonders erfolgversprechend. Häufig sind entsprechende Förderprogramme jedoch nicht durch eine besondere Zielgenauigkeit gekennzeichnet.[15] Die in der Folge der Genehmigung der EU-Programme anstehende Neuformulierung der mit der EU-Förderung verbundenen Förderrichtlinien bietet die Chance, die Versäumnisse der Vergangenheit aufzuarbeiten und die künftige Förderung einfacher und zielgenauer zu gestalten. Wenn dies gelingt, werden sich die erheblichen Potenziale einer *grünen* Förderpolitik schon bald in Wirtschaftswachstum und Verbesserungen der Umweltqualität niederschlagen.

Anmerkungen

1 Der tatsächliche Gesamtumfang dürfte sogar noch deutlich höher liegen, da der zulässige Höchstsatz für die EU-Förderung (i. d. R. 50–60 %) in vielen Fällen nicht ausgeschöpft, sondern deutlich unterschritten wird.

2 Anteil der Ausgaben für Forschung und Entwicklung am Bruttoinlandsprodukt

3 Siehe Art. 4 Ziff. 1 Buchst. a) Abs. ii) VO (EU) 1301/2013

4 Siehe Art. 59 Ziff. 6 VO (EU) 1305/2013

5 Gerade in der derzeitigen Niedrigzinsphase ist der Grenzertrag eines Förderprogramms gegenüber einem handelsüblichen Hausbankkredit umso geringer, je größer der bürokratische Zusatzaufwand des Förderprogramms ausfällt. Vgl. dazu Nds. Min. für Wirtschaft, Arbeit und Verkehr, Sonderuntersuchung zu den regionalisierten Teilbudgets. Hannover 2009, S. 98

6 Vgl. dazu Nds. Min. für Wirtschaft, Arbeit und Verkehr, Sonderuntersuchung zu den regionalisierten Teilbudgets. Hannover 2009, S. 99ff.

7 Gleiches gilt in abgewandelter Form auch für die EU-Programme der übrigen Bundesländer.

8 Um diese zu CO2-Speichern weiterzuentwickeln und neue Formen der CO2-neutralen landwirtschaftlichen Nutzung zu erproben.

9 Vgl. VO (EU) 1301/2013, Art. 5 Ziff. 1 Buchst. b) und Ziff. 3 Buchst. c)

10 Vgl. Mitteilung der Kommission, Europa 220 – Eine Strategie für intelligentes, nachhaltiges und integratives Wachstum, Brüssel, 03.03.2010, S. 15, 18 und 20f.

11 Ebd. S. 20

12 Mitteilung der Kommission an das Europäische Parlament, den Rat, den Europäischen Wirtschafts- und Sozialausschuss und den Ausschuss der Regionen – Bestandsaufnahme der Strategie Europa 2020 für intelligentes, nachhaltiges und integratives Wachstum, Brüssel, 05.03.2014, S. 13ff.

13 Matthias Machnig: Ökologische Industriepolitik als Schlüsselelement einer zukunftsfähigen Wirtschaft in Europa. Friedrich-Ebert-Stiftung, Berlin 2011, S. 1.

14 Klaus Jacob: Ökologische Industriepolitik – Wirtschafts- und Politikwissenschaftliche Perspektiven. Umweltbundesamt, Berlin 2009, S. 1.

15 Ökonomie des Klimawandels. Umweltbundesamt, Berlin 2014, S. 28f.

Innovations- und klimaschutzorientierte Entwicklungspolitik für die Region Hannover

Ulf-Birger Franz, Axel Priebs,
Alexander Skubowius

Norddeutsche Landesbank Girozentrale, Hannover

1. Einleitung

Im Rahmen dieses Beitrags werden ausgehend von einem kurzen Stärken-Schwächen-Profil der Region Hannover (Kap. 1) und den europapolitischen Rahmenbedingungen (Kap. 2.1) zunächst strategische Leitlinien einer innovations- und klimaschutzoptimierten Regionalpolitik für die Region Hannover skizziert (Kap. 2.2). Anschließend werden die geplanten zentralen Maßnahmen und Projekte der zukünftigen EU-Regionalstrategie in den Handlungsfeldern Innovation, Wettbewerbsfähigkeit für KMU, Infrastruktur, Energieeffizienz und Klimaschutz sowie Fachkräfteentwicklung/Qualifizierung dargestellt (Kap. 3).

Die Wirtschaft der Region Hannover konnte sich in den zurückliegenden Jahren relativ stabil entwickeln. Abgesehen von einzelnen Wirtschaftsbereichen, wie z.B. den von der Krise besonders betroffenen Finanzdienstleistungen, ist es ihr seit Mitte des letzten Jahrzehnts gelungen, die Zahl der Arbeitsplätze kontinuierlich auszuweiten. Im Zeitraum 2008 bis 2012 konnte ein Zuwachs von rd. 25.000 sozialversicherungspflichtig Beschäftigten erreicht werden (vgl. CIMA/NIW/NORD/LB 2013).

Die vergleichende Analyse der Region Hannover mit anderen Verdichtungsräumen zeigt aber auch, dass die Region Hannover mit Blick auf wesentliche Indikatoren in der Regel im Mittelfeld der Verdichtungsräume liegt. Als Stärken kann die Region ihre Position als Hochschul- und Bildungsstandort verbuchen. Mit ihren Bildungs- und Ausbildungsangeboten zieht die Region junge Menschen aus dem überregionalen Raum an und es gelingt ihr auch, nennenswerte Anteile davon langfristig an sich zu binden. In diesem Zusammenhang sind auch die relativ hohen Gründungsintensitäten zu sehen, die auf einen vergleichsweise erfolgreichen Prozess der Verjüngung der Wirtschaftsstruktur schließen lassen. Zu den Schwächen der Region zählen aber unübersehbar die weit überdurchschnittliche Arbeitslosigkeit und ein im Vergleich zu anderen Verdichtungsregionen nur moderates Einkommensniveau. Bei der vergleichenden Analyse der Leit- und Fokusbranchen lassen sich überdurchschnittliche Dynamiken kaum nachweisen: ein Rückstand zu den führenden Regionen, die vergleichbare Branchenspezialisierungen aufweisen, ist unverkennbar (vgl. CIMA/NIW/NORD/LB 2013).

2. Herausforderung und strategische Leitlinien der zukünftigen regionalen Entwicklungspolitik

2.1 Rahmenbedingungen der EU-Strukturförderung in Niedersachsen ab 2014

Mit der neuen EU-Förderperiode, die am 1. Januar 2014 begonnen hat, sind zwar noch nicht alle Programme und Richtlinien finalisiert, mit dem von der niedersächsischen Landesregierung vorgelegten Entwurf des Operationellen Programms für EFRE und ESF (Multifondsprogramm) ist die Grundrichtung der künftigen EU-Strukturförderung jedoch bereits umrissen:

- Deutlich weniger Fördermittel: Nach dem EU-Kompromiss zum mehrjährigen Finanzrahmen werden im EFRE nach den derzeitigen Schätzungen ca. 691 Mio. € (statt bislang 1.227 Mio. €) und im ESF ca. 287 Mio. € (statt bislang 447 Mio. €) landesweit zur Verfügung stehen.
- Neue thematische Schwerpunkte: Auf Basis der Strategie Europa 2020 (»intelligentes, nachhaltiges und integratives Wachstum«) und weiterer EU-Vorgaben zur künftige Kohäsionspolitik wird sich das Land Niedersachsen in der EFRE-Förderung künftige auf die vier zentralen Themenfelder Innovation, Wettbewerbsfähigkeit von KMU, CO2-Reduzierung und Regionalentwicklung konzentrieren.
- Einsatz neuer Finanzinstrumente: Ergänzend zur klassischen Zuschussförderung werden stärker als bisher innovative Finanzinstrumente mit revolvierendem Charakter genutzt (vgl. Region Hannover, Landeshauptstadt Hannover, hannoverimpuls 2014).

Auf diese drei wesentlichen Orientierungspunkte der künftigen EU-Förderung wird sich auch die Region Hannover einstellen

müssen. Der EFRE richtet sich in der neuen Strukturfondsperiode stark an den Themen Innovation und Wettbewerbsfähigkeit von KMU aus (vgl. RIS3-Strategie – research and innovation strategy for smart specialization). Inhaltlich hat neben der Regionalentwicklung allerdings auch das Themenfeld CO2-Reduzierung im Vergleich zur Förderperiode 2007–2013 erheblich an Bedeutung gewonnen. Aus dem Spektrum der ESF-Förderschwerpunkte sind für die Wirtschaftsförderung neben dem Thema »Gleichstellung von Frauen und Männern« vor allem die Schwerpunkte »Soziale Innovation, Armutsbekämpfung durch aktive Eingliederung, lebenslanges Lernen und Prävention des vorzeitigen Schulabbruchs« relevant.

Zudem ist der Regionalentwicklung in Niedersachsen mit der Einsetzung von vier Landesbeauftragten eine deutlich größere Bedeutung eingeräumt worden. Die Region Hannover wird als Teil der Region Leine-Weser zukünftig auch übergreifende Projekte mit den Landkreisen Diepholz, Nienburg (Weser), Schaumburg, Hildesheim, Hameln-Pyrmont und Holzminden umsetzen. Da der Wettbewerb um EU-Fördermittel intensiver wird, wird die Fokussierung auf qualitativ hochwertige und besonders innovative Projekte eine immer größere Rolle spielen.

2.2 Strategische Leitlinien einer innovations- und klimaschutzorientierten Regionalpolitik für die Region Hannover

Mit dem »Zukunftsbild Region Hannover 2025« hat sich die Region Hannover Ende 2013 ein Leitbild gegeben, mit dem sie sich den Herausforderungen der Zukunft stellt.

Das Zukunftsbild wurde der Neuaufstellung des Regionalen Raumordnungsprogramms (RROP) vorangestellt, um dieses auf eine breite, durch eine offensive Bürgerbeteiligung und einen Beschluss der Regionsversammlung legitimierte Basis zu stellen. Bei der Erarbeitung des Zukunftsbildes wurden diejenigen Herausforderungen identifiziert, mit denen sich die Region vorrangig auseinanderzusetzen hat. Diese sollen im Folgenden kurz skizziert werden.

Obwohl die Prognosen für das Gebiet der Region Hannover mittelfristig eine stabile Bevölkerungsentwicklung erwarten lassen, wird der demografische Wandel in den nächsten Jahrzehnten die Bevölkerungsstruktur auch in der Region Hannover stark verändern. Auch das Durchschnittsalter wird sich in der gesamten Region Hannover erhöhen. Die Alterung der Bevölkerung sowie der Rückgang der Kinderzahlen stellen hohe Anforderungen an die Anzahl und die Qualität der sozialen Einrichtungen, bspw. der Bildungseinrichtungen, der Gesundheits- und Betreuungseinrichtungen, aber auch der kulturellen Einrichtungen.

Der demografische Wandel, die sich verändernde Altersstruktur der Erwerbstätigen und die sich wandelnden Anforderungen des Arbeitsmarktes führen dazu, dass qualifizierte Fachkräfte langfristig knapp werden. Um ihre Wettbewerbsfähigkeit zu erhalten, Arbeitsplätze zu sichern und neue zu schaffen, muss sich die Region Hannover den Herausforderungen des wissens- und qualifikationsorientierten Strukturwandels stellen. Zentrale Herausforderungen sind daher insbesondere die Ausschöpfung des Erwerbspersonenpotenzials und ein verbesserter Übergang junger Menschen von der Schule in den Beruf.

Vor dem Hintergrund der Globalisierung, gesellschaftlicher Veränderungen und des wirtschaftlichen Strukturwandels hin zu wissensbasierten Produktionsprozessen und Dienstleistungen ist die Sicherung der Wettbewerbsfähigkeit von Unternehmen die zentrale Herausforderung regionaler Wirtschaftspolitik. Trotz des hohen Anteils an Dienstleistungen (knapp 80 % der sozialversicherungspflichtig Beschäftigten) ist vor allem auch eine international wettbewerbsfähige industrielle Basis Grundvoraussetzung für den wirtschaftlichen Erfolg der Region Hannover. In diesem Zusammenhang sind strategische Ansatzpunkte regionaler Wirtschaftsförderung insbesondere die Weiterentwicklung und Stärkung der Innovationskraft. Hierzu zählen die Beratung und Förderung von KMU und GründerInnen, Innovations- und Technologietransfer, Netzwerk- und Clustermanagement sowie eine qualifizierungsorientierte Beschäftigungsförderung, Flächenvorsorge für eine nachhaltige Gewerbeflächenentwicklung und die Entwicklung (wissensbasierter) Infrastrukturen.

Der Klimawandel ist zwar eine globale Herausforderung, sie erfordert jedoch regionales und lokales Handeln. Notwendig sind sowohl Strategien zum Klimaschutz als auch zur Anpassung an die Folgen des Klimawandels, um dessen Auswirkungen zu minimieren. Um die CO_2-Emissionen zu reduzieren, muss sich die Region künftig von der Nutzung fossiler Energieträger weitgehend abkehren. Neben der Frage, wie zu deren Substituierung verstärkt erneuerbare Energien genutzt werden können, ist auch zu klären, wie der Energieverbrauch insgesamt durch Energieeinsparung und Steigerung der Energieeffizienz drastisch reduziert werden kann.

Die Endlichkeit der natürlichen Ressourcen erfordert nachhaltige Strategien. Insbesondere gilt es, die natürlichen Lebensgrundlagen zu schützen und den Landschaftsraum sowie geeignete Freiräume im Sinne einer hohen Lebensqualität für die Naherholung zu sichern. Vor dem Hintergrund der nationalen Nachhaltigkeitsstrategie der Bundesregierung, wonach die Flächeninanspruchnahme bis zum Jahr 2020 auf 30 Hektar pro Tag zu begrenzen ist, sieht sich die Region Hannover gefordert, ihren regionalen Beitrag zu leisten, auch wenn Flächen ungebrochen nachgefragt werden, z.B. durch steigenden Wohnflächenbedarf pro Kopf oder flächenintensives Gewerbe. Aufgabe insbesondere der Regionalplanung ist es in diesem Zusammenhang, einen geeigneten Rahmen zu setzen, um die Raumnutzung zu optimieren und den Flächenverbrauch zu minimieren, gleichzeitig aber den sich verändernden Anforderungen der Menschen an Wohn- und Lebensqualität Rechnung zu tragen und die wirtschaftliche Entwicklung zu unterstützen.

Angesichts dieser Herausforderungen werden Kooperationen unterschiedlicher Institutionen und Netzwerke innerhalb der Region und auch darüber hinaus immer wichtiger. Dies gilt umso mehr, als die Handlungsspielräume der öffentlichen Haushalte stark begrenzt sind. Nur wenn viele Beteiligte ihre Kompetenzen und Ressourcen bündeln, können zukunftsfähige Strategien gefunden und umgesetzt werden.

3. Schwerpunktthemen für eine zukünftige Regionalstrategie im Rahmen der EU-Förderperiode 2014+

Die Wirtschaftsförderungsakteure in der Region Hannover haben sich im Rahmen eines ausführlichen Arbeits- und Beteiligungsprozesses auf Kernpunkte ihrer zukünftigen Regionalstrategie verständigt. Diese bietet den Rahmen für mögliche Projekte und Maßnahmen in der EU-Strukturfondsförderperiode ab 2014 (Region Hannover et al. 2014). Die im Folgenden vorgestellten Ansätze zeigen exemplarisch das Themenspektrum auf, das in der Region Hannover im Sinne einer integrierten und themenübergreifend abgestimmten regionalen Entwicklungsstrategie zum Tragen kommen soll. Entsprechend den in Kapitel 2 skizzierten Herausforderungen und strategischen Leitlinien fokussieren sich die Maßnahmenbündel und Projekte auf vier Schwerpunkte:

3.1 Förderung der Innovations- und Wettbewerbsfähigkeit von KMU

Als metropolitaner Standort mit diversifizierter Wirtschaftsstruktur steht auch die Wirtschaftsförderung in der Region Hannover vor großen Herausforderungen. Einerseits bietet sich für einen anspruchsvollen Wissens- und Technologietransfer ein interessantes Spektrum an innovativen Unternehmen (teilweise Weltmarktführer) und vielversprechenden Spin-off-Gründungen. Andererseits sind große Teile des klein und mittelständisch geprägten Unternehmensbesatzes nur in geringem Maße technologieorientiert und weisen entsprechende strukturelle Schwächen bzgl. der Absorption technologischen Wissens auf.

Künftig soll daher ein erweiterter und umfassender Innovationsbegriff zugrunde gelegt werden, der neben technologischen Innovationen auch organisatorische und soziale Neuerungen sowie Marketing- und Dienstleistungsinnovationen als zentrale Bestandteile betrieblicher Innovationsstrategien umfasst. Um neue Ideen und Lösungen effektiv zu fördern, sind im Rahmen einer regionalen Innovationspolitik vor allem auch KMU zu fokussieren, die bislang noch keine systematischen Innovations- bzw. FuE-Aktivitäten durchgeführt haben. Dazu sind Unterstützungsleistungen für Unternehmen in den letzten zehn Jahren fortlaufend intensiviert worden. Zukünftig soll das bestehende Spektrum an Maßnahmen der regionalen Wirtschaftsförderung in der Region Hannover erweitert und die Verknüpfung von Beratungen und Förderinstrumenten forciert werden. Die Angebote der Wirtschaftsförderungsakteure sollen aneinander anknüpfen und sich an der Unternehmensevolution orientieren.

Im Sinne eines interdisziplinären Wissens- und Technologietransfernetzwerks sollen Beratungsangebote zukünftig noch differenzierter auf die Bedarfe und Potenziale von KMU zugeschnitten werden und die Schnittstellen der Beratungsdienstleistungen der einzelnen Akteure verbessert werden. Folgende Ziele stehen dabei im Fokus:

- Durch eine effiziente Kooperation von Akteuren der kommunalen Wirtschaftsförderung und Technologietransferdienstleistern sollen stärker als bisher auch KMU in der Breite, ohne systematische FuE-Aktivitäten, für den Technologietransfer aktiviert und »erschlossen« werden.

- »Niederschwellige« Anreizinstrumente für Innovationsvorhaben in KMU und Handwerk sollen finanzielle Risiken bei der Aufnahme von Innovations- bzw. FuE-Aktivitäten reduzieren und dazu beitragen, Know-how in Marketing- und Kommunikationsthemen gezielt auf Kleinunternehmen auszurichten. Hierzu zählen die Förderung von Fertigungskonzepten von Unternehmen des produzierenden Gewerbes, flexibel einsetzbare Instrumente wie Innovation+, »Kreativ-Checks« und FuE-Innovationsgutscheine.

- Zur Unterstützung der Initiierung von Kooperationsprojekten zwischen bestehenden Betrieben aus der Region und Hochschul- bzw. Forschungsinstituten ist der Fördermittelzugang zu erleichtern und das Antragsmanagement zu intensivieren.

- Zu wichtigen Kooperationspartnern im Innovations- und Personaltransfer zählen insbesondere auch die Wissenstransferstellen der Hochschulen. Die Schnittstellen zu diesen Einrichtungen sind weiter auszubauen.

- Nicht zuletzt sollen in diesem Rahmen Innovationsvorhaben durch Investitionszuschüsse unterstützt werden. Hier wird die bisherige Umsetzung der Technologietransferrichtlinie im Rahmen von Innovation+ um Modelle der Anschlussfinanzierung ergänzt.

Zur Unterstützung der Innovations- und Technologietransferinstrumente und zur Förderung der Wettbewerbsfähigkeit von KMU in der Region Hannover werden in der Förderperiode 2014+ die **regionalen Beteiligungsfonds** HBF (»Hannover Beteiligungsfonds«) und hif (»hannover innovation fonds«) als moderne Finanzierungsinstrumente gezielt weitergeführt. Mit ihrem revolvierenden Charakter werden EFRE-Fördergelder langfristig einsetzbar gemacht und Unternehmen bei ihrem Wachstum unterstützt. Oft sind innovative Vorhaben erst durch den Einsatz von Risikokapital umsetzbar. Ergänzend zu den beiden Fonds soll ein Mikrobeteiligungsfonds aufgelegt werden, der intelligente Finanzierungspakete auch für kleinere Unternehmen in traditionellen Branchen ermöglicht.

Darüber hinaus wird die Region Hannover bewährte Förderinstrumente für Existenzgründungen weiterentwickeln. Ergänzend zur bisherigen Fokussierung auf technologische Projekte sollen

- innovative Finanzierungsansätze, wie z.B. Crowdinvesting, in Kombination mit einer beratenden Qualifizierung auch neue Gründerzielgruppen für innovative Start-ups bspw. aus der Kreativwirtschaft erschließen und Investoren außerhalb der Region Hannover akquirieren,

- mit der Förderung von »Gründerinnen-Consult« als landesweit agierendem Kompetenzzentrum durch individuelles Coaching und Gründer-Scouts die Zielgruppenorientierung auf Frauen intensiviert und
- neue Formate für (landesweite) Gründungswettbewerbe und Beratungsansätze wie z.B. Lean Startup oder Business Model Canvas etabliert und aufgebaut werden.

Nicht zuletzt wird die Gründungsförderung in den Fokusbranchen durch die konsequente Ausrichtung der von hannoverimpuls betreuten Gründerzentren unterstützt, um in einem entsprechenden Innovationsumfeld Synergie- und Kooperationseffekte für Unternehmen zu generieren. Die Halle 96 (Kreativbranche) in Linden, der CampMedia (IuK-Wirtschaft) auf dem Expo-Gelände und das Technologiezentrum Marienwerder (technologieorientierte Unternehmen aus den Bereichen Produktions- und Lasertechnologie) dienen als Entwicklungskerne eines aktiven Gründungsgeschehens.

Der Innovations- und Wissenstransfer kann auch durch eine stärkere Vernetzung von Unternehmen und regionalen Akteuren beschleunigt werden. Dazu sollen Cluster- und Netzwerkaktivitäten in den bestehenden Netzwerken Kreativwirtschaft, Informations- und Kommunikationstechnologie, Gesundheitswirtschaft und Automotive durch gezielte Instrumente des Wissens- und Technologietransfers qualitativ weiterentwickelt werden. Im Sinne einer cross-sektoralen Vernetzung können so neue technologische und wirtschaftliche Potenziale erschlossen werden.

Eine einmalige und herausragende Chance für den Wissenschafts- und Technologiestandort bietet der Innovations- und Forschungscampus Garbsen-Hannover. Die Fakultät für Maschinenbau der Leibniz Universität Hannover wird voraussichtlich bis 2018 aus der hannoverschen Nordstadt vollständig nach Garbsen umziehen. Nach gegenwärtigem Planungsstand werden seitens des Landes rund 90 Mio. € in Neubauten direkt gegenüber dem Produktionstechnischen Zentrum Hannover (PZH), das bereits sechs Maschinenbau-Institute versammelt, investiert. Dadurch werden die Forschungs- und Arbeitsbedingungen für Wissenschaftlerinnen und Wissenschaftler sowie Studierende nochmals entscheidend verbessert.

Im direkten Umfeld des entstehenden Campus in Garbsen befinden sich bereits eine Reihe von Forschungsinstituten und FuE-Abteilungen bedeutender nationaler und internationaler Industrieunternehmen sowie neu angesiedelte wissensintensive KMU. Die Städte Garbsen und Hannover verfügen im direkten Umfeld des erweiterten Maschinenbau-Campus über Flächenpotenziale, die besonders für zukünftige Ansiedlungen von wissensintensiven unternehmensnahen Dienstleistungen und außeruniversitären Forschungseinrichtungen geeignet sind. Dazu zählen neben den Flächen im direkten Umfeld des PZH in Garbsen vor allem der »Wissenschafts- und Technologiepark Hannover« im Stadtteil Marienwerder.

Eine Konzept- bzw. Machbarkeitsstudie im Auftrag der Region Hannover hat im Rahmen einer nationalen Benchmark-Analyse Auswirkungen und Chancen des Innovations- und Forschungscampus für die regionale Wirtschaft dargestellt. Unter Einbezug des unternehmerischen Umfeldes und der außeruniversitären Forschung in den anliegenden Instituten in Garbsen und Hannover werden die Schaffung wissensaffiner Infrastrukturen und die konsequente Verbindung von Serviceleistungen der Wirtschaftsförderung empfohlen. Dazu zählen:

Campus Garbsen
(Entwurf)

- Beratungsangebote und Unterstützungs-infrastruktur für produzierende KMU i. S. eines interdisziplinären Wissens- und Technologietransfers:

Mit einem »Forum Wirtschaft und Wissenschaft« soll auf dem neuen Maschinenbau-Campus ein zentraler Ort für den Dialog zwischen Unternehmen aus der Region und Instituten geschaffen werden. Insbesondere die Aktivierung von nicht-innovierenden KMU soll im Fokus der Beratungsangebote und Unterstützungsinfrastruktur stehen und den interdisziplinären Wissens- und Technologietransfer in der Region befördern. Dies umfasst neben einer Unterstützung von technologieaffinen und wissensintensiven Aus- und Neugründungen insbesondere die Initiierung von Kooperationsprojekten zwischen bestehenden Betrieben aus der Region und den Hochschul- bzw. Forschungsinstituten, die Unterstützung von technologieaffinen und wissensintensiven Aus- und Neugründungen (Spin-off-Gründungen) und die Weiterentwicklung des Netzwerkmanagements »Produktionstechnik«. Regelmäßige Veranstaltungen zu industriellen und technologischen Entwicklungen zur Förderung

des interdisziplinären Wissens- und Technologietransfers in der Region runden das Angebot ab.

- Aufbau von Qualifizierungs- und Ausbildungsangeboten für KMU durch Hochschulen und Forschungseinrichtungen:

Neben Innovations- und FuE-Projekten sollen bedarfsgerechte Weiterbildungskonzepte entwickelt, die Durchlässigkeit zwischen beruflicher und akademischer Bildung im Sinne des Konzeptes der »Offenen Hochschule« gefördert und tertiäre Weiterbildung durch Entwicklung technologisch ausgerichteter Weiterbildungsmodule ausgebaut werden. Nicht zuletzt steht die Entwicklung prozessorientierter Module des Innovationsmanagements zur Förderung der Projektmanagementfähigkeiten und der Innovationskultur in KMU im Fokus qualifizierungsorientierter Beschäftigungsförderung.

- »Sichtbarmachen« des regionalen Mittelstandes als attraktiver Arbeitgeber für Studierende:

Als Beitrag zur Fachkräftegewinnung auch für weniger bekannte Unternehmen sollen die Anbahnung von Kontakten und die Begleitung von Studierenden durch

Zusammenführung von Kooperationspartnern (bspw. Agentur für Arbeit Hannover, Wirtschaftsförderungseinrichtungen, Kammern, Wirtschaftsverbände, Career Service der Leibniz Universität, TEWISS) intensiviert werden. Flankierend kann der Zugang für KMU zu Absolventinnen und Absolventen erleichtert werden (bspw. über Abschlussarbeiten, Jobmessen und Mentoring-Programme). Nicht zuletzt sind Themenveranstaltungen der Wissenschaft für KMU und Studierende geplant.

- Erweiterung der spezifischen baulichen Infrastrukturen am Standort Garbsen und in Marienwerder (Technologie- und Gründerzentrum), Ansiedlung von Forschungsinstituten und Unterstützung beim Aufbau von Demonstrationsprojekten wie Fabrication Laboratories (FabLabs).

3.2 Wettbewerbsfähige Infrastrukturen und integrierte Standortentwicklung

Für die Region Hannover, die am Schnittpunkt wichtiger Nord-Süd- und West-Ost-Verbindungen von Straße und Schiene liegt und mit dem Hannover Airport sowie den Kanalhäfen entlang des Mittellandkanals über hervorragende verkehrliche Infrastrukturen verfügt, ist die Sicherung einer attraktiven Ausstattung mit wirtschaftsnahen Infrastrukturen von großer Bedeutung für die zukünftige wirtschaftliche Entwicklung. Sie spielt sowohl für die Bindung als auch für die Ansiedlung neuer Betriebe eine zentrale Rolle.

Gewerbe- und Industrieflächenentwicklung

Im Rahmen der strategischen Gewerbeflächenentwicklung schreibt die Region Hannover mit dem Gewerbeflächenmonitoring jährlich das »Regionale Gewerbeflächenkonzept« fort. Ziel ist es, Angebot und Flächennachfrage zu erfassen, attraktive Flächen neu in den Bestand aufzunehmen bzw. planerisch zu sichern und eine abgestimmte Flächenentwicklungsplanung zu verfolgen. Als operatives Instrument ist die Hannover Region Grundstücksgesellschaft mbH & Co. KG (HRG) in der Bevorratung eines gewerblichen Flächenportfolios und einer strategischen Projektentwicklung aktiv.

Vor dem Hintergrund der erfolgreichen Flächenvermarktung in den zurückliegenden Jahren zeichnet sich bereits ein deutlicher Mangel an attraktiven wirtschaftsnahen Infrastrukturen ab, insbesondere für Logistikansiedlungen. Die größte Herausforderung wird zukünftig in der Verfügbarkeit geeigneter attraktiver Flächen liegen, die einerseits hohen Marktanforderungen entsprechen, andererseits Konflikte mit Wohnbaunutzungen und naturschutzfachlichen Belangen minimieren. In diesem Zusammenhang ist auch die deutlich zurückgegangene Verkaufsbereitschaft von Landwirten anzusprechen. Zur vorausschauenden Flächensicherung wurde von der Regionsverwaltung im Zusammenwirken von Wirtschaftsförderung, Regionalplanung und Naturschutz das »Logistikflächenkonzept 2020« erstellt, das die Weichen für die zukünftige Ausweisung und Entwicklung von Logistikschwerpunktstandorten stellt.

Zentrales Projekt des Logistikflächenkonzeptes ist derzeit der Trimodalstandort Wunstorf / Barsinghausen im Westen der Region Hannover. Die etwa 125 ha große Entwicklungsfläche für Logistik wird derzeit für die weitere Umsetzung planerisch gesichert. Der Vorzug des Standorts ist seine Trimodalität, also der Zugang zu den drei Verkehrsträgern Straße, Schiene und Binnenwasserstraße. Bis zu 4.000 Arbeitsplätze können auf beiden Teilstandorten entstehen (vgl. Region Hannover, Gewerbeflächenmonitoring 2014).

Breitbandausbau

Neben der Bevorratung an Gewerbe- und Industrieflächen sichert insbesondere die Verfügbarkeit von nachhaltig leistungsfähigen Breitbandinfrastrukturen die Qualität des Wirtschaftsraums Hannover. Schnelle Bandbreiten sind Voraussetzung für wirtschaftliches Wachstum, Wettbewerbsfähigkeit von Unternehmen und »conditio sine qua non« bei der Partizipation an Trends wie Cloud-Computing, GreenIT, Webkonvergenz, eWork und eCommerce.

Herausforderungen sind hier insbesondere die flächendeckende Versorgung mit hohen Bandbreiten gemäß den Zielen der EU (30 Mbit/s bis 2020) bzw. der Bundesregierung (50 Mbit/s bis 2018) und der Ausgleich regionaler Disparitäten. Auf Basis einer aktuell durchgeführten Strukturplanung zum Breitbandausbau sollen insbesondere in den Umlandkommunen, in denen im Rahmen von Interessenbekundungsverfahren Wirtschaftlichkeitslücken ausgewiesen werden, gezielt EU-Mittel für investive Vorhaben genutzt werden.

Brachflächenrevitalisierung

Im Zuge der zunehmenden Flächenknappheit und umweltpolitischer Rahmenbedingungen zur Begrenzung der Flächenneuinanspruchnahme gewinnt die Revitalisierung von Industriebrachen im Rahmen der laufenden Förderperiode weiter an Bedeutung, um notwendige Baumaßnahmen zu realisieren. Attraktive Flächen können dabei nicht nur für den privaten Wohnungsbau, sondern auch für gewerbliche und kulturelle Nutzungen ermöglicht werden. Beispielhaft war in der letzten Förderperiode die Sanierung von Flächen des heutigen Wissenschafts- und Technologieparks Hannover (WTH) in Marienwerder, der nach jahrzehntelanger intensiver industrieller Nutzung und Belastung zu einem parkähn-lichen Wissenschaftspark mit Technologiezentrum revitalisiert wurde.

Auch in der kommenden EU-Förderperiode sollen EFRE-Mittel zur Revitalisierung von Flächen genutzt werden, bspw. des Hydro Aluminium Deutschland-Geländes in Hannover-Linden. Darüber hinaus ist die Entwicklung weiterer Brachflächenprojekte in den Umlandkommunen geplant. Hierzu erarbeitet die Regionsverwaltung derzeit im Zusammenwirken ihrer Fachleute für Regionalplanung, Wirtschaftsförderung, Bodenschutz und Naturschutz ein Programm, mit dem auch die jeweiligen Standortkommunen bei der Revitalisierung ausgewählter und besonders geeigneter Flächen unterstützt werden sollen.

Sanierung und wirtschaftliche Belebung benachteiligter städtischer und ländlicher Gemeinden

Im Kern dieses Maßnahmenfeldes stehen die Aktivierung und Aufwertung sozial benachteiligter Gebiete. In der Vergangenheit konnten die Landeshauptstadt Hannover, aber auch Umlandkommunen wie bspw. Barsinghausen, Garbsen und Laatzen innerhalb der Förderkulissen »Soziale Stadt« zahlreiche Projekte erfolgreich umsetzen.

Im Rahmen der Multifondsförderung (EFRE und ESF) können diese wichtigen Themen weiter bearbeitet und in anderen benachteiligten Quartieren realisiert werden (bspw. zukünftig in den Stadtteilen Mühlenberg und Sahlkamp-Mitte). Flankiert werden sollen die Maßnahmen durch die ESF-Thematik **Stärkung sozial benachteiligter Stadtteile** sowie **Armutsbekämpfung** und durch die Berücksichtigung energetischer Modernisierung bei baulichen Veränderungen.

Insbesondere sollen hier im Rahmen der aktiven Eingliederung und der Verbesserung der Beschäftigungsfähigkeit Maßnahmen zur Verringerung der Schulabbrecher-Quote sowie zur Förderung des gleichen Zugangs zu hochwertiger Früherziehung und Grund- und Sekundarbildung erarbeitet und umgesetzt werden. Weiterhin sind Projekte an der Schnittstelle von ESF und EFRE geplant, die auf lebenslanges Lernen als Teil des Erwerbslebens und die Steigerung der Fähigkeiten und Kompetenzen der Arbeitskräfte abzielen.

3.3 Förderung von Energieeffizienz und Klimaschutz

Entsprechend der deutlichen Ausrichtung der EU-Förderpolitik auf Investitionen und Innovationen in den Bereichen erneuerbare Energien, Energieeffizienz und CO_2-Reduktion hat sich auch die Region Hannover zum Ziel gesetzt, im Rahmen ihrer Wirtschaftsförderungsstrategie entsprechende Schwerpunktsetzungen vorzunehmen und den Ressourceneinsatz noch stärker als bisher in den Fokus von Förderprojekten zu nehmen.

Die vielfältigen Aktivitäten in der Vergangenheit prädestinieren die Region Hannover, die Profilierung im Sinne einer Vorbildregion für den Klimaschutz weiterzuentwickeln. Im Rahmen der EU-2020-Strategie kann der Wirtschaftsraum Hannover einen besonders großen Beitrag zu den Klimaschutzzielen der EU leisten. Zwei Teilstrategien sind hierfür vorgesehen:

- Realisierung regionaler Projekte zur Steigerung des Anteils erneuerbarer Energien.
- eine klimaschutzintegrierte Stadtentwicklungspolitik und Quartiersplanung.

Dazu sind zahlreiche Maßnahmen vorgesehen, die wiederum als Teilprojekte des »Masterplan Stadt und Region Hannover | 100 % für den Klimaschutz« (Laufzeit 06/2012 bis 05/2016) fungieren. Im Rahmen eines vom Bundesministerium für Umwelt, Naturschutz und Reaktorsicherheit (BMU) geförderten Modellprojektes sollen anspruchsvolle Klimaschutzziele umgesetzt werden (Minde-

rung der Treibhausgas-Emissionen um 95 % bis 2050 gegenüber 1990 und Senkung des Endenergiebedarfes um 50 % bis 2050 gegenüber 1990). Ziel ist es, sektorale Teilkonzepte der Regional- und Stadtentwicklung im Wirtschaftsraum Hannover aufeinander abzustimmen und mit der Ableitung von Maßnahmen zur Verbesserung kommunaler Infrastrukturen beizutragen (vgl. Integrierte Verkehrsentwicklungsplanung, Region Hannover 2011). In diesem Zusammenhang sind Synergien sowohl zum Klimaschutzrahmenprogramm der Region Hannover (2009), zum Programm »Klima-Allianz Hannover 2020« der Landeshauptstadt (2010), zum Integrierten Klimaschutzkonzept für die Region Hannover (2012) sowie zum in Aufstellung befindlichen Regionalen Raumordnungsprogramm zu nutzen. Die künftige EU-Regionalstrategie wird sich in diese Konzepte einpassen und die vielfältigen Ko-Finanzierungsmöglichkeiten nutzen.

Exemplarisch werden folgende Projektansätze genannt:

- **Energieeinsparung in Gebäuden / Energetische Sanierung**: Hierzu zählen bspw. der CO_2-Fonds als Schwerpunktprojekt in der Landeshauptstadt, die energetische Sanierung von öffentlichen und gewerblichen Gebäuden sowie Kultur- und Freizeiteinrichtungen. In der Landeshauptstadt Hannover liegen bereits energetische Stadtsanierungskonzepte mit unterschiedlichen thematischen Schwerpunkten in Bezug auf Klimaschutz in der Stadtentwicklung vor (z.B. Generationswechsel im Einfamilienhausquartier, energetische Sanierung im sozialen Wohnungsbau, Synergien durch Nachbarschaft Gewerbe und Wohnen), die weiterentwickelt werden sollen.
- **Energiekonzepte für Gewerbegebiete**, bspw. im Bereich Abwärme, sowie die Beförderung von **Zero-Emission-Parks**.

Flughafen Hannover

- Ausbau »**nachhaltiger städtischer Mobilität**« und **innovative ÖPNV-Konzepte.** Dazu gehören auch weitere Projekte zur Implementierung der Elektromobilität. So werden ab 2015 im hannoverschen Nahverkehr die ersten drei vollelektrischen Busse mit innovativer Ladetechnologie im Linienbetrieb eingesetzt.
- Weiterentwicklung von **Energieeffizienzprogrammen für KMU**, bspw. im Rahmen der EcoBizz-Kampagne und der Solar-Checks.
- Kooperationsnetzwerk »**Green Logistics**« zur Identifizierung und Umsetzung von Handlungsansätzen zu Themen »Elektromobilität«, »Nachhaltiges Bauen von Logistikimmobilien« bis hin zur verbesserten »Organisation von Warenströmen« (Supply-Chain-Management).
- Projekte zur **Renaturierung von Moorflächen**, deren Bedeutung als CO_2-Senken zunehmend erkannt wird (nachdem das

Vorhaben »Hannoversche Moorgeest« bereits unter Federführung des Landes über das EU-Förderprogramm LIFE+ gefördert wird, ist jetzt die Renaturierung des Toten Moores im Osten des Steinhuder Meeres durch die Region vorgesehen).

3.4 Regionale Fachkräfteinitiative und qualifizierungsorientierte Beschäftigungsförderung

Vor dem Hintergrund des demografischen Wandels, des damit verbundenen Rückgangs des Erwerbspersonenpotenzials sowie der zunehmenden Wissensorientierung von Produktionsprozessen und Dienstleistungen spielt die Sicherung der Fachkräftebasis eine bedeutende Rolle für regionalwirtschaftliche Wachstumsprozesse und Produktivitätsfortschritte. Die Ausschöpfung des vorhandenen Erwerbspersonenpotenzials in quantitativer und qualitativer

Hinsicht ist bereits heute eines der zentralen Ziele regionaler Wirtschaftsförderung.

Für die Region Hannover bieten sich für eine qualifizierungsorientierte Beschäftigungsförderung im Rahmen der neuen EU-Förderperiode gute Chancen bzw. Anknüpfungspunkte. Dabei kann auf Erfahrungen in zahlreichen Projekten zurückgegriffen werden, für die Fördermittel der EU, des Bundes und des Landes Niedersachsen akquiriert wurden. Diese gilt es künftig weiterzuentwickeln und den aktuellen Anforderungen anzupassen.

Die erforderlichen Bildungs- und Qualifikationsmaßnahmen müssen dabei konsequent zielgruppenorientiert ausgerichtet werden. Wenngleich sich heute Fachkräfteengpässe noch vor allem in einigen ausgewählten Branchen zeigen (vgl. Fachkräftemonitoring 2014), steht im Rahmen einer nachhaltigen Beschäftigungsförderung, die sich als zentrale Querschnittsaufgabe regionaler Wirtschaftspolitik versteht, in erster Linie die branchenübergreifende Beseitigung oder zumindest Entschärfung von Hemmnissen für die Aufnahme bzw. die quantitative oder qualitative Ausweitung der Erwerbstätigkeit im Vordergrund. Dazu zählt auch die Verbesserung von Schnittstellen zwischen den relevanten Arbeitsmarkt- und Bildungsakteuren, die im Sinne eines Bündnisses zur Sicherung von Fachkräften zusammenwirken müssen (Biederbeck 2013). Die Region Hannover hat in diesem Kontext gemeinsam mit der Bundesagentur für Arbeit, den Kammern, den Hochschulen, Sozialpartnern und Wirtschaftsförderungsakteuren Anfang 2014 die »Fachkräfteallianz für die Region« ins Leben gerufen.

Für die zukünftige Ausrichtung der qualifizierungsorientierten Beschäftigungsförderung der Region Hannover im Rahmen der EU-Regionalpolitik liegt der Fokus auf folgenden Bereichen:

- Nachwuchsförderung durch frühzeitige Berufs- und Studienorientierung von Jugendlichen, Weiterentwicklung und breite Verankerung des »Neustädter Modells«,
- Förderung von Jugendlichen mit Migrationshintergrund mit speziellen Schwerpunkten der Bildungs- und Berufsorientierung im Rahmen der berufsbildenden Schulen,
- passgenaue Ausbildungsstellenvermittlung,
- flankierende Ausbildungsbegleitung für Jugendliche mit besonderen Unterstützungsbedarfen, um Ausbildungsabbrüche zu vermeiden (im Rahmen des Programms gegen Jugendarbeitslosigkeit wendet die Region Hannover in fünf Jahren rund 10 Mio. € an Eigenmitteln auf),
- Unterstützung der Durchlässigkeit von der beruflichen Ausbildung zur Hochschulbildung durch eine enge Zusammenarbeit der Ausbildungsinstitutionen,
- Förderung des Nachholens von Ausbildungen für Jugendliche und junge Erwachsene ohne Berufsabschluss,
- Angebote zur Unterstützung bei der strategischen Personalentwicklung für KMU mit geringen personalwirtschaftlichen Kapazitäten (z.B. auch bei den Themen Arbeitszeitmodelle und betriebliches Gesundheitsmanagement),
- Maßnahmen zur Verbesserung der Vereinbarkeit von Familie und Beruf und Beratungsangebote für Frauen beim Wiedereinstieg nach der Familienphase.

4. Fazit

Die skizzierten Maßnahmen und Projekte für eine regional integrierte EFRE-/ESF-Strategie können nur dann größtmögliche Effekte erzielen, wenn ein gemeinsames Handeln und Verständnis der regionalen Akteure im Vordergrund steht. Der starke Rückgang vor allem der EFRE-Mittel kann in diesem Kontext auch eine Chance bieten, sich stärker zu fokussieren und Handlungsfelder stringenter aus den tatsächlichen Stärken und Schwächen bzw. Herausforderungen abzuleiten. Regionale Innovationspotenziale und die Position im internationalen Wettbewerb sind dabei realistisch einzuschätzen und im Sinne des auf europäischer Ebene propagierten Konzeptes der »smart specialization« auszurichten. Die gemeinsame Strategie der Wirtschaftsförderungseinheiten in der Region Hannover hat sich die Ziele und Ansprüche dieses Konzepts zu eigen gemacht, dessen Umsetzung gerade für metropolitane Verdichtungsräume große Chancen bietet.

Zusammenfassend können die Hauptziele der kombinierten EFRE-/ESF-Strategie folgendermaßen formuliert werden:

- Erfolgreiche Unternehmen: Förderung von Innovation und Wettbewerbsfähigkeit
- 100 % Klimaschutz: moderne Infrastrukturen entwickeln
- Sicherung der Wirtschaftsbasis: Fachkräfte sichern, Integration durch Bildung und Qualifizierung fördern
- Lebenswertes Hannover: Stärkung der Standortattraktivität

Die Regionale Handlungsstrategie orientiert sich an den besonderen Qualitäten der Region als Wirtschafts-, Wissenschafts-, Forschungs- und Bildungsstandort. Erfolgversprechende Ansatzpunkte für die regionale Wirtschaftsförderung liegen dabei u.a. in der Überwindung betrieblicher Innovationshemmnisse, der regionalen Wissensvernetzung, der Unterstützung umweltfreundlicher Infrastrukturen und Technologien, der betrieblichen Qualifizierung und Weiterbildung sowie der Personal- und Kompetenzentwicklung.

Literatur

Amt für regionale Landesentwicklung Leine-Weser (2014): Entwurf für eine regionale Handlungsstrategie für die Region Leine-Weser. Hannover. Stand: 10.07.2014.

Biederbeck, Reinhard (2013): Weiterbildungsketten organisieren und nutzen. In: Wirtschaftsförderung und Arbeitsförderung Hand in Hand? Kooperationsstrategien zur Arbeitskräftesicherung. Rehburg-Loccum. Reihe Loccumer Protokolle Band 72/13, S. 121–128.

CIMA/NIW/NORD/LB: Wirtschaftsreport 2013 für die Region Hannover – Leitbranchen und regionale Innovationskraft. Hannover.

Landeshauptstadt Hannover/Region Hannover (2014): Masterplan 100 % für den Klimaschutz (dokumentiert in den Anlagen zu den Drucksachen 1521 (III) BDs und 1522 (III) IDs der Region Hannover, siehe www.hannover.de.

Region Hannover (2013): Zukunftsbild Region Hannover 2025 zur Neuaufstellung des Regionalen Raumordnungsprogramms.

Region Hannover, Landeshauptstadt Hannover, hannoverimpuls (2014): Für Innovation, Energiewende und soziale Gerechtigkeit – Strategie zur EFRE- und ESF-Förderung in der Region Hannover, 2014–2020.

Region Hannover/hannoverimpuls (2014): Fachkräftemonitoring für die Region Hannover. In: Standortinformation, Ausgabe 1/2014.

Region Hannover (2014): Trends und Fakten 2014. Hannover. In: Standortinformation, Ausgabe 2/2014.

Region Hannover (2014): Gewerbeflächenmonitoring 2014. Hannover. In: Standortinformation, Ausgabe 3/2014.

Niedersachsen auf dem Weg zur biobasierten Wirtschaft

Bioökonomie für Nachhaltigkeit, Klimaschutz und regionale Wertschöpfung

Hans-Jürgen Buß

1. Herausforderung und Vision

1.1 Herausforderung

Niedersachsen ist als Flächenland ein Agrar- und Ernährungsland: 60 % der Fläche werden von mehr als 40.000 Betrieben landwirtschaftlich genutzt. Über die gesamte Nahrungs- und Futtermittelindustrie hinweg betrachtet erwirtschaftete dabei jeder in Niedersachsen tätige Mitarbeiter fast 40 % mehr Umsatz als im deutschlandweiten Branchenmittel.

Heute vorherrschend ist die sehr wettbewerbsfähige Veredelungswirtschaft, insbesondere Schweinemast und Geflügelproduktion in Westniedersachsen mit entsprechender Verarbeitung und funktionierenden Zulieferketten vor Ort. Neben der abnehmenden Verbraucherakzeptanz der dominierenden intensiven Produktionsbedingungen, die u. a. mit regelmäßigen Antibiotikagaben im Zusammenhang stehen und daher nach neuen (innovativen) Lösungen u. a. auch für mehr Tierwohl verlangen, ist dieser Pfad der Wertschöpfung in Niedersachsen auch strukturell gefährdet.

Der demografische Wandel führt zu einer Abnahme der Nachfrage nach (günstigen) Lebensmitteln in Deutschland und Mitteleuropa. Die derzeitige globale Arbeitsteilung, die zu einem massiven Import von pflanzlichem Futterprotein zur Deckung der »Proteinlücke« führt, wird sich verändern. Pro Jahr werden aktuell ca. 5–6 Mio. t Soja und Sojaschrot nach Deutschland importiert, was eine Flächenbeanspruchung von ca. 5 Mio. ha in den Exportländern bedeutet. Schon heute nehmen die Importe in die EU um durchschnittlich 1 Mio. t/Jahr ab.

Schwellenländer verändern ihre Lebensmittelnachfrage hin zu mehr tierischen Produkten und fragen zunehmend mehr Soja nach. Schon heute ist China der mit Abstand größte Importeur von Sojabohnen. Ca. 65 % der weltweit gehandelten Sojabohnen gehen dorthin. Gegenüber den Strukturen in Südamerika, Russland und China (Südostasien) wird die hiesige Veredelungswirtschaft langfristig zu kleinräumig sein, insgesamt zu wenig komparative Vorteile aufweisen und kaum eigene ausreichende Nachfrage vor der Haustür haben. Dies macht einen von außen vorgegebenen Strukturwandel wahrscheinlich, da z.B. der verstärkte heimische Leguminosenanbau zum Schließen der Proteinlücke für die derzeitigen Produktionsstrukturen kaum ausreichen wird.

Biogasanlage Godenstedt

Daneben wird das derzeitige Produktionssystem, das den Agrarsektor neben dem Automobilbau zum zweitwichtigsten Wirtschaftssektor in Niedersachsen macht, dafür kritisiert, für klimarelevante Emissionen verantwortlich zu sein. Auch das Tierwohl, die schlechte Energiebilanz, hohe Nährstoffüberschüsse und der große Wassereinsatz stehen in der Diskussion. Wichtige Herausforderung für Niedersachsen ist, den sich abzeichnenden Strukturwandel frühzeitig positiv zu begleiten und – in vorhandene Wertschöpfungsketten integrierbare – Alternativen aufzuzeigen. Aufgabe ist es, Prozessketten neu zu denken und weiterzuentwickeln, bevor Industriebrachen ehemaliger Veredelungswirtschaftsketten drohen.

1.2 Vision

Auch zukünftig werden von Niedersachsen Beiträge zur globalen Ernährungssicherung erwartet, ausgehend von den heute wettbewerbsfähigen Strukturen, die in erster Linie auf Vorteilen im Wissenswettbewerb beruhen (Land- und Erntetechnik, Züchtungsfortschritt etc.). Eine weitergehende Vision ist auch der Ersatz erdölbasierter Produktionsketten durch den Ansatz einer nachhaltigen biobasierten Wirtschaft, die mehr regionale Wertschöpfung »in der Fläche« im ländlichen Raum ermöglicht und damit auch zur regionalen Entwicklung beiträgt. Für die verglichen mit anderen weltweiten Agrarstandorten bereits heute eher wissensbasierte und weitgehend technisierte Landwirtschaft in Niedersachsen birgt das große Potenziale. Das »Nachwachsen« der Grund- und Ausgangsstoffe für neue effiziente Wertschöpfungsketten (vgl. Kap. 3), z.B. neue Koppelprodukte auch im Bereich Lebensmittelproduktion, führt zu mehr Kreislaufwirtschaft und leistet damit einen wichtigen Beitrag zur CO_2-Reduzierung der Wirtschaftsgrundlagen.

2. Möglichkeiten: Wie Niedersachsen von einer biobasierten Wirtschaft profitieren kann

Mit einer stärkeren Ausrichtung auf eine bio- basierte Wirtschaft und einer verbesserten Systemaufstellung in der Bioökonomie (vgl. BMBF 2011) sind in Niedersachsen neben konkreten Problemlösungen für derzeitige Produktionssysteme und gesellschaftliche Anforderungen auch weitere Angebote und Möglichkeiten perspektivisch für nachhalti- ges Wirtschaften denkbar.

- **Konkrete Problemlösungen**

Die derzeitigen Produktionsbedingungen insbesondere in der Erzeugung tierischer Erzeugnisse stehen vielfältig in der Kritik (vgl. Kap. 1). Etwa durch Züchtungsfort- schritt (z.B. um Ferkelkastration zu ver- meiden) und innovative Haltungssysteme für weniger Stress und geringeren Medika- menteneinsatz kann die niedersächsische Ernährungswirtschaft auf gesellschaftli- che Forderungen zu mehr Tierschutz rea- gieren und das *Tierwohl* verbessern.

Eine weitere zentrale Herausforderung ist die bessere Ausbalancierung der *Nähr- stoffkreisläufe.* Im Fokus stehen hier die hohen Stickstoffüberschüsse durch den Eintrag von proteinreichen Futtermitteln in die Veredelungsregion. Daneben ist der Verlust von Phosphat vor dem Hintergrund weltweit begrenzter Phosphorreserven ein relevantes Thema. Phosphatrückge- winnung aus Neben- und Abfallströmen ist hier ebenso ein Ansatz wie eine ziel- genaue Tierernährung und eine bessere Nährstoffverfügbarkeit. Pflanzenzüchtung kann durch angepasstere Sorten den *Was- serverbrauch senken* und die Nährstoff- Effizienz weiter erhöhen.

Neue Ansätze aus dem Pflanzenbau mit entsprechender Landtechnik bieten Lö- sungen, um den *Proteinbedarf* besser aus regionaler Bereitstellung zu decken wie z.B. die Weiterentwicklung des Legumino- senanbaus. Darüber hinaus ist eine wei- terführende Idee, alternative, effizientere Proteinquellen als bisherige Nutztiere für die menschliche Ernährung zu erschlie- ßen. Gerade Insektenprotein besitzt hier zumindest perspektivisch Potenzial (vgl. auch Zukunftsinstitut 2014).

Innovationen im Bereich Haltungssys- temtechnik, z.B. durch biologische Abluft- reinigung sowie Gülletechnik und -ausbrin- gung, helfen *Emissionen* zu reduzieren.

- **CO2-Reduktion**

Durch Innovations- und Technologieent- wicklung im gesamten System Bioöko- nomie kann zum Ziel CO2-Reduktion (vgl. Europa-2020-Strategie) erheblich beige- tragen werden. Weiterentwicklungen und bessere Nutzung der Nebenströme in bestehenden Produktionssystemen tra- gen zu Effizienzgewinnen und damit zur CO2-Reduktion bei. Mit einer biobasierten Wirtschaft, die zunehmend fossile Kohlen- stoffverbindungen durch nachwachsende Rohstoffe/Biomasse ersetzt, basieren die Grundlagen unseres Wirtschaften nicht mehr auf endlichen Ressourcen und errei- chen so Nachhaltigkeit.

- **Positives Image als Agrarland Nr. 1**

Über die Kommunikation der Beiträge Niedersachsens zu einer nachhaltigen biobasierten Wirtschaft kann es gelingen, die positiven Seiten der Agrarwirtschaft darzustellen. Positive Effekte von neuen Entwicklungen in der Bioökonomie wie Ef- fizienzgewinne, weniger Umweltbelastungen, innovative Produkte und gesündere Lebensmittel tragen zum (regionalen) Volkseinkommen und zu ländlicher Entwicklung bei. In einer Systembetrachtung werden zudem die Beiträge zur weltweiten *Ernährungssicherung* deutlich. Die Weiterentwicklung einer hochmodernen Agrarwirtschaft in Niedersachsen zu einer Kompetenz- und Wertschöpfungsregion für nachhaltige biobasierte Wirtschaft bietet die Möglichkeit, ein Alleinstellungsmerkmal herauszustellen.

- **Neue Produkte und Prozesse**

Neue Produkte auf Basis verarbeiteter Biomasse bieten regionale Wertschöpfung durch neue Rohstoffquellen im ländlichen Raum. Über eine Verlängerung bestehender Ketten (z. B. werthaltige Nebenströme in der Lebensmittelverarbeitung aufarbeiten) lässt sich *zusätzliche Wertschöpfung* generieren und die Wettbewerbsfähigkeit erhöhen. Über neue Produkte und Prozesse erfolgt die Begleitung des sich abzeichnenden *Strukturwandels* durch Diversifizierung und Ausbildung von Alleinstellungsmerkmalen: Niedersachsens *Zukunftsfähigkeit* wird erhöht. So können Fermentationsprozesse mit speziell designten Mikroorganismen in neu entwickelten Bioreaktoren hochwertige Wirkstoffe und Feinchemikalien liefern und damit energieintensive rein chemische Prozessketten ersetzen.

- **Gesunde Lebensmittel**

Dazu gehören funktionelle Lebensmittel wie z.B. neue Probiotika als auch Ansätze für hochwertiges Protein aus neuen Quellen. Gesündere Lebensmittel sind auch möglich durch die Verbesserung der Prozessketten für weniger Keimbelastung (insbesondere resistente Keime) und optimierte Haltbarkeit.

- **Energie**

Beiträge sind zu erwarten zur nachhaltigen – da erneuerbaren – Energieversorgung aus Reststoffen am Ende einer Kaskadennutzung der – für ihre werthaltigen Inhaltsstoffe erzeugten – Biomassen. Für Niedersachsen bedeutet das häufig, dass am Ende einer Wertschöpfungskette eine Biogasanlage von niedersächsischen Anbietern Reststoffe und Nebenströme geringerer Werthaltigkeit energetisch nutzt.

- **Fördermittelakquirierung für Niedersachsen**

Auf Basis der vorhandenen Kompetenzträger und adressierbaren Unternehmen insbesondere im Sektor »Ernährungswirtschaft« bestehen beträchtliche Potenziale, das Themenfeld »Bioökonomie« aktiv und bundes- und europaweit sichtbar zu besetzen. Damit sind die Voraussetzungen ideal, die im Rahmen der »Nationalen Forschungsstrategie Bioökonomie 2030« (BMBF 2011) des Bundes sowie im Rahmen verschiedener europäischer Ausschreibungen bereits fließenden Fördermittel auch nach Niedersachsen zu lenken.

Die vorhandenen Stärken und Ansätze gilt es auszubauen und neue Potenziale zu erschließen, damit Niedersachsen seine Position als Innovationsstandort mit angewandter Forschung in der grundlegenden Biotechnologie, Agrartechnik, Futter- und Lebensmitteltechnik weiter verbessert. Mit der Unterstützung insbesondere von kleinen und mittleren Unternehmen (KMU) in der Life Sciences-Branche und der Ernährungswirtschaft inkl. der vor- und nachgelagerten Bereiche soll die zukünftige Wirtschaftskraft gestärkt, die Wertschöpfung im Land gefördert und das Land insgesamt als attraktiver Standort positioniert werden, der nachhaltige Produktionssysteme favorisiert.

3. Wertschöpfungsketten

Der Ansatz einer biobasierten Wirtschaft für Niedersachsen zielt auf effizientere Wertschöpfungsketten und die Entwicklung von neuen Verfahren und Produkten. Zudem soll im Rahmen einer auch globalen Verantwortung ein Beitrag zur Sicherung der Welternährung geleistet und die Gesundheit gefördert werden.

Natürliche Ressourcen sollen nachhaltiger genutzt und erneuerbare Rohstoffquellen erschlossen werden. Die »Bioökonomie« im System richtig aufzustellen bedeutet auch die Einbindung der gesamten Wertschöpfungskette »Lebensmittel«. Nur so gelingt die Integration der Primärproduktion in die Gesamtbetrachtung.

Die klassische Wertschöpfungskette in der Lebensmittelproduktion beginnt bei der Pflanze. Es folgt die Verarbeitung. Die hergestellten Produkte gelangen in den Handel, wo der Konsument der Produkte auftritt.

Wichtig für Niedersachsen ist die Erzeugung tierischer Produkte. Die pflanzlichen Futtermittel werden »veredelt«. Auch an die Veredelung schließt sich die Verarbeitung, der Handel und schließlich der Konsument in der Kette an.

Neben dem Nutzungspfad »Lebensmittel« kann auch die stoffliche Nutzung der pflanzlichen Biomasse erfolgen. Die technische Aufreinigung der Zielstoffe/-moleküle in der Gesamtbiomasse führt zu einem Zwischenprodukt (z.B. Fasern für Dämmstoffe, Stärke) für die Industrie. Oder ein pflanzlicher Rohstoff (z.B. Stärke) wird in einem Fermentationsprozess in einem Bioreaktor umgesetzt, bevor eine Aufreinigung für industrielle Anwendungen erfolgt (z.B. Bioethanol oder Polymilchsäuren als Grundstoff für Biokunststoffe).

In der allgemein gehaltenen Abbildung 1 sind verschiedene mögliche werthaltige

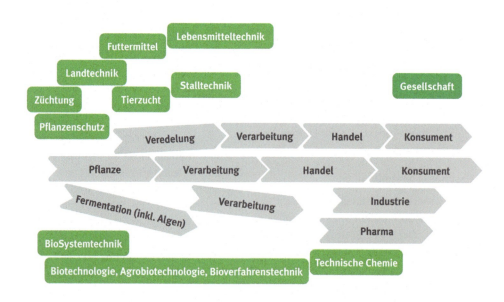

Abb. 1: Wertschöpfungskette in der Bioökonomie

Nebenströme angedeutet, die erneut in die Wertschöpfungskette gelangen. Auch ist in die Prozesskette die Bioenergie aufgenommen (hier in Form einer Biogas-Nutzung, um die Nährstoffkreisläufe zu schließen). Die kaskadenartige Verwertung von Haupt- und Nebenströmen reicht bis hin zu dem Konzept von Bioraffinerien (vgl. BMBF et al. 2012).

Die Abbildung 2 zeigt die angesprochenen Fachdisziplinen zur Entwicklung einer biobasierten Wirtschaft mit speziellem niedersächsischem Fokus. Die Biotechnologie liefert die technischen und wissenschaftlichen Grundlagen für eine zukünftige bio- und wissensbasierte Wirtschaft. Die Agrobiotechno-

logie soll die Synthetisierung werthaltiger Stoffe in Pflanzen und Algen vorantreiben und Umsetzungsprozesse durch Mikroorganismen ermöglichen. Zentrale Herausforderung der Bioverfahrenstechnik ist insbesondere das »Downstream Processing«: entsprechende Verfahren zur Aufreinigung von Zielprodukten aus einer Prozessbrühe.

Die niedersächsische Kernkompetenz auch mit starkem mittelständisch geprägtem wirtschaftlichem Fundament liegt insbesondere im Lebensmittelbereich. Das gilt für die Lebensmittel- und Futtermitteltechnik genauso wie für die Agrartechnik (d.h. Landtechnik und Tierproduktionssysteme).

4. Bioökonomie in Niedersachsen als Alleinstellung: konkrete Ansätze und Projekte

• Am *DIL* (vgl. Kap. 5 Akteure) erfolgt bereits die angewandte Forschung zur Erschließung von Möglichkeiten zur Nebenstoff-

nutzung im Zentrum der niedersächsischen *Lebensmittelproduktion*. Ein Beispiel ist hier die Isolation hochwertiger

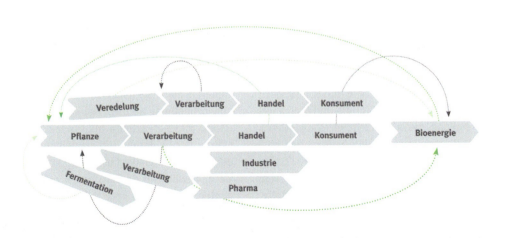

Abb. 2: Angesprochene Fachdisziplinen entlang der
Wertschöpfungskette in der Bioökonomie

Nebenströme (nativer Kartoffelproteine) im Prozesswasser der Kartoffelverarbeitung. Vor dem Hintergrund, dass jede zweite deutsche Kartoffel in Niedersachsen geerntet wird, besteht hier beträchtliches Potenzial. Das DIL war auch Koordinator des Forschungsverbundes Agrar- und Ernährungswissenschaften Niedersachsen »Netzwerk Lebensmittel«, in dem weitere – gesundheitlich relevante – Inhaltsstoffe aus Nebenprodukten (z.B. aus Biertreber) gewonnen wurden. Auch wird angedacht, die Nebenströme »Fleischabfälle« zu nutzen, um hochwertige Proteine zurückzugewinnen und ggf. wieder in die Nahrungskette oder – visionärer – über neuartige Zwischenlösungen (z.B. Insekten) in die tierische Produktion zurückzuführen.

Auch die Entwicklung innovativer Verfahren zur Haltbarmachung ist Gegenstand der FuE-Arbeiten am DIL.

Darüber hinaus wird konkret auch an der Erschließung neuer Bereiche in der Lebensmittelbiotechnologie (Starterkulturen, Präbiotika, Enzyme) gearbeitet.

- In einem laufenden *Innovationsverbund* mehrerer Hochschulen in Hannover wird mit konkreter Einbindung von Unternehmen, an der *»Veredelung pflanzlicher Rohstoffe«* geforscht. Die FuE-Arbeiten liegen dabei sogar im Kerninteresse der beteiligten Unternehmen. Kern der FuE-Arbeiten ist die biotechnologische Herstellung wertvoller Inhaltsstoffe für Duft- und Aromaherstellung, die mit derzeitigen (chemischen) Prozessen bzw. Dauerkulturenanbau kostenintensiv und wenig ergiebig ist. Dafür sollen verfügbare biogene Rohstoffe wie z.B. Orangenschalen als Ausgangsstoffe verwendet werden. Das Projekt will dabei alle drei Herausforderungen der biotechnologischen Synthese gleichzeitig bewältigen: die Identifizierung von vielversprechenden Mikroorganismen im *Screening*,

die Bioprozessentwicklung und dabei insbesondere die Entwicklung funktionierender *Bioreaktoren* und die anschließende *Aufreinigung* der Zielmoleküle aus der Bioprozessbrühe. Die entwickelten Methoden und Ansätze sollten übertragbar sein und damit perspektivisch auch für die Nutzung heimischer pflanzlicher Roh- und Abfallstoffe anwendbar sein. Die Kommunikationsforschung ist hierbei eine wichtige Ergänzung der naturwissenschaftlichen Forschung. Dieser Ansatz verspricht neue Erkenntnisse, insbesondere wenn er nicht nur begleitend erfolgt, sondern iterativ zu verbesserten Kommunikationsstrategien für eine höhere gesellschaftliche Akzeptanz führt.

- Das »*Downstream Processing*«, die Isolation der Zielmoleküle aus der Bioprozessbrühe, ist die wichtigste Herausforderung in der Weißen Biotechnologie. Mit *Sartorius* ist das größte dezidierte Biotechnologieunternehmen Europas in Niedersachsen beheimatet. Sartorius steht insbesondere für Spezialkompetenz in der Filter- und Membrantechnik und wird entsprechend in einer Vielzahl von Kooperationsprojekten angefragt. Das BMBF fördert im Rahmen der *»Innovationsoffensive industrielle Biotechnologie«* seit Sommer 2014 die neue strategische Allianz »Wissensbasierte Prozessintelligenz«, bei der Sartorius neben weiteren niedersächsischen Partnern als Konsortialführer auftritt. Ziel der Allianz ist es, die Bioreaktoren als Produktionsstätten der modernen Biotechnologie, in denen zwei Modellorganismen kultiviert werden, während des Prozesses zu optimieren. Im Online-Check wird die Qualität der Produkte (z.B. Enzyme, Wirkstoffe oder Biotreibstoff) laufend analysiert und im Prozess ggf. nachgesteuert. Für diese Allianz sind Gesamtausgaben von insgesamt 20 Mio. € vorgesehen.

- Angefangen mit biologisch abbaubaren Mulchfolien für die Anwendung in der Landwirtschaft und im Gartenbau sind *Biokunststoffe* seit Jahren bei der stofflichen Nutzung von nachwachsenden Rohstoffen bei *3N*, dem Kompetenzzentrum für Nachwachsende Rohstoffe, im Fokus. Auch war 3N an dem länderübergreifenden Ems-Dollart-Region-Projekt zur Entwicklung eines Biopflanztopfes aus Mais- und Kartoffelstärke beteiligt. Die Biokunststoffe basieren auf verschiedenen Polymeren (z. B. PLA). Aktuell ist die Entwicklung einer angepassten Produktionstechnik (z. B. Spritzguss) für die Biopolymere Gegenstand der begleitenden FuE-Arbeiten.

- Üblicherweise wird *Naturkautschuk* aus dem Gummibaum in Südostasien gewonnen. Die dortigen Plantagen werden allerdings zunehmend durch eine Pilzerkrankung bedroht. Hinzu kommt, dass schnell wachsende Märkte die Nachfrage und den Preis in die Höhe treiben. Die chemische Synthese aus Erdöl ist teuer und weniger nachhaltig. Seit Jahren suchen Hersteller nach alternativen Quellen für Kautschuk. Forschungsarbeiten zeigten, dass aus kaukasischem Löwenzahn gute Mischungen für die Gummiproduktion herstellbar sind, der austretende Milchsaft für die Gewinnung von Kautschuk aber schnell gerinnt. Biotechnologische Forschung in Münster zeigte, welches Gen dafür verantwortlich ist. In einem gentechnischen Verfahren konnte dieses Gen ausgeschaltet werden. Anschließend wurde in dem Projekt auch gezeigt, wie moderne Methoden der Pflanzenzüchtung (»smart breeding«) eingesetzt werden, ohne die kritisierten Methoden der »Grünen Gentechnik« zu verwenden. So konnte das Zuchtziel schließlich über herkömmliche Methoden erreicht werden.

Der niedersächsische Automobilzulieferer *Continental* hat diese Forschungsergebnisse aufgegriffen und engagiert sich aktuell für deren Weiterentwicklung. Das Unternehmen gehört zu einem Konsortium aus Forschungsinstituten und Industriepartnern, das die Idee zur Marktreife führen will.

Das Potenzial bei Erreichen der Marktreife ist immens: Es würde eine angepasste Land- und Erntetechnik erfordern. Die industrielle Verarbeitung und chemische Umsetzung müsste vom Maschinenbau angepasst und Konzepte für neue Reststoffströme müssten entworfen werden. Bei Gelingen dieser Ansätze ist regionale Wertschöpfung basierend auf echten »Know-how-Vorteilen«, die nicht schnell kopierbar sind, möglich und »Continental *Autoreifen aus Löwenzahn*« (vgl. BMBF 2014) sind denkbar. Das Beispiel zeigt auch, wie neue Zielmärkte die Systembetrachtung verändern können.

- Seit Ende 2012 erlaubt die EU unter der *Health Claim*-Verordnung für nährwert- und gesundheitsbezogene Aussagen, die cholesterinsenkende Wirkung der beta®GERSTE des Saatgutunternehmens Dieckmann werblich zu kommunizieren. Verbraucher, Landwirtschaft und Ernährungsindustrie können davon profitieren. Beta®GERSTE mit dem Wirkstoff beta-Glucan ist die erste markenrechtlich geschützte Speisegerste. Der Verzehr von Lebensmitteln mit beta®GERSTE hat eine wissenschaftlich bewiesene positive Wirkung auf den Cholesterinspiegel und ist damit ein Beispiel für »Functional Food«. Darüber hinaus können Landwirte die zukünftigen Märkte durch den Anbau dieser neuartigen heimischen Speisegerste insbesondere im Rahmen einer erweiterten Fruchtfolge nutzen. Die spezielle Gerste ist Ergebnis der Dieckmann-Züchtung. Nach Erteilung des Health-Claims, in der Regel eine für Lebensmittelhersteller fast unüberwindbare Hürde, war die Entwicklung eines funktionierenden *Geschäftsmodells*, über den Vertrieb des Saatguts hinaus, die zentrale Herausforderung für das Unternehmen. Als erste Anwendung auf Basis der beta®GERSTE hat die *Emsland Group* ein patentiertes, lösungsmittelfreies Trockenvermahlungsverfahren entwickelt, bei dem das entstandene Mehl sich ideal für Clean Label-Rezepturen in der Lebensmittelherstellung eignet. Dieses Mehl weist neben ausgezeichneten Nährwertnutzen auch funktionelle Eigenschaften z.B. für Verdicken und Emulgieren auf.

- Seit Anfang 2014 ist »*Like Meat*« im Lebensmitteleinzelhandel erhältlich. Mitten im Zentrum der niedersächsischen Veredelungs- und Verarbeitungswirtschaft tritt ein neues Spin-Off eines bestehenden Fleischwarenherstellers mit einer innovativen Verarbeitungstechnologie an, um aus Pflanzenprotein ein neuartiges Produkt zu erzeugen, das auch Fleischliebhabern eine Alternative mit bekannter Textur und vergleichbaren Eigenschaften ermöglicht. Damit kann auch der neue Trend zu vegetarischer und sogar veganer Ernährung aus Niedersachsens Nordwesten bedient werden.

- Die energetische Nutzung von angebauter Biomasse sollte erst am Ende der Kaskaden-Nutzung einer stofflichen Verwertung stehen. In der *Bioenergie*, meist in Form von Biogas (aber auch der Verbrennung von [Rest-]Biomasse), weist Niedersachsen eine hohe Anzahl von installierter Leistung und vorhandenen Biogasanlagen auf. Die Vorteilhaftigkeit dieser Anlagen ist in Deutschland meist durch das EEG gegeben. Niedersachsen weist besondere Stärken in führender *Biogastechnologie* auf. Hier sind mittelständische Unternehmen auch mit einer hohen Exportorientierung erfolgreich. Die Weiterentwicklungen zielen darauf ab, die Effizienz zu erhöhen (z.B. durch Enzyme, bessere Prozesssteu-erung durch Mess-und Regeltechnik). Daneben sind die Einspeisung in das Erdgasnetz und alternative Biomassepflanzen (z.B. Zuckerrübe für breitere Fruchtfolgen) ein Ansatz, die Nachhaltigkeit bestehender Anlagen zu verbessern. Die Biokarbonisierung, wie sie im Innovationsverbund »hydrothermale Carbonisierung (HTC)« verfolgt wird, ist dagegen noch deutlicher im Forschungsbereich angesiedelt. Ziel ist es, hochwertige, technische Kohle für Spezialanwendungen aus Biomasseabfällen zu gewinnen. Für die *Biokohle*herstellung für die energetische Nutzung erscheint es derzeit nicht absehbar, ob sie sich ökonomisch sinnvoll darstellen lässt.

Die Herausforderungen und Potenziale beim Thema Bioökonomie sind für Niedersachsen damit spezifischer Natur und insbesondere durch Unternehmensinteressen getrieben. Daneben wird in vorhandenen Aktivitäten häufig auf die gesellschaftliche Relevanz abgezielt bzw. sind die Beiträge zur Lösung auch von gesellschaftlichen Herausforderungen im Fokus.

Die Aktivitäten *anderer Bundesländer* lassen daher Raum für eine niedersächsische Alleinstellung. Bei den meisten Bundesländern geht die Auseinandersetzung mit der nationalen Forschungsstrategie kaum über das Setzen von Veranstaltungsüberschriften hinaus. Daneben gibt es noch wenig spezifische Aktivitäten einzelner Bundesländer:

Sachsen-Anhalt war z.B. mit dem Cluster BioEconomy erfolgreich im Spitzenclusterwettbewerb des BMBF. Mit dem Biomasseforschungszentrum des Bundes in Leipzig, 40 Projektpartnern und erheblichen Investitionen des Bundes in eine Bioraffinerie-Demonstrationsanlage in Leuna bestehen gute Voraussetzungen, auch an weiteren Ausschreibungen zu partizipieren. Thematischer Fokus sind dabei Holznutzungskaskaden.

Auch Nordrhein-Westfalen fokussiert auf Bioraffineriekonzepte. In einer Potenzialanalyse von 2011 wird allerdings auf die bessere Einbindung der Unternehmen gedrungen, da die bisherigen Aktivitäten eher von der Wissenschaft getragen sind. Auch die aktuellen Diskussionen in ganz Deutschland zeigen (vgl. DECHEMA 2013), dass es derzeit keine ausreichenden industriellen Treiber für Bioraffineriekonzepte gibt. In Niedersachsen finden sich genau diese potenziellen Treiber. Es wird zudem bereits deutlich, dass im Fahrwasser der großen Unternehmen z.B. beim Innovationsverbund »Veredelung pflanzlicher Rohstoffe« oder in der strategischen Allianz »wissensbasierte Prozessintelligenz« durchaus auch niedersächsische KMU an den Entwicklungen partizipieren können.

Insgesamt betrachtet hat Niedersachsen als Agrarland Nr. 1 und mit den aktiven Unternehmen ideale Voraussetzungen auf dem Weg in eine biobasierte Wirtschaft. Bedingung ist dabei, ausgehend von aktuellen Fragestellungen, die Themen für die hiesige Wirtschaft handhabbar zu machen. Die großen Zusammenhänge (z.B. im wissenschaftlichen Bereich: Life Cycle Assessment) sind im ersten Schritt eher relevant für die gesellschaftliche Kommunikation.

5. Akteure in Niedersachsen

Zu den relevanten Akteuren in Niedersachsen, die z.T. bereits in eine Ausrichtung hin zu einer biobasierten Wirtschaft eingebunden sind und diese weiter verstärken können, gehören u.a.:

- *NieKE – Landesinitiative Ernährungswirtschaft.* Hier finden sich in erster Linie die klassischen Lebensmittelhersteller inkl. einiger großer Player und weitere Unternehmen aus dem vor- und nachgelagerten Bereich. Im Netzwerk werden die Herausforderungen (Verbraucherakzeptanz, Image) für die niedersächsische Agrar- und Ernährungswirtschaft deutlich vernommen, und zunehmend setzt sich die Erkenntnis durch, den Herausforderungen nur mit Innovation begegnen zu können. In der Landesinitiative (LI) ist das Thema »Bioökonomie« als Potenzialthema mit großer Relevanz für die Netzwerkpartner bereits wahrgenommen worden.
- Die *Wissensvernetzung Weser-Ems 2020* hat zum Ziel, die Wettbewerbsfähigkeit der Wirtschaft, Beschäftigung und Wohlstand in der Region Weser-Ems zu sichern und zu fördern. Die Bioökonomie/Agrarsystemtechnik wurde dabei als eines von drei wichtigen Handlungsfeldern identifiziert. Im *Strategie-Rat Bioökonomie* arbeiten Unternehmer, Wissenschaftler und Verantwortliche an der Beantwortung drängender Schlüsselfragen. In dem Veranstaltungsformat »Wissensdrehscheibe« werden die Zukunft unserer Ernährung und das Potenzial nachwachsender Rohstoffe diskutiert. Die Ergebnisse sollen u.a. auch in die regionale Ausgestaltung der nächsten EU-Förderperiode einfließen.
- Das *Deutsche Institut für Lebensmitteltechnik* (DIL) ist als e.V. organisiert und u.a. durch die anwendungsnahe Forschung sehr gut mit vielen relevanten Lebensmittelherstellern vernetzt; seit 2012 gibt es das eigene Geschäftsfeld »Bioökonomie« am DIL. Das DIL ist *der* Kompetenzträger für Lebensmittelprozessketten. Am Standort in Quakenbrück entsteht aktuell ein Innovationspark für die Ansiedlung von FuE-Abteilungen kooperierender internationaler Unternehmen

und angedachter Spin-Offs im Bereich Bioökonomie. Das DIL ist involviert in die zukünftige europäische Konsortienbildung, um Teil eines Food KIC (Knowledge and Innovation Community) zu werden und insbesondere das Thema »Bioökonomie« zu besetzen. Die KICs stellen die dezentrale Struktur des European Institute of Innovation and Technology (EIT) dar. Dies wäre für die Partizipation niedersächsischer Akteure an europäischen Förderprogrammen und Ausschreibungen eine gute Ausgangsposition.

- In dem Netzwerk Life Science Niedersachsen *BioRegioN* sind insbesondere KMU im Themenfeld Biotechnologie, Weiße Biotechnologie bis hin zu Forschungskontakten in die synthetische Biotechnologie präsent. Hier sind eigene Impulse, das Potenzialthema stärker im Netzwerk zu adressieren, bei entsprechender Schwerpunktsetzung denkbar.

- Das Agrartechniknetzwerk *COALA* (Competence Of AppLied Agricultural Engineering) der Hochschule Osnabrück zusammen mit namhaften Agrartechnikunternehmen (u. a. Grimme, Krone, Claas, Amazone) kann wichtige, auch globale Beiträge zu Pflanzenproduktionssteigerung und Ernährungssicherung z.B. durch verbesserte Erntetechnik und Pflanzenbestandsmonitoring liefern.

- Die *Marketinggesellschaft der niedersächsischen Land- und Ernährungswirtschaft* verfügt auch über ein ausgezeichnetes Netzwerk der herstellenden Betriebe in der niedersächsischen Ernährungswirtschaft. Darüber hinaus veranstaltet die Marketinggesellschaft im Rahmen der Grünen Woche am Tag des Niedersachsenabends einen gut angenommenen Zukunftskongress, der auch Möglichkeiten bietet, neue Themen (z.B. »biobasierte Wirtschaft in Niedersachsen«) zu begleiten.

- Das durch das niedersächsische Ministerium für Ernährung, Landwirtschaft und Verbraucherschutz (ML) unterstützte Kompetenzzentrum für Nachwachsende Rohstoffe (*3N*) ist eine wichtige Anlaufstelle für Informationen zur stofflichen und energetischen Nutzung nachwachsender Rohstoffe in Niedersachsen. Im Fokus der Beratung steht eher die energetische Nutzung. Im Bereich der stofflichen Nutzung bestehen seit einigen Jahren Aktivitäten im Bereich Biokunststoffe, die als nachhaltig gelten, weil sie aus nachwachsenden Rohstoffen hergestellt werden.

- Das ML unterstützt auch das Kompetenzzentrum für Ökologischen Landbau (*KÖN*). Das Kompetenzzentrum Ökolandbau Niedersachsen führt die Aktivitäten in den Bereichen Forschung, Entwicklung und Beratung von der landwirtschaftlichen Erzeugung über die Verarbeitung bis hin zum Handel zusammen und stärkt damit den niedersächsischen Ökolandbau.

- Das Johann Heinrich von Thünen-Institut (*vTI*) Bundesforschungsinstitut für Ländliche Räume, Wald und Fischerei, gehört zum Geschäftsbereich des Bundesministeriums für Ernährung, Landwirtschaft und Verbraucherschutz (BMELV) und hat seinen Hauptsitz in Braunschweig. Es erarbeitet wissenschaftliche Grundlagen als Entscheidungshilfen für die Agrarpolitik der Bundesregierung und beschäftigt sich z.B. mit der Frage, mit welchen technischen Innovationen nachwachsende Rohstoffe effizienter genutzt werden können. Das vTI könnte für eine niedersächsische biobasierte Wirtschaft stärker als bisher für das regionale Innovationssystem nutzbar gemacht werden.

- Mit Filtersystemen und Laborausstattung liefert die *Sartorius AG* das »Know-how« und die Hardware für wesentliche Entwicklungen in der Weißen Biotechnologie.

Sartorius ist bereits Leadpartner in der »Innovationsinitiative industrielle Biotechnologie« des BMBF (s.o.). Sartorius und Symrise waren auch schon im norddeutschen Cluster »Biokatalyse 2021« in der BMBF-Ausschreibung »Bioindustrie 2021« unter einer wissenschaftlichen Konsortialführerschaft beteiligt. Eine ähnliche Rolle könnten beispielsweise die Unternehmen aus der Agrar- und Ernährungswirtschaft (z.B. KWS Saat, Nordzucker AG, Emsland Group, Symrise AG, Big Dutchman AG etc.) in ihren fachlichen Segmenten, ggf. auch im Verbund, übernehmen.

Holzheizkraftwerk

- Seit Ende 2012 läuft der *Innovationsverbund »Veredelung pflanzlicher Rohstoffe«*. Neben den Instituten für Lebensmittelchemie und Technische Chemie der Leibniz Universität Hannover ist auch das Institut für Journalistik und Kommunikationsforschung der Hochschule für Musik, Theater und Medien in Hannover beteiligt, um schon in der Forschungsphase Gesellschaftsbeteiligung und Akzeptanzfragen mit abzubilden. Darüber hinaus sind damit relevante niedersächsische Unternehmen bereits in einem Bioökonomieprojekt ganz konkret engagiert.
- Das *WeGa – Kompetenznetz Wertschöpfungskette Gartenbau* wird im Rahmen der »Hightech-Strategie« des Bundes in der Förderlinie »Kompetenznetze in der Agrarforschung« gefördert und von Hannover aus koordiniert. Die anwendungsorientierten Kompetenznetze mit internationaler Sichtbarkeit und Attraktivität sollen Beiträge für die Lösung gesellschaftlicher Probleme liefern. Die Optimierung gartenbaulicher Produktionsverfahren zur Verbesserung einer effizienten Ressourcennutzung sowie zur Qualitätssicherung und -steigerung basiert wie in keinem anderen Zweig der Pflanzenproduktion auf Fortschritten der systemorientierten Prozess- und Pflanzentechnologie. Damit kann der Gartenbau Lernfeld für intensive Produktionsmethoden bei sehr werthaltigen Inhaltsstoffen sein.

6. Weitere Schritte zur Unterstützung von Niedersachsens Weg in eine biobasierte Wirtschaft

- Die Innovationsförderung für Operationelle Gruppen (OG) und Innnovationsprojekte aus dem ML, die unter der *Europäischen Innovationspartnerschaft (EIP) für »Produktivität und Nachhaltigkeit in der Landwirtschaft«* im Europäischen Landwirtschaftsfonds für die Entwicklung des ländlichen Raums (ELER) voraussichtlich ab Ende 2014 erfolgen wird, fokussiert auch auf eine niedersächsische biobasierte Wirtschaft. Schwerpunktsetzungen erfolgen hier z.B. in den Bereichen »Tierwohl«, »Nährstoffe« und »kohlenstofffreiche Böden«.

- Die LI *NieKE* und das Netzwerk *BioRegioN* können mit *zusätzlicher* Schwerpunktsetzung »biobasierte Wirtschaft« versehen werden. Die Konsortienbildung und Begleitung von Wettbewerbsbeiträgen in Bund und EU sollte in den niedersächsischen Netzwerken weiter ins Zentrum gestellt werden.
- Bei 3N könnten auch die vorhandenen Ansätze für Projekte zur stofflichen Nutzung weiter gestärkt und dabei ggf. biotechnologische Herangehensweisen in die Nutzungsperspektive miteinbezogen werden.
- (*Bürgerbeteiligungs*-)Projekte zum *gesellschaftlichen Dialog* über neue Technologien könnten vermehrt vorgesehen werden. Hier sollte der Dialog über Herausforderungen im Strukturwandel der Agrarwirtschaft und Beiträge der Biotechnologie zur ressourcenschonenden Ökonomie in

einer biobasierten Wirtschaft (Ersatz fossiler Energie und Rohstoffträger) als Beiträge zum Klimaschutz geführt werden.

- Den *Technologietransfer* im Themenfeld Bioökonomie gezielt stärken:
  - *Gründungen und Spin-offs* im Zukunftsfeld ggf. auch durch entsprechende Infrastruktur fördern, inkl. Entwicklung neuer Geschäftsmodelle
  - *Ausbildung und Studium* (gerade auch im Hinblick auf den Fachkräftemangel im ländlichen Raum)
  - *Weiterbildung* (vgl. Facharbeitskreise im Rahmen von NieKE am DIL)
  - Spezialisierte *Technologie-Beratung* aus den Netzwerken und der Wissenschaft für Themen der biobasierten Wirtschaft ermöglichen
- *Weitere Zielmärkte* (z.B. Automobilbau, Verpackung, Baustoffe, Kosmetik, Biopharma etc.) können verstärkt auf den Ersatz fossiler Rohstoffe angesprochen werden.

Literatur

BMBF (Hrsg.): Nationale Forschungsstrategie BioÖkonomie 2030 – Unser Weg zu einer biobasierten Wirtschaft, Berlin November 2011

BMELV, BMBF, BMU, BMWi (Hrsg.): Roadmap Bioraffinerien im Rahmen der Aktionspläne der Bundesregierung zur stofflichen und energetischen Nutzung nachwachsender Rohstoffe, Berlin Mai 2012

BMBF: Pressemitteilung 53/2014: Autoreifen aus Löwenzahn; Halbzeitkonferenz zur Forschungsstrategie Bioökonomie zeigt alltagstaugliche Produkte, Berlin 5.06.2014

DECHEMA (Hrsg.): »Ein Jahr Bioraffinerie-Roadmap: Wo steht Deutschland im internationalen Vergleich?« Programm und Kurzfassungen zum 52. Tutzing-Symposium, Frankfurt 2013

Zukunftsinstitut (Hrsg.): FoodReport 2015, Frankfurt 2014

Intelligente Spezialisierung in der Region Braunschweig

J. v. Ingelheim, G. Schrödel

Thematisiert wird die Entwicklung der Region Südostnieder-sachsen der letzten Jahre. Dabei werden die Region mit ihren Stärken sowie die Herausforderungen des sozioökonomi-schen Wandels für die Region dargestellt. Deutlich wird, wie innovatives Regionalmanagement in Form der Public-private Partnerships Wolfsburg AG und Allianz für die Region GmbH maßgeblich zum heutigen Erfolg der Region beitragen.

Einhergehend mit der Globalisierung haben sich Regionen in den letzten Dekaden immer stärker zur Handlungsebene im wirtschaftli-chen und gesellschaftlichen Kontext der Bun-desrepublik Deutschland entwickelt. Gerade weil die Globalisierung ein neues, räumliches Beziehungsnetzwerk entstehen lässt, in dem bisherige nationale Steuerungsmechanis-men einen Teil ihrer Wirksamkeit einbüßen, stellt die Region als wettbewerbsfähige Einheit eine Alternative zur Steuerung der räumlichen Entwicklung dar. Lompe spricht in diesem Kontext von der Region »als eine zu-kunftsweisende politische, ökonomische und gesellschaftliche Handlungsebene mit spezi-fischen Eigenarten« (Lompe 2013, S. 7). Die Region Braunschweig bzw. »die Region Süd-ostniedersachsen« mit den Wirtschaftszen-tren Braunschweig, Salzgitter und Wolfsburg sowie den umgebenden Landkreisen gilt heu-te als exemplarisch für erfolgreiche Regio-nalentwicklung im Globalisierungskontext. Der Region ist es gelungen, spezifische Eigen-arten als Handlungsfelder zu definieren und in regionaler Einigkeit durch ein besonderes Konstrukt der Public-private-Partnerships »Wolfsburg AG« und »Allianz für die Region GmbH« weiterzuentwickeln.

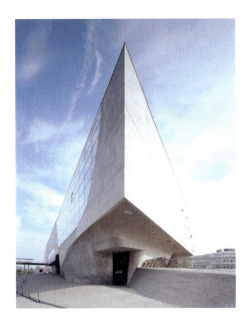

Pheno, Wolfsburg

Bevor erläutert wird, warum die Entwick-lung der Region durch intelligente Speziali-sierung einen so positiven Verlauf genommen hat, spielen die Region selbst, die in ihr be-heimateten Entwicklungs- und Innovations-potenziale und die Entstehung der besonde-ren institutionellen Situation ein Rolle.

I. Die Region Braunschweig: Tertiärisierung und Integrierte Regionalentwicklung

Wie die meisten Regionen Deutschlands ist auch die Region Braunschweig ein heterogenes Gebilde. Hinzu kommt, dass sie in ihrer geografischen Vielfalt (vom Mittelgebirge Harz bis hin zur Lüneburger Heide) auch sozioökonomisch verschieden geprägte Räume in sich vereint. Zum einen existiert die lange Tradition von Städten wie Braunschweig, Goslar oder Königslutter, die einerseits historisches Gut nationalen Ranges beherbergen und hohe Bedeutung für den Tourismus haben, andererseits eine lange wissenschaftliche Tradition aufweisen. Während diese Bereiche sich über Jahrhunderte entwickelt haben, hat die Region – dies ist im Vergleich zu anderen Regionen Deutschlands hervorzuheben – auch im 20. Jahrhundert einschneidende räumliche Veränderungen erlebt. Die junge Stadt Wolfsburg wuchs zum Konzernhauptsitz des Global Players Volkswagen heran und ist heute das ökonomische Herz der gesamten Region, dessen Hauptschlagader bis Braunschweig und Salzgitter reicht. Keine andere Region Deutschlands kann einen solchen disruptiven Wandel in ökonomischer Hinsicht vorweisen. Mit ihrer Entwicklung in den vergangenen Jahrzehnten steht die Region damit stellvertretend für die sozioökonomische Entwicklung der Bundesrepublik. Gleichzeitig spiegelt sich auch die historische Teilung Deutschlands in Südostniedersachsen deutlich wider. Von einer zentralen Lage in Deutschland wurde die Region zunächst zum Rand der Bundesrepublik, bevor es sie 1989 erneut ins Zentrum des Landes rückte. Die wichtigste Verbindung in die DDR, der Grenzübergang Helmstedt-Marienborn, erzählt als eines von vielen Denkmälern von dieser nahen Vergangenheit.

Mit der rasanten Entwicklung der Region im 20. Jahrhundert geht bis heute ein gesellschaftlicher und ökonomischer Wandel einher, der zunächst zum kontinuierlichen Wachstum der Region führte, bevor es Ende des 20. Jahrhunderts zu deutschlandweiten Krisen kam, die auch und besonders in der Region ihren Niederschlag fanden. In den 1990er Jahren sahen viele das Ende des industriellen Zeitalters gekommen. Dies war auch für den wichtigsten Arbeitgeber der Region, die Volkswagen AG, eine Zeit, die geprägt von Restrukturierungsherausforderungen war (vgl. v. Ingelheim 2013: 136). Insbesondere die Stadt Wolfsburg wies seit der Krise der Automobilbranche 1992/93 aufgrund ihrer Monostruktur eine durchgängig hohe Arbeitslosenquote von bis zu 17 % auf (trotz 4-Tage-Woche!), worunter ebenso die gesamte Region litt. Erklärung ist auch hier der sozioökonomische Wandel: »Die Globalisierung verlangte nach Produktionsstätten in den Absatzmärkten, Industriearbeitsplätze wurden verlagert, im Hochlohnland Deutschland suchte man das Heil im Dienstleistungssektor, weil sich die Produktion nicht mehr rechne. Verschärfte Absatzkrisen trafen Deutschland umso härter, als die wiedervereinigungsbedingte Sonderkonjunktur nachließ. Viele Faktoren kamen also zusammen und versetzten nicht nur die Autostadt Wolfsburg, sondern die gesamte Region in Dauerstress.« (v. Ingelheim 2013: 136).

Die »postindustrielle Gesellschaft« (Bell 1979) die der Sozialwissenschaftler Daniel Bell schon Ende der 1970er Jahre prognostiziert hatte, schien in Form einer Deindustrialisierung ohne Alternative in der Region angekommen zu sein. Doch diese Interpretation wird Bell nicht gerecht. Er spricht

Autostadt Wolfsburg

vielmehr davon, dass die postindustrielle Ära zu einem Paradigmenwechsel führt, bei dem Wissen und Innovation zum zentralen Wertschöpfungselement aufsteigen, industrielle Produktion jedoch weiter fortbesteht (vgl. Schrödel 2010: 23ff.). Diese Aussage hat sich bis heute in der Region Südostniedersachsen bestätigt. Jedoch musste Ende des vergangenen Jahrhunderts zunächst ein Weg gefunden werden, der der heutigen veränderten Wirtschaftsweise regional gerecht wird. Zunehmender Wettbewerb als Folge der Globalisierung, das Ende des kontinuierlichen demografischen und ökonomischen Wachstums und der daraus resultierende Wettbewerb um Humankapital, geführt mit Hilfe räumlicher Standortfaktoren in nationalem und internationalem Maßstab, bilden das neue Paradigma räumlicher sozioökonomischer Entwicklung. Den daraus entstehenden Wettbewerb zwischen Regionen skizziert der heutige Bundeswirtschaftsminister Sigmar Gabriel treffend, wenn er von einer Verschärfung des Wettbewerbs um Wirtschaftskraft, Arbeitsplätze und Kapital spricht. Dieser wird »nicht mehr auf der Ebene von einzelnen Städten und Landkreisen, sondern von Regionen ausgetragen [...]. Die Anforderungen an Qualität

und die Kombination der Standortbedingungen steigen.« (Gabriel 2002: 8) Die von Gabriel angesprochenen weichen Standortfaktoren, die im Wettbewerb der Regionen eine Rolle spielen, da sie aus der Region selbst zu entwickeln sind (im Gegensatz zu harten Standortfaktoren, die eher strukturpolitisch relevant sind), lassen sich generell in zwei Hauptbereiche differenzieren. Dabei handelt es sich um Lebensqualität und Arbeitsplätze.

Dies gibt Anlass zu einer Bestandsaufnahme dieser Bereiche in der Region Südostniedersachsen mit ihrem urbanen Kern Braunschweig-Salzgitter-Wolfsburg.

Lebensqualität

Tourismus und Freizeit

Freizeit- und Tourismusangebote steigern die Lebensqualität, werben für den Standort und helfen so im Wettbewerb um Fachkräfte. In der Region Südostniedersachsen existieren historische Werte, die zu Beginn des 21. Jahrhunderts eine neue Qualität erhalten, da nun auch das 20. Jahrhundert zu Geschichte wird. Gerade Wolfsburg, bisher als Stadt ohne Tradition bezeichnet, wird zu einer Stadt mit Geschichte: Die Stadt, ihre lebendigen Zeugnisse wie das VW-Werk und die gesamte Region lassen die Entwicklung und das Bestehen der gesamten Bundesrepublik begreifbar werden und stellen somit einen bisher noch unentdeckten touristischen Schatz dar. Darüber hinaus lockt die Region mit hohem Erholungspotenzial, Freizeithighlights wie der Autostadt, Spitzensport und Geschichte, die schon in der Altsteinzeit mit den in Schöningen gefundenen Speeren beginnt und sich über die Kaiserpfalz in Goslar oder die Welfen in Braunschweig bis heute nachvollziehen lässt.

Bildung

Bildung ist im Kontext der weiteren Entwicklung Deutschlands als Hochlohnland ein Kernthema. Die Region verfügt über mehrere angesehene Forschungseinrichtungen. Dabei handelt es sich zum einen um die Hochschulen TU Braunschweig, TU Clausthal, Ostfalia Hochschule für angewandte Wissenschaften und die Hochschule für bildende Künste in Braunschweig. Darüber hinaus befinden sich eine Vielzahl angesehener Forschungsinstitute in der Region. Als Beispiele können das Deutsche Institut für Luft- und Raumfahrt sowie das Niedersächsische Forschungszentrum Fahrzeugtechnik dienen.

Energie

Klimawandel und steigende Energiepreise lassen das Thema Energie im regionalen Kontext zunehmend Bedeutung erlangen. Einerseits führt Energie-und Ressourceneffizienz durch geringere Energiekosten zu einer besseren Wirtschaftssituation der Region. Andererseits steigert der umweltbewusste Umgang mit Energie die Lebensqualität in der Region. Besonders aber im Kontext von Elektromobilität ist die nachhaltige dezentrale Energieversorgung ein wesentliches Element auch für die Automobilwirtschaft der Region.

Gesundheit

Der demografische Wandel spielt gerade in der Region Südostniedersachsen eine essenzielle Rolle. Eine Gesundheitsversorgung, die älteren Menschen ein lange Zeit selbstbestimmtes Lebens erlaubt, ist ein wesentlicher Standortfaktor und natürlich auch für die Unternehmensansiedlung relevant. Darüber hinaus stellt die Gesundheitswirtschaft eine der Schlüsselindustrien des 21. Jahrhunderts und einen Teil der Diversizierungsstrategie der Region dar.

Arbeitsplätze

Automobilwirtschaft und -forschung, Verkehr

Die Region Braunschweig-Wolfsburg ist das Zentrum des niedersächsischen Mobilitätsclusters. Mit einem Weltkonzern im Automobilbau sowie weiteren international agierenden Herstellern, Zulieferern und Forschungseinrichtungen ist die Automobilindustrie der Motor für den regionalen Erfolg. Vor dem Hintergrund steigender Urbanisierung, rasanten Verkehrswachstums und zunehmender Globalisierung werden in der Region darüber hinaus neue Mobilitätskonzepte entwickelt und umgesetzt. Dabei sind die Potenziale der Region immens. Dies beweist unter anderem das Schaufenster E-Mobilität der Landes- und Bundesregierung, das mit einer Vielzahl von Projekten in der gesamten Region stark vertreten ist.

Wirtschaftsförderung und Ansiedlung

Laut Prognos Zukunftsatlas 2013 zählt der regionale Wirtschaftsraum – angeführt von Braunschweig und Wolfsburg – zu den zukunftsfähigsten in ganz Deutschland. Internationale Konzerne prägen die Region zusammen mit einem starken Mittelstand sowie weit über die Region hinaus renommierten Forschungseinrichtungen. Auf der anderen

Herzog August Bibliothek,
Wolfenbüttel

Seite gibt es strukturellen Entwicklungsbedarf. Der eingeschlagene Weg der wirtschaftlichen Diversifizierung tut der Region gut: Die unternehmerische Vielfalt hat zugenommen. So wird ganzheitlicher Wettbewerb und Dynamik in Südostniedersachsen gefördert.

2. Die Entstehung und heutige Rolle der Public-private-Partnerships Wolfsburg AG und Allianz für die Region GmbH

Dass die Region Südostniedersachsen als Hochleistungsregion gilt, ist als logische Folge der synergetischen Homogenisierung von Institutionen und Interessen innerhalb der letzten 15 Jahre zu betrachten. Die Wolfsburg AG und die Allianz für die Region GmbH sind heute das Symbol für die Fähigkeit der Region, sich auf gemeinsame Leitbilder der Standort- und Regionalentwicklung zu einigen. Prätorius führt zu diesem Prozess der intelligenten Spezialisierung aus: »Leitbilder spielen dergestalt im zunehmenden Standortwettbewerb der Regionen eine bedeutende Rolle, da sie eine wesentliche Voraussetzung für ein unverwechselbares, ein authentisches Profil sind. Im Zuge einer globalisierten Ökonomie gleichen sich [...] die ›klassischen‹ Standortausstattungen in den Wirtschaftsräumen immer mehr an [...].« (Prätorius 2002: 22)

Die Situation Ende des 20. Jahrhunderts stellte sich in der Region so dar, wie Prätorius sie skizziert. Die klassischen harten Standortfaktoren stützten ein monostrukturelles Wirtschaftssystem in der Region. Genauso wie dieses System nach einer zeit-

gemäßen Erweiterung verlangte, benötigte auch die Regionalentwicklung Leitbilder, die dem 21. Jahrhundert angepasst sind. Man spricht in diesem Zusammenhang von »weichen« Standortfaktoren wie Lebensqualität, Bildungsmöglichkeiten, Gesundheit, Nachhaltigkeit oder Fachkräfteverfügbarkeit.

Diese Themen wurden damals und werden heute in vielen Regionen diskutiert. Der Ansatz der Region Südostniedersachsen, spätestens beginnend mit Gründung der Wolfsburg AG im Jahr 1999, geht über die Schaffung einer Institution zur Wirtschafts- und Entwicklungsförderung weit hinaus.

Allein schon die Charakteristik unterschied die Wolfsburg AG von vielen anderen Public-private-Partnership-Konstrukten bis dahin. In der Satzung (§ 2 Abs. 1) wurde der Unternehmenszweck klar umschrieben: »Gegenstand des Unternehmens ist die Förderung der Wirtschaftsstruktur und Beschäftigungsentwicklung schwerpunktmäßig am Standort Wolfsburg und in der Region.« Schon damals war klar, dass die Stadt nicht isoliert gesehen werden konnte, sondern als »Autostadt« in eine Auto-Region eingebettet ist. In Salzgitter und Braunschweig manifestieren sich ebenso Volkswagen-Aktivitäten, wie die Stadt über Pendlerströme mit ihrem Umland verbunden ist.

Die Satzung wird noch konkreter: »Dies soll vor allem durch

- Förderung von Existenzgründungen
- verstärkte Ansiedlung und Betreuung von automobilnahen Industrie- und Gewerbebetrieben
- Entwicklung eines Erlebnis-/Themenparks zur Erhöhung der Attraktivität der Stadt Wolfsburg und
- Betrieb einer PersonalServiceAgentur erreicht werden.«

Viele Projekte, die auf der Agenda der Wolfsburg AG standen, wurden inzwischen erfolgreich umgesetzt (z. B. Volkswagen Arena, Zeitarbeit, Gründer- und Technologiezentrum InnovationsCampus, Designer-Outlet, Allerpark). Volkswagen und die Stadt Wolfsburg haben davon in nicht zu erwartender Weise profitiert. Wer heute Volkswagen am Unternehmenssitz Wolfsburg besucht, wird die Stadt im Vergleich zu 15 Jahren zuvor kaum wiedererkennen.

Während der Wolfsburger Erfolg von Jahr zu Jahr sichtbarer wurde, erfolgte ab 2007 ein erneuter Wandel, der noch stärker die Umfeldbedingungen von Stadt und Region einbezog. Dr. Horst Neumann war nach der personellen Neuaufstellung des Vorstands der Volkswagen AG nicht nur der Arbeitsdirektor des Konzerns geworden, sondern kümmerte sich seitdem auch im Aufsichtsrat der Wolfsburg AG wie auch der Schwestergesellschaft projekt Region Braunschweig GmbH um die regionalpolitischen Aspekte der Struktur- und Wirtschaftsentwicklung rund um die Kernstandorte Volkswagens. Im Jahr 2009 wurde die Kooperation beider Gesellschaften unter dem Dach »Allianz für die Region« beschlossen. In mehreren Klausurtagungen mit den Aufsichtsräten beider Unternehmen wurden eine 10-Jahres-Strategie und eine starke Vision geschaffen, die strukturpolitisch adäquate Antworten auf den Wandel der Wirtschaft gibt.

Zum 1. Januar 2013 firmierte die projekt Region Braunschweig GmbH in die Allianz für die Region GmbH um, zu deren 16 Gesellschaftern nun auch die Wolfsburg AG zählt und die als Public-private-Partnership inhaltlich spiegelbildlich zur Wolfsburg AG aufgebaut ist. Die Wolfsburg AG setzt daneben ihre Arbeit zur Wirtschafts- und Beschäftigungsförderung in Wolfsburg fort und übernimmt weiterhin Aufgaben für ihre Gesellschafter Volkswagen AG und Stadt Wolfsburg. Das Leitbild der Allianz für die Region GmbH ist es, die Region Braunschweig-Wolfsburg bis 2020 zur ›Referenzregion für Arbeit und Lebensqualität‹ zu machen. Dies ist ein hoher Anspruch. Die vorangehend skizzierten regionalen Rahmenbedingungen für diese Vision allerdings zeigen, dass die Umsetzbarkeit durchaus realistisch ist: Die Region gilt als die forschungsintensivste Region Europas, verfügt über vier Hochschulen, Forschungseinrichtungen des Bundes und der großen Forschungsgesellschaften, einen starken Mittelstand und natürlich Volkswagen mit drei Produktionsstandorten und dem Konzern-Finanzdienstleister Volkswagen Financial Services AG.

Seit mehr als einem halben Jahrhundert arbeiten und leben in der Region Zehntausende Menschen von und für Volkswagen. Volkswagen entwickelt sich zum innovativsten Volumenhersteller. Innovationen hängen von innovativen und begeisterten Menschen ab. Neben Volkswagen existieren Zulieferer und Hochtechnologieunternehmen aus anderen Branchen. Weitere müssen und werden hinzukommen, um die Vision vom automobilen Kraftzentrum auch geografisch kraftvoll zu verankern.

Die Menschen, von denen die erfolgreiche Umsetzung solcher Visionen und von Unternehmensstrategien abhängt, suchen neben ihrem Arbeitsplatz aber auch Lebensqualität. Im Wettbewerb um kreative Köpfe tritt die regionale Wirtschaft und »ihre« Region gegen attraktive Städte wie Berlin, Hamburg, München oder touristisch attraktive Regionen an, die ein hochwertiges Freizeitangebot haben.

Insofern war das thematische wie auch organisatorische regionale Update nur konsequent. Und dieses Update kann auf die Erfolgs- und Projektrezepte der Vergangenheit sehr gut aufbauen und sich gleichzeitig in das überaus starke Umfeld der Metropolregion Niedersachsens (Hannover-Göttingen-Braunschweig-Wolfsburg) integrieren:

- Europas forschungsintensivste Region sowie Deutschlands führendes Mobilitätscluster und zentraler industrieller Kern für Mobilität und Elektromobilität
- Führungsrolle im Bereich der internationalen Technologiemessen in Europa, zentrale Bedeutung als Messeplatz (CeBit, Hannover Messe) für Themen der Elektromobilität
- Führende Rolle Niedersachsens und der Metropolregion in der regenerativen Energieerzeugung
- In der Metropolregion entwickeln und produzieren 5.800 Betriebe mit 186.000 Beschäftigten Lösungen im Bereich Mobilität.
- Mit ihrer Mischung aus urbanen Kernen und ländlichen Gebieten ist diese Region ein repräsentativer Testmarkt.

Die Rolle Volkswagens und anderer Technologieunternehmen wird es dabei sein, neue Produkte und Technologien vorrangig oder zumindest gleichberechtigt/-zeitig in der Region zu erproben (z. B. E-Mobilität, neue Energiegewinnungskonzepte etc.). Dies vermittelt bei den Bewohnern der Region ein anderes Bewusstsein, als »nur« Arbeitnehmer eines dieser innovativen Unternehmen zu sein. Es schafft darüber hinaus eine neue Touristengruppe der Technologie-Besucher und Anreiz, sich wirtschaftlich oder privat in einer zukunftsorientierten Region anzusiedeln. So kann konstatiert werden, dass die Region mit Hilfe starker Leitbilder und wirkungsvoller Institutionen wie Wolfsburg AG oder Allianz für die Region GmbH die intelligente Spezialisierung der Region unter richtiger Adaption des sozioökonomischen Wandels zu Beginn des 21. Jahrhunderts wesentlich vorantreibt. Wirkung konnte dieses Konstrukt der Regionalentwicklung allerdings nur entfalten, weil es möglich war und ist, zwischen den vielfältigen Akteuren aus Wirtschaft, Politik und Gesellschaft Einigkeit herzustellen.

3. Erfolgsfaktoren der regionalen Entwicklung durch intelligente Spezialisierung

Eine erfolgreiche Standort- und Regionalentwicklung durch Public-private-Partnerships wie Wolfsburg AG oder Allianz für die Region GmbH bedingt die enge Zusammenarbeit zweier Partner mit unterschiedlichen Funktionslogiken – Wirtschaft und Politik. Politik und Verwaltung sind nicht nur Stakeholder, sondern direkte Shareholder der beiden Public-private-Partnerships in der Region. Die klassischen Aufgaben dieser Akteure unterscheiden sich: Während die Wirtschaft und das Unternehmen als Wirtschaftseinheit den Zweck verfolgen, unter Beachtung des ökonomischen Prinzips die Knappheit von Gütern zu verringern und über die Befriedigung menschlicher Bedürfnisse Erlöse zu erzielen, beschäftigt sich Politik mit der Vermittlung zwischen divergierenden Interessen und mit der Schaffung von Rahmenbedingungen für wirtschaftliche und private Aktivitäten des Einzelnen.

Beide Felder sind komplex miteinander verwoben. Gesetze beeinflussen unternehmerisches Handeln, die staatliche Bildungspolitik hat Auswirkungen auf die betriebliche Ressource Personal, die Einnahmen des Staates wiederum bestehen zu einem nicht unerheblichen Teil aus Unternehmenssteuern. Agieren beide nur mit dem Ziel der eigenen Nutzenmaximierung nebeneinander her, treten Reibungsverluste auf, die sich negativ für Unternehmen und die Zivilgesellschaft auswirken. Agieren beide jedoch abgestimmt und miteinander, entstehen Vorteile für die Umsetzung wirtschaftlicher Projekte, aber auch für den gesamten Sozialraum. Die Zusammenarbeit im Rahmen einer Public-Private-Partnership (PPP) fördert nach Erfahrung der Wolfsburg AG nicht nur das gegenseitige Verständnis für interne Abläufe und das Selbstbild der beteiligten Akteure. Eine gemeinsame Projektgestaltung in den Bereichen Wirtschafts- und Beschäftigungsförderung, von der Konzeption bis zur Umsetzung, trägt wesentlich zum Erfolg auf diesen Handlungsfeldern bei. Dabei sorgt die Einbindung möglichst vieler gesellschaftlich relevanter Kräfte für eine verstärkte Transparenz der Kommunikation, Organisation und der Handlungsabläufe innerhalb der Teilbereiche. Dies ist ein kritischer Faktor auf dem Weg zu einem nachhaltigen Wirtschaftswachstum.

Daneben setzt die Wolfsburg AG auch »klassische« CSR-Konzepte um. Das regionale Engagement des Unternehmens stellt ein fast symbiotisches Gleichgewicht von unternehmerischer und gesellschaftlicher Nachhaltigkeit durch innovative und kreative Projekte her. Kenntnisse über die Bedürfnisse am Standort erleichtern das Finden und Realisieren von sinnvoll in das Umfeld eingebetteten Projekten. Zu den Projekten zählt z.B. ready4work: Durch die Generierung zusätzlicher Finanzmittel und die Initiierung eines dauerhaften Bürgerengagements konnten bis Ende Juni 2013 435 zusätzliche Ausbildungsplätze für Jugendliche, die ohne diese Initiative kaum einen Ausbildungsplatz hätten finden können, in Wolfsburg und den angrenzenden Landkreisen Gifhorn und Helmstedt geschaffen werden.

Im Falle der Wolfsburg AG ist die Verantwortung gegenüber der Gesellschaft nicht nur äußere Verpflichtung, sondern im besonderen Maße existenzieller Bestandteil des unternehmerischen Managements zur Sicherung der Zukunftsfähigkeit – nicht nur des Werks, sondern des gesamten Standortes. Eine Umsetzung der speziellen Unternehmensziele der Wolfsburg AG ohne eine gesunde Vertrauensbasis zwischen Wirtschaft und Gesellschaft, zwischen Unternehmen und Bürgern, sowie ohne Transparenz bei Handlungsabläufen nach intern und extern ist nicht möglich. Nur auf dieser Grundlage des verantwortungsbewussten und transparenten Handelns ist das Ziel des wirtschaftlichen Aufschwungs zu bewerkstelligen.

In der Literatur wird die Besonderheit der Wolfsburg AG wie folgt gewürdigt: »Die Wolfsburg AG ist Motor und Marke des Wandels zugleich. Schneller als die Stadtverwaltung, mächtiger als eine Wirtschaftsförderungsgesellschaft, entschlossener als jede Corporate-Citizen-Initiative eines Unternehmens.« (Willenbrock 2001: 107) Einen anderen Akzent setzt Wulf Tessin in seiner Einschätzung: »Damit ist die Wolfsburg AG einerseits ein weitgehend typisches Beispiel für heute weithin üblich gewordene Public-private-Partnership-Modelle [...], andererseits ist sie ein absoluter Sonderfall schon allein von der komplexeren Aufgabenstellung her. Gegenstand des Unternehmens ist nicht die Durchsetzung einer konkreten städtebaulichen Entwicklungsmaßnahme, nicht der Betrieb einer Einrichtung der Abfallwirtschaft, der Stadtentwässerung oder des Flugverkehrs o. Ä., sondern sehr viel umfassender: kommunale Beschäftigungs- und Strukturförderung. Ja, mit Blick auf das Unternehmensziel ›Erhöhung der Attraktivität der Stadt Wolfsburg‹ (bei extensiver Auslegung) zielt die Wolfsburg AG potenziell auf Stadtentwicklungspolitik schlechthin. Darin liegt ohne Frage eine Einmaligkeit der Wolfsburg AG.« (Tessin 2003: 141)

Auch die Allianz für die Region ist in ihrer Gestalt einmalig. Sie nimmt für die Region die Rollen des Machers, Trendsetters, Beraters und Koordinators ein. Dazu schafft sie unter ihrem Dach das Commitment der Verantwortlichen, Kirchturmpolitik durch Kooperation zu ersetzen. Sie bildet eine Matrix für die gesamte Region und sorgt so dafür, dass sich die vielen guten Angebote und Entwicklungsperspektiven nicht gegeneinander abschotten, sondern koordiniert auftreten und somit im Ergebnis für mehr Zustrom, mehr Wirtschaftskraft und mehr Profil sorgen. Auf dieser Basis wird die enge Zusammenarbeit zur Schaffung von Arbeitsplätzen und zur Steigerung der Lebensqualität in der gesamten Region Südostniedersachsen fortgesetzt, die schon heute hohe Kompetenzen in den Bereichen Leben und Arbeiten hat (vgl. von Ingelheim 2013: 142). Ziel ist es, das regionale Leitbild umzusetzen und von der heutigen Kompetenzregion zur Referenzregion für Arbeit und Lebensqualität zu werden, indem die Stärken der Region in den genannten Handlungsfeldern kontinuierlich ausgebaut werden. Intelligente Spezialisierung in der Region Südostniedersachsen – ein erfolgversprechender Weg.

Literatur

Gabriel, S.: Regionalisierung aus landespolitischer Sicht. Starke Regionen – Potenziale für ein zukunftsfähiges Niedersachsen. In: T Braunschweig (Hrsg.): Südostniedersachsen – Eine Region entwickelt sich. Braunschweig 2002.

von Ingelheim, J.: Allianz für die Region: Zukunft der Regionalentwicklung. In: Algermissen (Hrsg.): Vom Projekt »reson« zur »Allianz für die Region GmbH«. Braunschweig 2013.

Lompe, K.: Die Region als neues Handlungsfeld. In: Algermissen (Hrsg.): Vom Projekt »reson« zur »Allianz für die Region GmbH«. Braunschweig 2013.

Prätorius, G.: Verkehrskompetenzregion als Leitbild für die Region Südostniedersachsen: Vision und reale Umsetzung. In: T Braunschweig (Hrsg.): Südostniedersachsen – Eine Region entwickelt sich. Braunschweig 2002.

Prognos Zukunftsatlas 2013: http://www.prognos.com/publikationen/atlasreihe/zukunftsatlas-2013-regionen/

Schrödel, G.: Erlebnisgesellschaft in Wolfsburg – Freizeitkulturen und Stadtentwicklungspolitik seit 1990. Stadt Wolfsburg (Hrsg.), Appelhans Verlag, Braunschweig 2010.

Tessin, W.: Kraft durch Freude? Wolfsburgs Weg aus der Arbeits- in die Erlebnisgesellschaft. In: Planungsrundschau, H. 8, Kassel 2003, S. 135–148

Willenbrock, H.: Wolfsburg, wir haben ein Problem. In: McK Wissen 01, S. 100–108, http://www.wissen.brandeins.de/magazine/mck-wissen/01-cluster/inhalt.html, 2001.

Innovationsregion Südniedersachsen – eine langfristige regionalökonomische Strategie

Kilian Bizer, Julia Brüggemann

Die Region Südniedersachsen steht in den nächsten Jahren aufgrund des demografischen Wandels und seiner Folgen vor großen Herausforderungen. Dieser Artikel zeigt eine regionalökonomische Strategie auf, um Südniedersachsen mit Hilfe der vorhandenen Strukturen durch stärkere Vernetzung der Akteure zu einer Innovationsregion umzugestalten, um Arbeitsplätze in der Region zu sichern und zu schaffen.

I. Einleitung

Die Region Südniedersachsen mit den Landkreisen Göttingen, Goslar, Holzminden, Northeim und Osterode am Harz ist eine der wirtschaftlich strukturschwächsten Regionen in Niedersachsen und in ganz Deutschland. Die Landkreise Holzminden, Northeim, Osterode verzeichnen sowohl eine geringe Gründungsdynamik als auch geringes Beschäftigungswachstum. Im Landkreis Goslar ist v. a. das geringe Beschäftigungswachstum ein Problem; in Bezug auf die Gründungsdynamik steht der Landkreis wegen der Technischen Universität (TU) Clausthal etwas besser da. Daraus ergibt sich in all diesen Landkreisen eine hohe wirtschaftliche Krisenanfälligkeit. Lediglich der Landkreis Göttingen, zu dem auch die Stadt Göttingen mit ihren Hochschulen gehört, zeigt keinen besonderen Handlungsbedarf im Bereich der Wirtschaftsentwicklung in Südniedersachsen. Damit in Verbindung stehend verzeichnet die Region in den letzten Jahren die höchsten Bevölkerungsverluste im Land Niedersachsen (Schiller et al. 2014a: 13, 35).

Diese kurz skizzierte demografische und wirtschaftliche Entwicklung zeigt deutlich den Handlungsbedarf für die Region Südniedersachsen. Es stellt sich daher die Frage, wie eine regionalökonomische Strategie für die Region Südniedersachsen mit den gegebenen Standortfaktoren aussehen kann. Im Folgenden wird gezeigt, dass es mit den ansässigen Wissenschaftseinrichtungen, Unternehmen, Hochschulen und kommunalen Trägern möglich ist, einen Verbund für Innovationen zu schaffen und die Region mit den bereits vorhandenen wirtschaftlichen und wissenschaftlichen Strukturen zu einer Innovationsregion mit innovationsstarken Unternehmen zu entwickeln. Potenziale birgt die Region dabei im Hinblick auf qualifizierte Fachkräfte, kleine und mittlere Unternehmen (KMU) und die Hochschulen. Dabei steht nicht nur die klassische Förderung von Kooperationen zwischen Wissenschaft und Unternehmen – und damit die Verwertung von Forschung für technische Innovationen – im Vordergrund, sondern auch die Förderung von bislang wenig innovativen KMU durch einen breit angelegten Wissenstransfer aus den Hochschulen in für KMU zugänglichen Formaten. Aus diesem Grund wird hier im Folgenden kein enger Innovationsbegriff, der lediglich (radikale) Produkt- und Prozessinnovationen umfasst, genutzt. Es wird vielmehr von einem Innovationsbegriff ausgegangen, der adäquater für KMU ist und sowohl Produkt- und Prozessinnovationen als auch (inkrementelle) Dienstleistungs- und Organisationsinnovationen einbezieht.

Im nächsten Kapitel wird die derzeitige wirtschaftliche Lage in Südniedersachsen näher beschrieben, um daraufhin die bislang erkennbare Strategie der Landesregierung Niedersachsen für Südniedersachsen zu erläutern. Als alternativer Zugang dazu wird in Kapitel 4 die regionalökonomische Strategie der SüdniedersachsenStiftung vorgestellt, die für Südniedersachsen das Ziel einer Innovationsregion voranstellt, und in Kapitel 5 konkrete Schritte zur Entwicklung der Innovationsregion skizziert. Der Beitrag schließt mit einem Fazit.

2. Wirtschaftliche Lage in Südniedersachsen

Die wirtschaftliche Strukturschwäche der Region Südniedersachsen lässt sich nicht nur an der erwähnten geringen Gründungsdynamik sowie dem geringen Beschäftigungswachstum im Vergleich zum restlichen Niedersachsen ablesen, sondern auch an der

geringen Kaufkraft und der hohen Armutsgefährdung der Bevölkerung in den Landkreisen Holzminden, Goslar und Osterode (Schiller et al. 2014a: 32f.). Des Weiteren leiden die Landkreise Goslar und Northeim unter geringen Steuereinnahmen sowie, wie auch

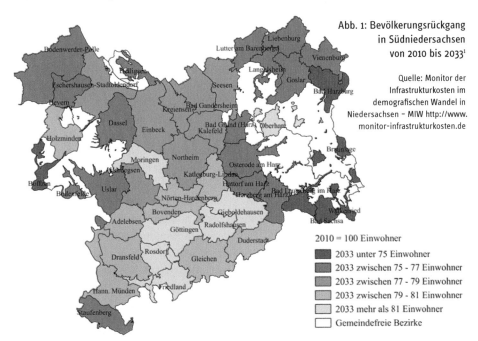

Abb. 1: Bevölkerungsrückgang in Südniedersachsen von 2010 bis 2033[1]

Quelle: Monitor der Infrastrukturkosten im demografischen Wandel in Niedersachsen – MIW http://www. monitor-infrastrukturkosten.de

2010 = 100 Einwohner

■ 2033 unter 75 Einwohner
■ 2033 zwischen 75 - 77 Einwohner
■ 2033 zwischen 77 - 79 Einwohner
▨ 2033 zwischen 79 - 81 Einwohner
□ 2033 mehr als 81 Einwohner
□ Gemeindefreie Bezirke

die Landkreise Holzminden und Osterode, unter Problemen bei der Haushaltsdeckung der kommunalen Finanzen. Damit in Verbindung stehend verzeichnet die Region in den letzten Jahren die höchsten Bevölkerungsverluste im Land Niedersachsen (ebd.: 13). Wie Abbildung 1 am Beispiel des Einwohnerverhältnisses des Jahres 2010 zum Jahr 2033 zeigt, wird sich dieser Trend zukünftig so fortsetzen und alle Verwaltungseinheiten in Südniedersachsen verlieren Einwohner.

Der im Verhältnis geringere Rückgang an Einwohnern in der Stadt Göttingen und den umliegenden Verwaltungen kann auf die Funktion und Ausstrahlung von Göttingen als zentralem Wirtschafts- und Oberzentrum Südniedersachsens sowie den für Studierende und Lehrende attraktiven Hochschulstandort zurückgeführt werden. Dies gilt in geringerem Maße auch für das Mittelzentrum Holzminden bzw. den Universitätsstandort Oberharz mit der TU Clausthal.

Der Bevölkerungsrückgang ist weniger durch eine natürliche Entwicklung bestimmt, sondern vielmehr Ergebnis der Abwanderung. Wanderungsbewegungen sind Indikatoren für die Attraktivität einer Region und daher zunächst Symptom von im Vergleich zu anderen Regionen sich relativ verschlechternden sozioökonomischen Rahmenbedingungen. Abwanderung entwickelt sich aber schnell zu einem Hemmnis für regionale Entwicklung, da Einkommen und Nachfrage sinken und der Fachkräftebedarf aufgrund der Abwanderung jüngerer Bevölkerungsschichten steigt, wodurch Schrumpfungs- und Alterungsprozesse zusätzlich beschleunigt werden. So wird eine Abwärtsspirale begünstigt, die zu weiterer Abwanderung, Absinken des Erwerbspersonenpotenzials und damit weiter sinkender Wirtschaftsleistung und einem wenig dynamischen Arbeitsmarkt führt. Die Folgen sind stark steigende Pro-Kopf-Kosten für die Instandhaltung der Infrastrukturen

und der Einrichtungen der Daseinsvorsorge, geringe Kaufkraft und eine angespannte kommunale Finanzsituation, was wiederum die Attraktivität der Region weiter schwächt und strukturelle Probleme verschärft. (Schiller et al. 2014a: 11; 2014b: 92)

Diese Problematik tritt in Südniedersachsen aufgrund der peripheren Lage so stark wie in keinem anderen Teil Niedersachsens auf und wird dadurch vergrößert, dass angrenzende Regionen sowohl innerhalb Niedersachsens als auch in den angrenzenden Bundesländern ebenfalls entwicklungsschwache Regionen sind. Südniedersachsen liegt daher in relativ großer Distanz zu dynamischen Wachstumszentren, deren Wachstumsimpulse auf die Region ausstrahlen könnten (Schiller et al. 2014a: 14).

Ein Blick auf die Wirtschaftsstruktur in Niedersachsen verdeutlicht insgesamt die Stärken und Schwächen: Im Hinblick auf die Innovationskraft konnte Niedersachsen zwischen 2000 und 2012 laut Innovationsindikator der Telekom-Stiftung, des BDI, des ISI, der UNU-MERIT und des ZEW seine Innovationsleistung erhöhen, wie der Anstieg des Innovationsindikators von 45 auf 54 Punkte zeigt (Telekom-Stiftung et al. 2013: 35). Dies liegt vor allem am Bildungssystem und den staatlichen Anstrengungen zur Förderung von Innovationen (ebd.: 38). Dennoch liegt Niedersachsen damit im Ländervergleich weiterhin nur im Mittelfeld und unter dem deutschen Durchschnittswert (siehe Abb. 2).

Im niedersächsischen Vergleich verzeichnete Südniedersachsen hingegen je 10.000 Einwohner im erwerbsfähigen Alter überdurchschnittlich viele Patentanmeldungen zwischen 2005 und 2010 (Schiller et al. 2014b: 81–83, 92).

In Bezug auf die Unternehmensgröße und Innovationskraft geben bei der Selbsteinschätzung, ob ihr Unternehmen innovativ (Produkt- und Prozessinnovationen) sei,

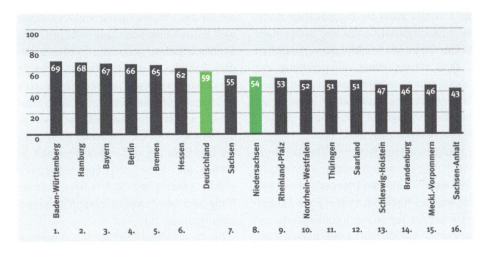

Abb. 2: Wert des Innovationsindikators nach Bundesländern, 2012
Quelle: eigene Darstellung nach Telekom-Stiftung et al. 2013, S. 31

100 % der Großunternehmen (ab 500 Beschäftigte) in Niedersachsen ›Ja‹ an. Damit nimmt Niedersachsen im Vergleich mit den anderen Bundesländern die Spitzenposition ein. Bei mittleren Unternehmen (50–499 Beschäftigte) liegt der Anteil der Unternehmen, die angeben, innovativ zu sein, noch bei knapp 80 %. Allerdings geben niedersächsische Unternehmen mit 10 bis 49 Beschäftigten (kleine Unternehmen) mit 47 % der befragten Unternehmen im Vergleich zu Unternehmen anderer Bundesländern unterdurchschnittlich oft an, innovativ zu sein (Bertelsmann 2009: 10f.). Damit hält Niedersachsen in diesem Bereich – hinter allen neuen Ländern – die rote Laterne.

Bei der Betrachtung des Qualifikationsniveaus schneidet der Landkreis Göttingen aufgrund der Hochschul- und Forschungsstandorte gut ab. Unter den Beschäftigten in der Wirtschaft weist Südniedersachsen mit 12 FuE-Beschäftigten je 1.000 sozialversicherungspflichtig Beschäftigte im Jahr 2009 einen vergleichsweise hohen Anteil auf.[2]

3. Strategie der Landesregierung für Südniedersachsen

Die Landesregierung Niedersachsen hat es sich aufgrund dieser Problemlage zur Aufgabe gemacht, regionale Disparitäten innerhalb Niedersachsens abzubauen. Dies wird in den nächsten Jahren eine zentrale politische Herausforderung, da es deutliche Unterschiede sowohl in der ökonomischen als auch der demografischen Entwicklung zwischen dem Westen Niedersachsens und den Großstädten einerseits sowie weiten Teilen im Norden, Osten und Süden des Landes andererseits gibt (Landesregierung 2014a: 2). Aus diesem Grund wird die Regionalförderung neu ausgerichtet und setzt zusätzlich zum Instrument des Multifondsprogramms der EU in der Landesentwicklungspolitik im Rahmen der Strategie 2020 der Europäischen Union auf einen regionalisierten und integrativen Ansatz. Dieser soll den Regionen erheblichen Einfluss auf Initiierung, Koordinierung und Durchführung von Fördermaßnahmen geben und verschiedene institutionelle Verwaltungs- und Förderstränge auf EU-, Bundes- und Landesebene verknüpfen (ebd.: 15).

Infolge der besonderen Betroffenheit durch den demografischen Wandel und die natürlichen Nachteile aufgrund der peripheren Lage des Raumes Niedersachsen will die Landesregierung die Region durch ein Sonderförderprogramm Südniedersachsen unterstützen (Landesregierung 2014b: 3). Die Landesregierung versteht unter Südniedersachsen die Landkreise Göttingen, Osterode am Harz, Goslar, Northeim und Holzminden. Diese Landkreise verfügen jedoch – noch – nicht über gemeinsam gewachsene Kooperationsstrukturen, sondern sind abgesehen von den fusionierenden Landkreisen Göttingen und Osterode derzeit lediglich punktuell in Kooperationsprojekten mit den anderen Landkreisen verbunden.[3] Durch eine Fördersumme in Höhe von 50 Mio. € sollen »konsequent drei Schwerpunkte gesetzt [werden], die den besonderen Herausforderungen der Region Rechnung tragen: 1. Wirtschaftsstrukturelle Stabilisierung und Stärkung der Region. [...] 2. Erhalt und Sicherung zukunftsfähiger und lebenswerter Städte und Dörfer durch Sicherung der Daseinsvorsorge. [...] 3. Stärkung der Selbststeuerungsfähigkeit der Region« (Niedersächsische Staatskanzlei 2014). Im Entwurf des EFRE/ESF-Multifonds-Operationelles Programm heißt es weiter, dass strukturelle Schwächen mit einem langfristig orientierten und auf Nachhaltigkeit ausgerichteten Maßnahmenpaket ausgeglichen werden sollen, um neue Wachstumspotenziale zu schaffen. Dabei könne der Landkreis Göttingen mit der Universitätsstadt Göttingen durch die bereits vorhandenen Struktu-

ren für die anderen Landkreise Innovations- und Entwicklungspotenziale eröffnen. Das Südniedersachsenprogramm ziele ferner darauf ab, die Kooperationskultur in der Region zu verbessern und regionale Ressourcen zu bündeln, um die wirtschaftliche Strukturschwäche durch nachhaltiges Wachstum zu überwinden. Ziel ist, einerseits die Innovationsfähigkeit der regionalen Wirtschaft zu stärken, aber andererseits auch die Attraktivität der Landkreise in Südniedersachsen als Wohn- und Arbeitsorte zu steigern (Landesregierung 2014b: 3f.).

Die Themenfelder für das Südniedersachsenprogramm bleiben im Operationellen Programm selbstverständlich noch vage und reichen von der Stärkung der Innovationskraft von KMU über eine bessere Vernetzung der Bildungs- und Hochschullandschaft mit der Regionalwirtschaft bis hin zum Ausbau der informations- und kommunikationstechnologischen Infrastruktur (ebd.: 4). Förderwürdig seien nur Projekte, die den Zielen der Regionalen Handlungsstrategie des Raumes entsprechen (ebd.).

Ein Blick in den Entwurf der Regionalen Handlungsstrategie endet in der Irritation: Von den oben genannten Zielen ist kaum mehr die Rede. Da der überwiegende Teil Südniedersachsens dem Landesbeauftragten der Regierung Braunschweig unterstellt ist (der Landkreis Holzminden zählt nicht dazu), gibt es derzeit nur einen Entwurf einer Regionalen Handlungsstrategie für die gesamte Region Braunschweig (ArL 2014) – Südniedersachsen erscheint nicht einmal einer spezifischen Handlungsstrategie wert. Der Entwurf fokussiert auf die Automobilregion Braunschweig und stellt für die peripheren Räume Südniedersachsens vor allem die Sicherung der Daseinsvorsorge als ein strategisches Konzept für die wirtschaftliche Entwicklung heraus. Allein diese Vorgehensweise zeigt eine relative Konzeptlosigkeit für Südniedersachsen:

Einerseits wird die Region gut begründet als besonders entwicklungsbedürftig eingestuft, aber andererseits wird es als nicht notwendig erachtet, für diesen Teilraum die spezifischen Stärken herauszuarbeiten, um daran anknüpfend eine wirkliche Innovations- und Wachstumsstrategie zu entwickeln. Eine für diesen Teilraum weitgehend auf Daseinsvorsorge abhebende Regionale Handlungsstrategie verkennt den Ernst der Lage und greift zu kurz.

Gemessen an den Zielen der Landesregierung für Südniedersachsen wäre für die Region zentral, langfristige Strukturen zu etablieren, die alle relevanten Träger in einer regionalökonomischen Strategie auf Dauer einbinden, und sie zu einem abgestimmten Vorgehen innerhalb der Region anzureizen. Eine solche langfristige Strategie, die primär auf Stärkung der Innovationskraft der Region ausgelegt sein muss, ist im Entwurf des Operationellen Programms (Landesregierung

2014a; b) noch vorhanden, aber findet sich bislang nicht im Entwurf der Regionalen Handlungsstrategie (ArL 2014), die für den Teilraum Südniedersachsen genau genommen gar keine Strategie erkennen lässt. Im bestehenden wirtschaftlichen Umfeld ist Daseinsvorsorge jedoch für ländliche Räume eine nachsorgende und die Abwanderung lediglich begleitende Mittelverwendung. Die ohnehin knappen Mittel müssten vielmehr für eine proaktive Entwicklung der Wachstumspotenziale genutzt werden, um so viel Wachstum wie möglich zu induzieren. Um die Innovationskraft in Südniedersachsen zu stärken, sollte das Land die mit innovativen Ansätzen bereits begonnene Vernetzung von Hochschulen und Unternehmen als den zentralen Punkt hervorheben, um die Hochschulen stärker für Unternehmen zu öffnen – und die Unternehmen aufzufordern, den Kontakt zu suchen und Kooperationen einzugehen.

4. Strategie der Region Südniedersachsen

Ziel der regionalökonomischen Strategie der SüdniedersachsenStiftung ist es, Südniedersachen mit den fünf Landkreisen und dem Oberzentrum Göttingen zu einer Innovationsregion mit hoher Innovationsdynamik zu entwickeln, die Innovationsleistung der Unternehmen auf Dauer zu steigern und so für nachhaltiges Wachstum in der Region zu sorgen. Die starken Patenanmeldungen in Südniedersachsen zeigen an, dass es dafür eine solide Basis gibt. Dazu vereint das Strategiepapier alle relevanten Akteure der Region[4], um in einem Bottom-up-Prozess die Herausforderungen der Region anzugehen. Welche Themen für die Region relevant sind und welche Stärken für die Entwicklung zu einer Innovationsregion bereits vorhanden sind, veranschaulicht Abbildung 3, die auch neue Strukturelemente vorstellt.

Die fünf Themenbereiche sind über einzelne Wirtschaftssektoren hinweg von Bedeutung für die Unternehmen und führen zu übergreifenden Maßnahmen. Dabei ist die Technologie- und Innovationsförderung auf die Bedürfnisse der Unternehmen und die Leistungsfähigkeit der Bildungs- und Forschungseinrichtungen abzustimmen. Dem zentralen Problem des Fachkräftebedarfs auf Seiten der Unternehmen ist durch gemeinsame Maßnahmen zwischen Bildungseinrichtungen und Unternehmen zu begegnen. In enger Verbindung dazu steht die Frage nach der Attraktivität der Region in Bezug auf Wohnen und Leben im ländlichen Raum mit der dortigen sozialen und technischen Infrastruktur. Wichtige Wirtschaftsfaktoren sind auch der Tourismus und die Kultur- und Kreativwirtschaft, um die Sichtbarkeit der

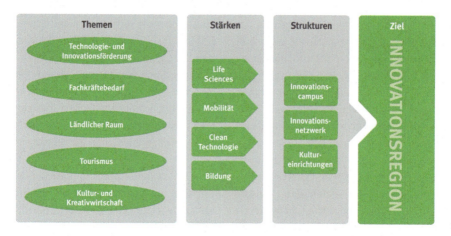

Abb. 3: Innovationsregion Südniedersachsen: Fünf Themen, vier Stärken, drei Strukturelemente – ein Ziel
Quelle: Eigene modifizierte Darstellung nach SüdniedersachsenStiftung 2014, S. 7

Region zu verstärken (Südniedersachsen-Stiftung 2014: 30).

Bei der Entwicklung solcher Maßnahmen stehen vier Stärken der Region im Mittelpunkt, die sich als Anknüpfungspunkte für die Innovationsstrategie anbieten. Die Stärke Life Sciences weist exzellente Forschungseinrichtungen, weltmarktführende Unternehmen und gut zusammenarbeitende Netzwerke auf. Dabei umfasst diese Stärke die Wirtschafts- und Wissenschaftsbereiche Gesundheit, Neuroscience, Medizintechnik, Biotechnologie, Spezialchemie, Orthobionik, Rehabilitation sowie Geriatrie. Die Stärke Mobilität wiederum besteht aus den Bereichen Logistik, Automotive, Informations- und Kommunikationstechnologie sowie Verpackung, die bereits vielfältige Verbindungen zu Forschungseinrichtungen und Hochschulen geknüpft haben. Die Stärke Clean Technology trägt zu nachhaltigem technologischem Fortschritt bei, da durch Kooperation von Forschungseinrichtungen und Unternehmen Beiträge zur Ressourcen- und Energieeffizienz geleistet werden. Die Stärke Bildung wird durch die verschiedenen Hochschulen offensichtlich, die bis weit

über die Region hinaus Anziehungskraft für junge Menschen entfalten und so die Region mit qualifizierten Absolventen versorgt. In den vergangenen Jahren wurden zahlreiche Projekte aus diesen Stärken durch Landesmittel gefördert, wodurch sich tragfähige Netzwerkstrukturen und Cluster entwickelt haben, die oft enge Kooperationen mit öffentlichen Einrichtungen der Region aufweisen (ebd.: 29f.).

Drei Strukturelemente in Südniedersachsen müssen diese Themen und Stärken in Zukunft entwickeln: der Südniedersachsen-Innovationscampus (SNIC), ein übergreifendes Gründungs- und Innovationsnetzwerk sowie Kultureinrichtungen, die als Leuchttürme für die Standortentwicklung und die Sichtbarkeit der Region sorgen. Entscheidend ist dabei der Südniedersachsen-Innovationscampus (SNIC). Die Region hat in der Vergangenheit viele positive Erfahrungen mit projektorientierten Initiativen gesammelt, jedoch besteht derzeit ein hoher Koordinationsaufwand für die einzelnen Akteure durch die Vielzahl von Ansprechpartnern in den unterschiedlichen Initiativen und Netzwerken. Um für mehr Transparenz zu sorgen, kann der SNIC als ein inhaltliches Koordinationszentrum für die Wirtschaftsregion Südniedersachsen dienen. Im SNIC sollten Unternehmen, Hochschulen, Forschungseinrichtungen, kommunale Wirtschaftsförderer, Industrie- und Handelskammer und Handwerkskammer die Prozesse in der Region koordinieren und durch diese als dauerhafte Netzwerk- und Leitinstanz zwischen den Akteuren der Region einen engen Verbund schaffen. Dies wird möglich, indem im SNIC die Akteure und Institutionen der Wirtschaftsregion regelmäßig vertreten und persönlich füreinander ansprechbar sind. Idealerweise koordiniert der SNIC auf diese Weise regionale Innovationsnetzwerke und begleitet sie, verknüpft und erweitert vorhandene Netzwerke und baut vor allem die Kooperation zwischen Unternehmen und Hochschulen der Region aus. Nach außen kann der SNIC auch als zentrale Anlaufstelle fungieren (ebd.: 10f.).

Sinnvoll ist dieser Ansatz, da klassische Förderinstrumente der Regionalpolitik meist auf ohnehin innovationsoffene Unternehmen zugeschnitten sind. Damit sind sie für die Innovationsschwäche kleiner und mittlerer Unternehmen (KMU), wie sie in Südniedersachsen überwiegend vorkommen, nur bedingt hilfreich, da KMU oft keine eigene Forschungs- und Entwicklungsabteilung besitzen (Rammer et al. 2010: 169–171). Zur Förderung von (bislang wenig innovativen) KMU muss daher der Zugang zu innovationsrelevanten Kenntnissen sowie die Innovationskompetenz der KMU ausgebaut werden. Erst durch ein koordiniertes Vorgehen zwischen den Hochschulen und Unternehmen ist die Entwicklung und Umsetzung der erforderlichen Formate möglich.

Im Ergebnis wird ein solches Innovationsnetz langfristig für nachhaltiges Wachstum und die Steigerung der Zukunftsfähigkeit und Attraktivität der Region sorgen. Ohne übergreifende und langfristige Strukturen, die Wissenschaft, Wirtschaft und kommunales Handeln verknüpfen, bleibt aber jede Strategie zu kurzsichtig. Erst durch die verstärkte Kooperation dieser drei Akteursgruppen ist wissenschaftliche Expertise den Unternehmen der Region leichter zugänglich, während die Wissenschaft stärkeren Praxisbezug erfährt, der ebenfalls die Innovationstätigkeit befördert. (SüdniedersachsenStiftung 2014: 8)

5. Konkrete Ansatzpunkte für regionale Strukturen

Mit dem in der regionalökonomischen Strategie genannten Südniedersachsen-Innovationscampus (SNIC) schafft die Region ein Dach, unter dem eine Kooperation in verschiedenen Bereichen erfolgt. Diese Bereiche können sein: 1. das Unternehmensnetzwerk der Hochschulen, 2. das Innovations- und Gründungsnetzwerk sowie 3. ein regionales Willkommenszentrum, das die Funktionen Arbeitgeberbranding und Fachkräftesicherung unterstützt.

1. Hochschulen und Forschungseinrichtungen entwickeln technische im Sinne von natur- und ingenieurwissenschaftlichen Lösungen sowie sozialwissenschaftliche Erkenntnisse, die für Unternehmen wichtig sind. Bislang finden aber die Erkenntnisse zu langsam und zu selten in die Unternehmen. Um dies zu ändern, stärkt das Unternehmensnetzwerk, ein Zusammenschluss von Unternehmensvertretern und Unternehmensverbandsvertretern

sowie Hochschulen, mittels einer Vielzahl von Instrumenten den Austausch zwischen Hochschulen und Unternehmen (Bizer et al. 2008). In der Vergangenheit hat die Universität Göttingen z.B. über einen KMU-Beirat mit rund zwölf Mitgliedern verschiedene Formate entwickelt, die diesen Austausch fördern, indem sie an verschiedenen Ebenen anknüpfen: So nutzen Praxisforen Ergebnisse von KMU-relevanter Forschung, die von Professoren und Professorinnen in sieben Minuten langen Impulsvorträgen anschaulich präsentiert werden. Anbahnung von intensiverem Austausch geschieht während des wissenschaftlichen Speeddating, bei dem durch geeignete Vorauswahl Unternehmer mit Forschern (Promovierenden) zusammentreffen. Entsteht dabei ein gegenseitiges Interesse, kann im Rahmen von zwei bis sechs Monaten eine Förderung von Praxisforschern (Promovierenden) oder Praxisarbeiten (Abschlussarbeiten von Bachelor- und Masterstudierenden) die Beantwortung einer zusammen entwickelten Frage ermöglichen. Diese Instrumente münden alle in eine enge Kooperation, die in den besten Fällen zu größeren Projekten mit den Hochschulen oder zur Einstellung der Person im Unternehmen geführt haben.

2. Damit Südniedersachsen Innovationsregion werden kann, muss Technologie- und Innovationsförderung intensiv betrieben werden. Direkte Innovationskraft geht dabei u. a. von Unternehmensgründungen (aus Hochschulen) aus. Im Innovationsnetzwerk sind die Aktivitäten zu Ausgründungen aus Hochschulen und die Gründungsförderung der kommunalen Wirtschaftsförderung und der Kammern zusammenzuführen, um Kompetenzen zu bündeln und den gegenseitigen Aus-

tausch zu fördern. Diese Bündelung erfolgt bislang auf lokaler Ebene in Göttingen einerseits sowie zwischen der TU Clausthal und den Landkreisen Osterode und Goslar andererseits. Um das Gründungspotenzial aber langfristig zu verbessern, bedarf es der Entwicklung einer Gründungsakademie, die über Entrepreneurship Education das Interesse von Auszubildenden und Studierenden weckt, den Pfad der Selbständigkeit zu beschreiten. Diese Form der Vorbereitung auf Unternehmertum ist sinnvoll zu bündeln und die spezifischen Kompetenzen der TU Clausthal, der Universität Göttingen, der Privaten Fachhochschule Göttingen und der Hochschule für angewandte Wissenschaft und Kunst sind zu vereinen, um ein entsprechendes integriertes Lehr-, Initiierungs-, Beratungs- und Betreuungsangebot zu entwickeln und durchzuführen. Die Hochschulen müssen für die Unternehmen einen einheitlichen Ansprechpartner schaffen, um die Zugänglichkeit der Hochschulforschung zu vereinfachen (SüdniedersachsenStiftung 2014: 22). Um Potenziale für Ausgründungen und Innovationskooperationen zu heben, müssen Gründer- und Innovationsscouts über das Gründungsnetzwerk an den Hochschulen eingeführt werden (ebd.: 22f.).

3. Durch die vielfältigen Bildungseinrichtungen gelingt es in der Region, junge Leute für ihre Ausbildung an die regionalen Hochschulen zu holen. Oft wandern die Absolventen als hoch qualifizierte Arbeitskräfte aus der Region wieder ab. Einerseits liegt dies an der fehlenden Arbeitsnachfrage, andererseits aber auch an der fehlenden Bekanntheit regionaler Unternehmen unter den Absolventen (ebd.: 18). Fachkräftesicherung umfasst sowohl die Gewinnung sowie das Halten von qualifiziertem Per-

sonal als auch das Arbeitgeberbranding. Dabei darf der Fokus nicht nur auf Hochschulabsolventen gerichtet werden, da in technischen und naturwissenschaftlichen Ausbildungsberufen sowie im Handwerk ein zunehmender Fachkräftebedarf zu verzeichnen ist. Diese Facharbeiter bilden in weiten Branchen des Mittelstandes die Grundlage für weitere Expansion und Umsetzung innovativer Entwicklungen. In diesen Feldern gibt es ebenfalls eine Reihe von Initiativen wie die Fachkräftekonferenz Südniedersachsen. Um aber den Schritt zu einer Willkommenskultur der Region und Dienstleistungen für diverse Gruppen (Zugezogene aus Deutschland, Zugezogene aus aller Welt) zu entwickeln, müssen die Kräfte gebündelt werden, um entsprechende Webseiten, Apps u.a.m. erfolgreich umsetzen zu können. Fachkräftesicherung und Arbeitgeberbranding erfordern die enge Abstimmung von Unternehmen und öffentlichen Einrichtungen. Insbesondere bei dem Vorhaben, ausländische Jugendliche für eine Lehre oder ein Studium in der Region zu gewinnen, können Hochschulen und Unternehmen von einem gemeinsamen Angebot profitieren. Dabei kann an Projekte wie Adelante angeknüpft werden, das Jugendlichen aus dem Baskenland erst für ein Betriebsprak-

tikum und im Anschluss daran für eine Ausbildung im gleichen Unternehmen anwirbt (ebd.: 24). Ein weiteres Beispiel zur Anknüpfung ist der Guide-Service der Initiative geniusgöttingen, der neuen (nicht deutschsprachigen) Fach- und Führungskräften der Region bei der Immobilien- bzw. Wohnungssuche, der Suche nach einer geeigneten Kinderbetreuung und Behördengängen behilflich ist (ebd.: 24f.).

Im Sinne des regionalen Erfolges ist sicherzustellen, dass das vorhandene Regionalbüro für den Südniedersachsenplan und die hier vorgeschlagenen Strukturen eng aufeinander abgestimmt arbeiten. Dabei ist zu beachten, dass die Koordination regionaler Aktivitäten und die engere Kooperation der regionalen Akteure, wie sie im SNIC angelegt sind, über die Frage der Förderung durch den Multi-Fonds zeitlich und konzeptionell hinausreichen. Gleichzeitig wäre es sinnvoll, die Fördermöglichkeiten, die das Regionalbüro ermöglicht, inhaltlich und strukturell für die Region zu nutzen. Allerdings vereint das Regionalbüro bislang nur die Kräfte aus den Landkreisämtern und greift damit zu kurz, um alle regionalen Akteure wirksam zu bündeln. Es ist also nur folgerichtig, nach einer Struktur zu suchen, die Regionalbüro und SNIC miteinander vereint.

6. Fazit

Die Region Südniedersachsen weist mit ihrer vorhandenen Wirtschaftsstruktur Defizite auf, die die Wachstums- und Beschäftigungsziele der Region auf Dauer gefährden. Dabei ist zu akzeptieren, dass die Abwanderung in Südniedersachsen vornehmlich von verfügbaren Arbeitsplätzen abhängt. Arbeitsplätze entstehen vor allem dort, wo Unternehmen gegründet werden und bzw.

oder wachsen können. Um den strukturellen Defiziten in der Region entgegenzutreten, hat das Land Niedersachsen mit dem Südniedersachsenplan den richtigen Weg eingeschlagen. Der Entwurf der Regionalen Handlungsstrategie, der die Umsetzung des Südniedersachsenplans gewährleisten soll, greift jedoch zu kurz, rückt die Daseinsvorsorge in den Mittelpunkt und entwickelt keine spezifische Perspektive für diesen Teilraum, die an den vorhandenen Stärken anknüpft.

Eine zentrale Möglichkeit, Impulse für langfristiges Wirtschaftswachstum zu geben, ist, Wissenstransfer für Innovationen aus dem Hochschulbereich an die Unternehmen der Region zu ermöglichen. Dafür braucht es eine stabile und langfristige Kooperation zwischen Hochschulen, Unternehmen, ihren Verbänden und Kammern sowie den kommunalen Wirtschaftsförderern. Um Südniedersachsen zu einer Innovationsregion zu entwickeln, muss sich die Region den Herausforderungen des demografischen Wandels stellen und dabei vorhandene Stärken durch intensivere Kooperation und Abstimmung der Aktivitäten der regionalen Akteure weiter ausbauen. Dies kann gelingen, indem auf die vorhandenen Wachstumspotenziale der Region in den Bereichen Life Sciences, Mobilität, Clean Technology und Bildung aufgebaut wird. Damit diese Aktivitäten besser vernetzt und verstärkt werden, sollte der Südniedersachsen-Innovationscampus (SNIC) in enger Abstimmung mit dem Regionalbüro entwickelt, sowie die (Aus-)Gründungsaktivitäten verstärkt werden. Durch die netzwerkübergreifende Zusammenarbeit der zentralen Akteure aus Hochschulen, Forschungseinrichtungen, Unternehmen und deren Verbänden sowie den Kommunen können die Innovationspotenziale der Region für alle nutzbar gemacht werden und Wachstums- und Beschäftigungseffekte entfalten.

Anmerkungen

3 Das vom Land Niedersachsen über PRO*Niedersachsen geförderte Forschungsvorhaben der Georg-August-Universität Göttingen und der Akademie für Raumforschung und Landesplanung (ARL) Leibniz-Forum für Raumwissenschaften hat über eine gemeindescharfe Bevölkerungsvorausberechnung die Grundlage dafür gelegt, die Entwicklung der langfristigen sozialen und technischen Infrastrukturkosten pro Einwohner abzuschätzen. Die Ergebnisse sowie die methodische Vorgehensweise und die zur Verfügung stehenden Datengrundlagen stehen auf der oben genannten Webseite öffentlich zur Verfügung.

4 Zum Vergleich: In Gesamtniedersachsen im Jahr 2009 10 je 1.000 SV-Beschäftigte. Getrieben wird dies in der Statistik vornehmlich von der Stadt Göttingen als Wissenschaftsstandort und der Präsenz der Branchen Mess-
und Regeltechnik sowie Medizintechnik in der Region (Schiller et al. 2014a: 41).

5 Lediglich die SüdniedersachsenStiftung vereint in ihrem Stiftungsrat inzwischen neben Unternehmern und Unternehmensverbänden, den Landräten (mit Ausnahme von Goslar) und dem Oberbürgermeister der Stadt Göttingen auch die Präsidentinnen und Präsidenten aller Hochschulen der Region und damit die drei zentralen Akteursgruppen der Region.

6 Autoren des Strategieplans sind Vertreter der zentraler Akteure der Region Südniedersachsen: der Universität Göttingen, der PFH, der HAWK, der Industrie- und Handelskammer Hannover und der Handwerkskammer Hildesheim-Südniedersachsen sowie der SüdniedersachenStiftung und der Wirtschaftsfördergesellschaften der Stadt und der Region Göttingen.

Literatur

Amt für regionale Landesentwicklung (ArL) Braunschweig (Hrsg.): Regionale Handlungsstrategie Braunschweig. Arbeitsfassung/Entwurf zur Beteiligung der regionalen Verantwortungsträger im Amtsbezirk des Amtes für regionale Landesentwicklung Braunschweig (Stand 28.5.2014), 2014.

Bertelsmann Stiftung (Hrsg.): Innovation in den Bundesländern. Ergebnisse einer repräsentativen Unternehmensumfrage. Gütersloh 2009 [http://www.bertelsmann-stiftung.de/cps/rde/xbcr/SID-37AE6628-5436EF07/bst/umfrage_innovation.pdf] abgerufen am 10.07.2014.

Bizer, K.; Ross, B.; Kornhardt, U.: Universitäten und KMU – zwei Vorhaben zur Entwicklung von Schnittstellen. In: RegioPol – Zeitschrift für Regionalwirtschaft Vol. 2, 2008, S. 63–69.

Landesregierung Niedersachsen (Hrsg.): Auszug aus Entwurf des EFRE/ESF-Multifonds-Operationelles Programm. Strategie des Niedersächsischen Multifondsprogramms, 2014a.

Landesregierung Niedersachsen (Hrsg.): Auszug aus Entwurf des EFRE/ESF-Multifonds-Operationelles Programm. Strategie des Niedersächsischen Multifondsprogramms, Südniedersachsen, 2014b.

Niedersächsische Staatskanzlei: Südniedersachsenprogramm, 2014 [http://www.stk.niedersachsen.de/startseite/themen/regionale_landesentwicklung_und_eufoerderung/suedniedersachsenprogramm/sonderprogramm-suedniedersachsen-123052.html] abgerufen am 03.07.2014.

Rammer, C., et al.: Innovationen ohne Forschung und Entwicklung. Eine Untersuchung zu Unternehmen, die ohne eigene FuE-Tätigkeit neue Produkte und Prozesse einführen. ZEW/ISI, Studien zum deutschen Innovationssystem 15-2011, Mannheim/Karlsruhe 2010 [http://www.e-fi.de/fileadmin/Studien/StuDIS_2011/StuDIS_15_2011.pdf] abgerufen am 10.07.2014.

Schiller, D., et al.: Basisanalyse zur Identifizierung spezifischer Handlungsbedarfe für fünf Regionen in Niedersachsen. Teil A: Erläuterung des Vorgehens und landesweite Betrachtung, NIW, Hannover 2014a [http://www.niw.de/uploads/pdf/publikationen/NIW_Basisanalyse_2014_A_Niedersachsen.pdf] abgerufen am 10.07.2014.

Schiller, D., et al.: Basisanalyse zur Identifizierung spezifischer Handlungsbedarfe für fünf Regionen in Niedersachsen. Teil B: Region Braunschweig, NIW, Hannover 2014b [http://www.niw.de/uploads/pdf/publikationen/NIW_Basisanalyse_2014_B1_Braunschweig.pdf] abgerufen am 10.07.2014.

SüdniedersachsenStiftung (Hrsg.): Innovationsregion Südniedersachsen. Regionalökonomische Strategie – netzwerkübergreifend, lösungsorientiert, zukunftsstark (Stand: 01.07.2014), 2014 [http://www.gwg-online.de/medien/Downloads/Innovationsregion_Suedniedersachsen_-_Regionaloekonomische_Strategie.1652.pdf] abgerufen am 10.07.2014.

Telekom-Stiftung et al. (Hrsg.): Innovationsindikator. Bonn/Berlin 2013 [http://www.telekom-stiftung.de/dts-cms/sites/default/files/core-library/files/presse/downloadbereich/innovationsindikator/Innovationsindikator-2013_Web.pdf] abgerufen am 10.07.2014.

Neue Governance-Struktur für Südniedersachsen?

Rainer Danielzyk

1. Einleitung

Seit Ende der 1980er Jahre ist es ein zentrales Thema der Diskussion und Implementation von regionalen Entwicklungsstrategien, die relevanten Akteure einzubeziehen und innovative Handlungsansätze trotz überkommener Machtstrukturen und Pfadabhängigkeiten zu ermöglichen. Die Länder Nordrhein-Westfalen (mit der sogenannten Regionalisierung der Strukturpolitik) und Niedersachsen (z. B. mit der Einrichtung von Regionalkonferenzen und der Erarbeitung von Regionalen Entwicklungskonzepten) waren seinerzeit »Vorreiter« bei der Umsetzung neuer konzeptioneller Ansätze (vgl. Danielzyk 1995). Diskussionen wie Umsetzungsstrategien haben seither vielfältige Impulse erhalten, z. B. aus den regionalpolitischen Ansätzen und Programmen der EU, aber auch aus der Debatte um die »Festivalisierung der Stadt- und Regionalentwicklung« bzw. sogenannte Format-orientierte Entwicklungsansätze (vgl. Hohn u. a. 2014) . Immer wieder neu geht es dabei um Lösungen für das Problem, einerseits Innovationen in vielfach nicht-innovativen Milieus (vgl. z.B. Wiechmann 2014) zu ermöglichen, da die Innovationsfähigkeit ein Schlüsselfaktor für die Regionalentwicklung und damit für Wohlstand und Lebensqualität in einer Region ist, andererseits aber auch in regionale Entwicklungsstrategien die relevanten Akteure, insbesondere aus Politik/Verwaltung,

Wirtschaft und Wissenschaft, einzubeziehen, weil sie ohne deren Rückhalt – oder besser: aktive Beteiligung – ohne Legitimation und Zukunftsperspektive wären. Zudem sind noch so innovative Ideen für Konzepte und Projekte wirkungslos, wenn ihre Umsetzung nicht finanziell (z. B. durch Fördermittel oder andere Finanzierungswege) und rechtlich (z. B. durch Bau- und Planungsrecht) abgesichert werden.

In diesem Sinne geht es darum, für diese Herausforderungen angemessene Governance-Strukturen zu initiieren, die die Mitwirkung und Aktivierung eines breiten Spektrums regional relevanter Akteure ermöglichen, ohne zu sehr traditionellen Entscheidungsmechanismen (Mehrheitsentscheidungen, Quotierungen etc.) verhaftet zu sein und damit Innovationen zu verhindern.[1]

Das Land Niedersachsen ist angesichts der sehr großen Vielfalt regionaler Entwicklungssituationen und -verläufe sehr geeignet, unterschiedlichste Formen von Regional Governance zu untersuchen bzw. neu zu initiieren. Das galt schon in der Vergangenheit (vgl. Danielzyk 1994). Es gilt erst recht angesichts der höchst unterschiedlichen Auswirkungen des ökonomischen Strukturwandels und der demografischen Veränderungen auf die Regionen des Landes sowie der unterschiedlichen Antworten der regionalen Akteure darauf für Gegenwart und Zukunft. Besondere Herausforderungen für regionale Entwicklungsstrategien in Niedersachsen liegen unter anderem darin, dass wichtige Oberzentren als Stadtstaaten außerhalb des Landes situiert sind (Hamburg, Bremen) und dass viele regionale Entwicklungsmuster sich gar nicht überkommenen Annahmen fügen: So gibt es in Niedersachsen dynamische ländliche Räume an der Peripherie im Westen des Landes wie auch problematische Entwicklungsverläufe in zentral gelegenen dünner besiedelten, zum Teil ländlich geprägten Räumen. Es gibt Dienstleistungszentren, die von den aktuellen Reurbanisierungstendenzen stark profitieren, wie auch Industriestädte, deren demografische Schrumpfung und ökonomische Probleme kaum veränderbar scheinen.

Vor diesem Hintergrund werden in diesem Beitrag zunächst einige Überlegungen zu angemessenen Formen der Regional Governance vorgetragen, die den gerade genannten Kriterien und Herausforderungen gerecht werden sollen (Kap. 2.1), wobei als ein adäquater Ansatz die REGIONALEN in NRW vorgestellt werden (Kap. 2.2). Anschließend werden die Überlegungen in modifizierter Form auf die Region Südniedersachsen exemplarisch übertragen (Kap. 3).

2. Regional Governance und Regionalentwicklung

2.1 Allgemeine Überlegungen

Seit ca. 15 Jahren gibt es umfangreiche Diskussionen und vielfältige empirische Studien zu Regional Governance (vgl. zuletzt für einen knappen, aber aktuellen Überblick Mose u. a. 2014). Im Sinne des hier vertretenen analytischen Verständnisses von Regional Governance werden in diesem Zusammenhang unterschiedliche Formen von Regional Governance, die spezifische Kombination von Steuerungsmodi, Governance-Stile usw. untersucht. So geht es dann auch um angemessene empirische Untersuchungsformen etwa entlang bestimmter Kriterien oder Dimensionen (vgl. Mose u. a. 2014, die Entstehung, Handlungsorientierung, Funktionsweise und Legitimationsgrundlagen von Regional Governance unterscheiden). Dabei kehren ähnliche Fragestellungen immer wieder, so z. B. nach zentral oder dezentral, top-down oder bottom-up, formell oder informell orientierten Vorgehensweisen. Besonders wichtig ist im Hinblick auf die regionale Entwicklungsdynamik das inhaltliche Ziel der Förderung der Innovationsfähigkeit einer Region.

Das führt dann zu Diskussionen über die »Festivalisierung« der Regionalentwicklung bzw. »Format-orientierte« Ansätze, die explizit die Innovationsfähigkeit durch bestimmte Vorkehrungen ablauf- und aufbauorganisatorischer Art fördern wollen (vgl. zuerst Häußermann, Siebel 1993, zuletzt Hohn u. a. 2014). Ohne diese Debatten vollständig wiedergeben zu können, sei hier darauf hingewiesen, dass der aus den Erfahrungen mit der IBA Emscherpark entwickelte REGIONALE-Ansatz im Land Nordrhein-Westfalen wichtige Elemente einer entsprechenden regionalen Entwicklungsstrategie enthält (vgl. z. B. Reimer 2012, Danielzyk, Kemming 2014; REGIONALE ist ein »Kunstwort« aus »Region« und »Biennale«) und gegenwärtig so etwas wie ein »Benchmark« für komplexe Regionalisierungspolitik ist (vgl. Danielzyk 2012 am Beispiel der REGIONALE 2010 im südlichen Rheinland). Die Elemente sollen daher im Folgenden kurz dargestellt werden, um Bezugspunkte für die Entwicklung eines eigenen Ansatzes zu gewinnen. Dabei ist vollkommen klar, dass es niemals darum gehen kann, entsprechende Ansätze »1:1« zu kopieren. Das wird allein schon dadurch deutlich, dass auch jede der zwischen 2000 und 2016 in NRW durchgeführten bzw. durchzuführenden acht REGIONALEN einen spezifischen Ansatz verfolgt(e).

2.2 Beispiel: die REGIONALEN in NRW

Die REGIONALEN in NRW verstehen sich als ein befristetes und konzentriert wirkendes regionales Strukturförderprogramm, das in regelmäßigen Abständen (zunächst zwei-, seit 2010 dreijährlicher Abstand) eine andere Region des Landes, die jeweils in Wettbewerbsverfahren ausgewählt wurde, in den Mittelpunkt rückt (vgl. die Website www.regionalen.nrw.de). Ein wesentliches Ziel der REGIONALEN ist die Förderung des Wohlstands und der Lebensqualität einer Region. Das soll aber in diesem Zusammenhang weniger durch direkte Wirtschaftsförderung, Schaffung von Arbeitsplätzen etc. geschehen, da es dafür ja bereits vorhandene Ansätze und Instrumente gibt. Vielmehr rücken die REGIONALEN die »weichen« Standortfaktoren in den Vordergrund: Sie wollen städtebauliche und landschaftliche Situationen verbessern, Kooperationen, Vernetzungen und Aktivierung ermöglichen, das »Lebensgefühl« verändern und nicht zuletzt die Identifikation mit der Region und ihre Profilierung nach außen verbessern.

Die wesentlichen, in modifizierter Form jeweils wiederkehrenden Elemente der REGIONALEN wurden vor dem Hintergrund der Erfahrungen mit der 1989–1999 im nördlichen Ruhrgebiet durchgeführten Internationalen Bauausstellung Emscherpark konzipiert und weiterentwickelt. An dieser Stelle geht es aber nicht um das konkrete Geschehen in Nordrhein-Westfalen (vgl. Danielzyk, Kemming 2014 und www.regionalen.nrw.de),

sondern um die charakteristischen Merkmale des Ansatzes. Dieser Ansatz ist u.a. auch deshalb von besonderem Interesse, weil er das oben skizzierte Grundproblem der Verknüpfung von Förderung der regionalen Innovationsfähigkeit und Aktivierung aller relevanten (auch etablierten) Akteure in einem gleichermaßen breiten wie integrativen Vorgehen bearbeitet und damit regionale Entwicklungsdynamik fördert.

Wichtige Merkmale des Ansatzes sind die Einrichtung einer relativ eigenständigen »Agentur« »neben« dem überkommenen politisch-administrativen System (Regionalbüro, »organisatorischer Kern«), die Förderung von Innovation durch Wettbewerbe auf allen Ebenen, die Befristung und die Ausrichtung auf ein Präsentationsjahr. Im Einzelnen:

Die »neben« dem vorhandenen politisch-administrativen System (Gebietskörperschaften, Bezirksregierungen, Fachbehörden, Kammern, regionale Planungsstellen) eingerichtete »Regionale-Agentur« managt mit einem kleinen interdisziplinären Team das gesamte Geschehen, trägt zur Qualifizierung der vorgeschlagenen Projekte bei und unterstützt deren Finanzierung und Umsetzung. Diese **Agentur** ist gleichwohl mit dem vorhandenen politisch-administrativen System mehrfach eng verbunden, so u.a. durch ein meist Lenkungsausschuss genanntes Gremium, in dem maßgebliche »Entscheider« der Region das Geschehen politisch steuern und verantworten (z.B. Landräte, Bürgermeister, aber auch Vertreter von Wirtschaftskammern, Wissenschaft usw.). Des Weiteren gibt es auf der Arbeitsebene in der Regel in den Gebietskörperschaften sogenannte REGIONALE-Beauftragte, die den Alltagskontakt mit der Agentur gewährleisten und insbesondere die relevanten Projekte mit betreuen. Die von Kommunen und anderen regionalen Akteuren, auch zivilgesellschaftlichen Organisationen vorgeschlagenen Projekte werden in fachlichen Arbeitskreisen diskutiert und qualifiziert, die auch sachliche Teilstrategien für den jeweiligen REGIONALE-Raum definieren können. Auf diese Weise ergibt sich ein enges Geflecht zwischen dem politisch-administrativen System, sonstigen relevanten Akteuren der Regionalentwicklung und der REGIONALE selbst, ohne dass diese in einem eindeutigen hierarchischen Abhängigkeitsverhältnis zu den regionalen Entscheidern stehen würde.

Innovation soll vor allem dadurch gefördert werden, dass konsequent auf allen Ebenen das **Wettbewerbsprinzip** angewandt wird, um auch externe, ja internationale Anregungen für die Region zu gewinnen: So wurden die REGIONALEN selbst jeweils nach Ausschreibung durch die Landesregierung in einem Wettbewerbsverfahren ausgewählt. Die einzelnen Projekte müssen sich ebenfalls in einem wettbewerblichen Verfahren behaupten, wobei vielfach – um binäre Entscheidungen im Sinne von abgelehnt/angenommen zu vermeiden – mehrere Qualifizierungsstufen (z. B. A/B/C- oder 1–3 Sterne-Projekte) durchlaufen werden müssen. Auch innerhalb von Projekten wird, insbesondere wenn sie städtebauliche oder kulturlandschaftliche Themen betreffen, auf Wettbewerbe Wert gelegt, um die »besten Ideen« zur Geltung kommen zu lassen. Um dem Vorwurf zu begegnen, dass benachteiligte Regionen sich Wettbewerbe gar nicht leisten könnten, wurden etwa bei der letzten Auswahl von REGIONALEN im Jahr 2007 den Regionen auch jeweils Mittel zur Verfügung gestellt, um mit Hilfe externer Beratung qualifizierte Wettbewerbsbeiträge für die Auswahl der REGIONALEN 2013 und 2016 einreichen zu können. So wurden Ausgleichs- und Wettbewerbsprinzip miteinander verknüpft.

Ein weiteres wichtiges Element des RE-GIONALE-Ansatzes ist die Befristung und Ausrichtung auf ein Präsentationsjahr. Durch diese **Befristung** entsteht der Druck, personelle und finanzielle Ressourcen zu konzentrieren sowie handlungsorientierte Entscheidungen zu treffen, um am Ende des Zeitraumes etwas vorzeigen zu können. Dieser Druck ist vor allem bei der Mobilisierung von Ressourcen aller Art förderlich. Zugleich macht die Befristung aber auch die »Zumutung« der Sonder-Organisation RE-GIONALE erträglich, denn es ist damit klar, dass die mit großem Mittelvolumen hantierenden und Aufmerksamkeit gewinnenden Aktivitäten außerhalb des überkommenen politisch-administrativen Systems keine »Dauererscheinung«, sondern auch wieder »vorbei« sein werden. Das erleichtert den Akteuren der vorhandenen Gebietskörperschaften, Organisationen usw. die Mitwirkung und Zustimmung erheblich.

Als viertes Merkmal kann das **Präsentationsjahr** hervorgehoben werden, das in enger Verknüpfung mit der gerade dargestellten Befristung und ihrer spezifischen Wirkung zu sehen ist. Im Präsentationsjahr müssen die Projekte »auf der Bühne« stehen, wenn die REGIONALE erfolgreich sein soll. Zugleich gewinnt in diesem Jahr das Anliegen der Regionalentwicklung intraregional größte Aufmerksamkeit und kann sich die Region nach außen im Sinne des Marketings besonders gut darstellen.

Zusammenfassend kann man sagen, dass die REGIONALEN »außeralltägliche Situationen« schaffen, die eine besondere regionale Dynamik ermöglichen. Gerade wegen dieser Besonderheit, der »Außeralltäglichkeit«, ist der Ansatz nicht beliebig übertrag- und wiederholbar. Gleichwohl können wesentliche Elemente einzeln oder verknüpft auch in anderen regionalen Entwicklungsstrategien eine Rolle spielen.

3. Südniedersachsen

3.1 Rahmenbedingungen

Südniedersachsen, hier definiert als die aus den Landkreisen Göttingen, Goslar, Holzminden, Northeim und Osterode im Harz bestehende Region, hat im Vergleich mit anderen niedersächsischen Regionen besondere demografische und wirtschaftliche Strukturschwächen. Diese sind bereits seit längerer Zeit erkennbar und werden sich gemäß den vorliegenden Prognosen auch langfristig negativ auswirken (vgl. auch ausführlicher den Beitrag von Bizer in diesem Heft).

In der Region leben ca. 680.000 Einwohner, wobei die größte Stadt das Oberzentrum Göttingen ist. Die Bevölkerungsentwicklung ist ausgesprochen ungünstig und zählt zu den schwächsten in Westdeutschland. Seit 2000 hat die Bevölkerung um ca. 7,5 % abgenommen (während sie in Niedersachsen um 1,9 % und in Westdeutschland sogar um 11,0 % zugenommen hat). Besonders starke Abnahme verzeichnen die »peripheren« Kreise der Region wie Osterode und Holzminden. Aber auch der zentral und verkehrsgünstig gelegene Landkreis um das Oberzentrum Göttingen verliert Bevölkerung.

Trotz der zentralen Lage und vergleichsweise guten Fernverkehrserschließung des Zentrums der Region durch ICE-Strecke und A7 erschwert die weite Teile der Region prägende Mittelgebirgslandschaft die infrastrukturelle Erschließung erheblich.

Die Wirtschaftskraft, gemessen in BIP je Einwohner, liegt deutlich unter dem Bundesdurchschnitt, wohingegen die Arbeitslosigkeit mit 7,3 % (2013) knapp über dem Bundesdurchschnitt liegt.

Als weiteres Problem der Region gilt eine schwach ausgeprägte Kooperationskultur der relevanten Akteure bzw. eine heterogene institutionelle »Landschaft«, die mehrere Organisationen mit teilweise ähnlicher Aufgabenstellung umfasst. So gibt es den 1992 gegründeten Regionalverband Südniedersachsen e. V. als Zusammenschluss von Gebietskörperschaften und weiterer Einrichtungen aus Wirtschaft, Finanzwesen, Bildung und Wissenschaft, der die regionale Kooperation stärken, ein regionales Entwicklungskonzept fortschreiben und die Interessen der Region gegenüber EU, Bund und Land wahrnehmen will. Eine Weiterentwicklung des Regionalverbands zu einem Zweckverband für Regionalentwicklung und Regionalplanung ist politisch gescheitert. Des Weiteren gibt es, mit anderem Bezugsraum, die SüdniedersachsenStiftung e. V., die vor allem die endogenen Potenziale der Region mobilisieren und die Region nach außen vermarkten will. Außerdem war die Region Südniedersachsen zeitweise ein »Modellvorhaben« der niedersächsischen Landesregierung zur Förderung strukturschwacher ländlicher Regionen (2004–2007). Insgesamt allerdings ist diese Region bislang durch eine »sehr heterogene Projekt- und Regionalmanagementlandschaft« und »divergierende Handlungslogiken« der zuständigen Fachpolitiken auf Landesebene wie in der Region gekennzeichnet (Löb, Nischwitz 2009: 40).

Vor diesem Hintergrund erscheint es dringend geboten, zur Förderung der regionalen Dynamik neue Impulse zu setzen. Dabei kommt es vor allem auf neue organisatorische Strukturen an, die die vorhandenen Kräfte bündeln, relevante Akteure aktivieren und zur Kooperation motivieren.

3.2 Neue Governance-Struktur für Südniedersachsen – ein Vorschlag

Im Folgenden werden Überlegungen zu einer neuen organisatorischen Struktur für die Regionalentwicklung als wesentlichem Teil einer Governance-Struktur für Südniedersachsen vorgestellt, die den oben (Kap. 1 und 2) skizzierten Anforderungen gerecht werden sollen. (Darüber hinaus gibt es selbstverständlich weiterhin die rechtlich definierten Planungen und Politiken auf regionaler Ebene wie z. B. die Regionalplanung.) Dabei wird auch auf wesentliche Merkmale des bei der Förderung regionaler Dynamik außergewöhnlich erfolgreichen REGIONALE-Ansatzes Bezug genommen, ohne diesen Ansatz unmittelbar kopieren zu können und zu wollen.[2]

Neben den in Kap. 1 bzw. 2.1 formulierten Kriterien muss diese neue Struktur für Südniedersachsen vor allem folgende Aspekte (im Sinne von »Leitsätzen«) beachten:

Es muss zwingend eine neue Struktur, durchaus »neben« dem überkommenen politisch-administrativen System und den vorhandenen regionalen Organisationen, geschaffen werden, die zugleich eigenständig ist und doch die vorhandenen relevanten Akteure, insbesondere die relevanten »Entscheider«, und regionale Organisationsformen integriert. – Die kommunale Ebene muss innerhalb der neuen Struktur eine herausgehobene Rolle spielen, weil sie letztlich für die Finanzierung und Umsetzung vieler Projekte eine maßgebliche Rolle spielen wird. Zur kommunalen Ebene werden hier ausdrücklich nicht nur die Landkreise, sondern auch die kreisangehörigen Städte und Gemeinden gerechnet, die zwar von der Zahl her nicht vollständig, aber doch durch wichtige Vertreter in der Struktur repräsentiert sein müssen. – In gewisser Weise muss die

neue Organisationsform »außeralltäglich« im Sinne des REGIONALE-Ansatzes sein, weil sie sonst nicht akzeptiert wird. Allerdings entfallen hier der Wettbewerb mit anderen Regionen um eine Auswahl sowie auch die Konzentration auf ein Präsentationsjahr, da es ja nicht um einen »Festivalisierungsansatz« geht. – Die Einbindung »der Wirtschaft« ist für den Erfolg unabdingbar, allerdings stellt sich die Frage, in welcher Form: Üblich ist die Repräsentation der Wirtschaft durch Kammern, man könnte aber auch an herausragende Unternehmerpersönlichkeiten aus Einzelunternehmen denken. – Unerlässlich ist wegen der Notwendigkeit, die Innovationskraft der Region im Interesse der regionalen Wettbewerbsfähigkeit zu fördern, die Mitwirkung der Wissenschaft. Auch hier stellt sich die Frage nach der angemessenen Repräsentation: Für die Regionalentwicklung sind Fachhochschulstandorte und außeruniversitäre Institute bisweilen viel wichtiger als eine klassische Universität, die zweifellos die größte Beachtung in der Wissenschaftslandschaft findet. – Weitere (regionale) Akteure, wie etwa Gewerkschaften, Umweltverbände, Landwirtschaft, kulturelle und soziale Einrichtungen usw. sind auch zu beteiligen. Im Interesse einer handlungsfähigen Entscheidungsstruktur können aber nicht alle Organisationen im zentralen Gremium repräsentiert sein. Fachliches Wissen ist in jedem Falle in die thematische Arbeit einzubringen. – Das Wissen und die Netzwerke der vorhandenen regionalen Organisationsformen wie Regionalverband und Stiftung sind ebenfalls für eine erfolgreiche Umsetzung unabdingbar und daher einzubinden. – Eine zentrale Rolle spielt selbstverständlich auch die Landesregierung mit der Staatskanzlei als maßgeblicher Einrichtung für die Regionalentwicklung und mit für die Regionalentwicklung relevanten einzelnen Ressorts: Das gilt im Hinblick auf die finanzielle Unterstützung der Konzepte und Projekte sowie deren fachliche und rechtliche Absicherung. Des Weiteren ist es das gute Recht des Landes, seine politischen Prioritäten für die Regionalentwicklung zum Ausdruck zu bringen. Allerdings geht es im hier vertretenen Verständnis von Regionalentwicklung nicht um hierarchische Entscheidungen, sondern um gemeinsame, vom Land durchaus politisch beeinflusste Entscheidungsfindungen.

Im Interesse einer neuen, leistungsstarken und handlungsfähigen Organisationsstruktur ist nicht nur eine regionale Entwicklungsagentur als »organisatorischer Kern« einzurichten, sondern auch das Problem zu lösen, gleichermaßen die zentralen »politischen Entscheider« einzubinden und die fachliche Innovationsfähigkeit zu gewährleisten. Das kann dadurch geschehen, dass beides in unterschiedlichen Gremien repräsentiert wird. Insgesamt ergibt sich damit folgende Grundstruktur für eine neue, handlungsorientierte Regional Governance in Südniedersachsen: eine Lenkungs- und Entscheidungsebene, die aus einem Lenkungsausschuss und einem Vorstand besteht; als operative Handlungsebene eine regionale Entwicklungsagentur mit Geschäftsführung und Projektmanagement; zur fachlichen Begleitung und innovationsorientierten Vorentscheidung über die Qualität von Konzepten und Projekten ein Innovationsausschuss; als fachliche Beratungs- und Arbeitsebene Arbeitskreise zu integrativ verstandenen »Zukunftsthemen« für die regionale Entwicklung. Im Einzelnen bedeutet das:

Der **Lenkungsausschuss** (LA) wäre das zentrale Steuerungs- und Entscheidungsorgan im regionalen Entwicklungsprozess, der die Gesamtstrategie definieren, wesentliche Handlungsfelder benennen, über die Besetzung der anderen Gremien entscheiden und den regionalen Konsens über prioritäre

Projekte organisieren muss. Der LA sollte daher bestehen aus: den Landräten der Region, zwei bis drei (Ober-) Bürgermeistern als Vertretern der Städte und Gemeinden, zwei Vertretern des Landes, zwei Vertretern der Wirtschaft(skammern) sowie einem Vertreter der Wissenschaft. Zu überlegen wäre, ob auch Regionalverband und Stiftung zumindest als Gäste an den Sitzungen des LA teilnehmen sollten. Der LA wählt aus seiner Mitte einen dreiköpfigen **Vorstand**, der die Sitzungen leitet und insbesondere das laufende Geschäft überwacht sowie dafür, wenn nötig, Entscheidungen trifft.

Als wichtiges Diskussions- und Beratungsgremium ist ein **Innovationsausschuss** (IA) einzurichten. Er begleitet den Prozess der Qualifizierung der Projekte und ihre Umsetzung als fachliches, innovationsorientiertes Beratungsgremium. Hier werden insbesondere die in den Arbeitsgruppen erarbeiteten Strategien und Projekte intensiv diskutiert und bewertet. Im IA sollten möglichst alle relevanten fachlichen Akteure der Regionalentwicklung einbezogen sein, um fachliche Kompetenz, aber auch die Innovationsorientierung zu gewährleisten. Die Diskussionen im IA sollten sich an fachlichen Kriterien orientieren. Im Ergebnis würden dem LA Vorschläge zur Bewertung der Qualität und Priorisierung von Konzepten und Projekten vorgelegt. Der Effekt dürfte nach allen bisherigen Erfahrungen in anderen Regionen sein, dass der LA diesen Vorschlägen vielfach folgen und nur in sehr begründeten Einzelfällen aus besonderen politischen Erwägungen heraus andere Prioritäten setzen würde. Gerade im Zusammenspiel von LA und IA ist die Verknüpfung von Innovationsorientierung und regionaler »Entscheider«-Struktur gewährleistet. Im IA sollten Fachvertreter der kommunalen Ebene (Wirtschaftsförderung, Regionalplanung usw.) aus Organisationen der Wirtschaft, aus der

Wissenschaft und aus anderen (zivil-) gesellschaftlichen Verbänden vertreten sein (z.B. Gewerkschaften, Umweltverbände, Landwirtschaft, Sozialverbände). Bei Bedarf könnten externe Fachleute als Gäste hinzugeladen werden.

Der LA sollte für die besonders relevanten Zukunftsthemen der Regionalentwicklung fachlich orientierte **Arbeitskreise** (AK) einsetzen, die sich ein Arbeitsprogramm geben müssen. Über die AK sollte das regionale Know-how der »Arbeitsebene« in die Projektentwicklung, -begleitung und -qualifizierung einfließen. In den AKs sollten Fachvertreter aus den Gebietskörperschaften, der Wirtschaft (hier ggf. auch aus Einzelunternehmen), der Wissenschaft (auch aus FH-Standorten und außeruniversitären Forschungsinstituten) sowie aus für die jeweilige Thematik relevanten zivilgesellschaftlichen Organisationen vertreten sein.

Die regionale Entwicklungsagentur (EA) ist die operative Einheit bzw. der organisatorische Kern der neuen Governance-Struktur. Sie sollte befristet für die Dauer der jetzigen Förderperiode der EU eingerichtet, eine Verlängerung rechtzeitig kritisch überprüft werden. Die EA muss den regionalen Entwicklungsprozess in enger Abstimmung mit dem LA bzw. Vorstand organisieren und neben der Betreuung der Gremien insbesondere auch die fachliche Qualifizierung der Ideen für Konzepte und Projekte organisieren. In der personell überschaubar ausgestatteten EA müssten in jedem Falle eine Geschäftsführung sowie mehrere Fachleute des Projektmanagements vertreten sein. Sie könnte z. B. als gemeinnützige GmbH organisiert werden. Bewährt hat sich, dass die EA auch Kompetenzen im Hinblick auf die Beratung zu Akquisition von Fördermitteln hat bzw. auch selbst zur Einwerbung von entsprechenden Mitteln beiträgt. Das sollte aber nur geschehen, wenn keine »Doppelarbeit« mit anderen Einrichtungen des Landes oder der Region entsteht.

4. Schluss

Mit der hier skizzierten neuen Governance-Struktur für Südniedersachsen könnten wichtige Impulse in einer zeitgemäßen Organisation der regionalen Entwicklung gesetzt und die vorhandene und vielfach beschriebene unzureichende Kooperationssituation überwunden werden. Wesentliche Elemente der vorgeschlagenen Struktur haben sich in anderen Regionen sehr gut bewährt. Vor dem Hintergrund dieser Erfahrungen sind die Elemente und Strukturen an die spezifische Situation in Südniedersachsen angepasst worden.

Anmerkungen

1 Hier wird ausdrücklich ein analytischer Governance-Begriff verwendet, wonach Regional Governance den jeweils in einer Region vorfindlichen spezifischen Mix unterschiedlicher Steuerungsansätze (von top-down bis bottom-up, von hierarchisch bis netzwerkorientiert usw.) umfasst.

2 Diese Überlegungen sind im engen Austausch mit Arno Brandt und Hans Ulrich Jung (CIMA Regionalwirtschaft Hannover) entstanden. Ich danke den Kollegen für die hervorragende Kooperation!

Literatur

Danielzyk, R.: Regionalisierung der Ökonomie – Regionalisierung der Politik in Niedersachsen. In: Berichte zur deutschen Landeskunde 68, 1994, S. 85–110.

Danielzyk, R.: Regionalisierte Entwicklungsstrategien – modisches Phänomen oder neuer Politikansatz? In: Momm, A.; Löckener, R.; Danielzyk, R.; Priebs, A. (Hrsg.): Regionalisierte Entwicklungsstrategien. Beispiele und Perspektiven integrierter Regionalentwicklung in Ost- und Westdeutschland. Bonn 1995, S. 9–17 (Material zur Angewandten Geographie Band 30).

Danielzyk, R.; Kemming, H.: Die Regionalen in Nordrhein-Westfalen – Format der Innovation und Festivalisierung. In: Hohn, U., u. a. (2014), S. 95–110.

Danielzyk, R.: Ein exzellentes Beispiel für planungs- und strukturpolitische Innovation. In: Regionale 2010 Agentur GmbH (Hrsg.): Regionale 2010. Dokumentation der Regionalen 2010 in der Region Köln/Bonn. Köln 2012, S. 294–296.

Hohn, U.; Kemming, H.; Reimer, M. (Hrsg.): Formate der Innovation in der Stadt- und Regionalentwicklung. Reflexion aus Planungstheorie und Planungspraxis. Detmold 2014 (= Metropolis und Region Band 13).

Löb, S.; Nischwitz, G.: Region Göttingen/Südniedersachsen. In: ARL (Hrsg.): Regionalisierung und Regionsbildung im Norden (= ARL Arbeitsmaterialien Nr. 347). Hannover 2009, S. 36–37.

Mose, I.; Jacuniak-Suda, N.; Fiedler, G.: Regional Governance-Stile in Europa. In: Raumforschung und Raumordnung 72, 2014, S.3-20.

Reimer, M.: Planungskultur im Wandel. Das Beispiel der Regionale 2010 (= Planungswissenschaftliche Studien zur Raumordnung und Regionalentwicklung Band 3). Detmold 2012.

Wiechmann, Th.: Planung ohne Plan – der Ausnahmezustand als Regelfall innovativer Raumentwicklung. In: Hohn, U., u. a. (2014), S. 21–42.

Herausforderungen annehmen – Wissenstransfer und Innovationen in ländlichen Räumen

Bastian Paulsen, Siegfried Ziegert

Warum Innovationen und Technologietransfer wichtig für die Wettbewerbsfähigkeit von Unternehmen sind und wo Herausforderungen für den ländlichen Raum liegen, wird thematisiert. Dies wird durch das Modell der ARTIE veranschaulicht. Dabei werden Historie, Dienstleistung und Ergebnisse der letzten Jahre beschrieben. Letztlich wird argumentiert, dass Wissens- und Technologietransfer eine zentrale Aufgabe regionaler Wirtschaftsförderungen werden muss.

1. Problemstellung

Innovationen und neue Technologien sind gerade vor dem Hintergrund eines globalisierten Wettbewerbs von immer größerer Bedeutung, auch und gerade für den Standort Deutschland. Deutschland verfügt nur über wenige Bodenschätze und ist traditionell eher das Land der Erfinder und der innovativen Unternehmen. Deutsche Technologien und Spitzentechnologien sind weltweit nach wie vor gefragt. Aber diese Position in der Welt ist gefährdeter denn je. Immer öfter und schneller entwickeln sich gerade die sogenannten Schwellenländer zu leistungsfähigen Industriegesellschaften und damit zu immer größeren Konkurrenten im weltweiten Markt. Traditionelle Märkte sind bereits zu großen Teilen verloren gegangen und gehen weiter verloren. Produkte und Dienstleitungsprogramme veralten immer schneller oder werden kostengünstiger erstellt. Gleichzeitig gehen mit diesem Wandel Arbeitsplätze verloren oder aber deren Anforderungen und Rahmenbedingungen verändern sich stetig.

Nur ein innovationsfreundliches Klima, Spitzentechnologien und eine breite Innovationstätigkeit in der Wirtschaft sorgen für langfristiges Wachstum, Beschäftigung und Wohlstand (vgl. Bundesministerium für Wirtschaft und Energie 2014). »Gerade die anstehenden globalen Herausforderungen wie beispielsweise der Klimawandel bieten Chancen, in neue Technologien zu investieren, damit deutsche Unternehmen auch zukünftig in der Weltspitze mithalten können. Nur solche Unternehmen, die konsequent in Forschung, Innovation und Fachkräfte investieren, werden sich auch künftig im globalen Wettbewerb behaupten können« (Bundesministerium für Wirtschaft und Energie 2014).

»Die Deutsche Wirtschaft hat im Jahr 2012 53.790 Mio. Euro für interne Forschung und Entwicklung ausgegeben. Das sind 5,3 % mehr als 2011« (o. V. facts, Forschung und

Entwicklung 2014). Damit haben sich laut dem Stifterverband für die Deutsche Wissenschaft die FuE-Aufwendungen deutlich günstiger entwickelt als andere wichtige Wirtschaftszahlen. Gleichzeitig hat sich auch der Anteil der FuE-Beschäftigten weitaus positiver entwickelt als die der Erwerbstätigen in Deutschland insgesamt (vgl. ebd.). Deutschland gehört damit zu den wenigen Ländern, die im vorgegebenem Zeitraum (nämlich 2012) zumindest annähernd das von der EU bereits 2002 im Lissabon-Vertrag gesteckte Ziel erreicht haben, die FuE-Aufwendungen bis zum Jahr 2010 auf 3 % des BIP zu steigern.

Genauer betrachtet lassen sich aber innerhalb Deutschlands große Disparitäten der Entwicklungen feststellen zwischen städtischen Agglomerationsräumen und ländlichen Regionen, zwischen Regionen in Nord- und Süddeutschland oder auch abhängig von Unternehmensgrößen (vgl. Kaiser 2014). Und es lässt sich zumindest in Teilen beobachten, dass Disparitäten sogar noch zunehmen. So wird zum Beispiel von der Prognos AG darauf verwiesen, dass 2004 in Deutschland 14 % der Bevölkerung in einer Region mit Zukunftsrisiken lebten, aktuell der Prozentsatz allerdings auf 19 % gestiegen sei (vgl. Böllhoff 2014).

Gerade vor dem Hintergrund der sich rasant verändernden wirtschaftlichen Prozesse, des demografischen Wandels, aber auch der Chancen und Möglichkeiten des Klimawandels, gilt es zukünftig noch viel mehr als bisher diese Unterschiede zu überwinden und alle Kräfte in allen Regionen gleichermaßen für einen zukunftsorientierten Innovationsprozess in allen Bereichen der Gesellschaft zu mobilisieren. Wissensvermittlung, Wissenstransfer, Wissensmanagement und -vernetzung gewinnen dabei mehr denn je an Bedeutung, gerade auch für die ländlichen Räume. Hier leben nach wie vor

ca. 50 % der Bevölkerung und befindet sich ein Großteil der deutschen Unternehmen. Laut Abfrage in der »Markus«-Datenbank vom 10.06.2014 sind z. B. für Niedersachsen insgesamt 121.599 Unternehmen im Handelsregister angemeldet. Abzüglich Oberzentren und Mittelzentren mit oberzentraler Funktion, verbleiben in den ländlichen Räumen 80.766 Unternehmen. Der relative Anteil der niedersächsischen Unternehmen im ländlichen Raum liegt somit bei 66,42 %. Nicht erfasst werden hierbei z. B. alle inhabergeführten Unternehmen, da diese nicht im Handelsregister eingetragen werden. Die tatsächliche Zahl dürfte somit deutlich über 70 % liegen. Für NRW beispielsweise, einem deutlich verdichteteren Raum als Niedersachsen, geht der Städte- und Gemeindebund immerhin bei ca. 70 % der produzierenden Unternehmen davon aus, dass sie in kreisangehörigen Städten oder Gemeinden angesiedelt sind (vgl. Positionspapier des Städte- und Gemeindebundes Nordrhein-Westfalen). Es gilt die Möglichkeiten der jeweiligen Räume zu analysieren und auch an dort vorhandene Stärken systematisch anzuknüpfen.

Wurde noch vor Jahren vor allen Dingen großen und forschungsintensiven Unternehmen, Hochschulen, Spitzenclustern und Ähnlichem die wesentliche Rolle als Motor für entsprechende Entwicklungsszenarien zugeschrieben, so wird heute immer stärker auch die Bedeutung der kleinen und mittleren Unternehmen in diesem Prozess gesehen, ebenso deren Beiträge für die Entwicklung ländlicher Räume.

Innovative Unternehmen finden sich überall in Deutschland. Nicht zuletzt zeigt die Diskussion um Hidden Champions und deren Bedeutung, ebenso wie die Bedeutung des starken deutschen Mittelstands insgesamt, dass viele Potenziale noch stärker genutzt und entwickelt werden können.

Viele dieser Unternehmen sind auch heute noch inhabergeführt. Sie besitzen häufig eine große Verbundenheit mit ihrer Region, liegen häufig in kleineren Städten und/oder in ländlichen Räumen, wirtschaften äußerst nachhaltig, die wesentliche Wertschöpfung findet am Heimatort statt, produzieren und entwickeln im Wesentlichen am Heimatstandort, ein hoher Anteil des Umsatzes wird überregional erwirtschaftet (vgl. Simon 2007, zitiert nach Wellner 2013). Zwar stellen Küpper/Margarian fest, dass aufgrund von methodischen Schwierigkeiten und fehlenden sekundärstatistischen Informationen eine abschließende Beschreibung der räumlichen Verteilung von Innovationen derzeit nicht möglich ist. Ihre empirischen Befunde weisen aber darauf hin, dass Betriebe in ländlichen Räumen bei gegebener Branchenstruktur nicht weniger innovativ seien als andere Betriebe (vgl. Küpper, Margarian 2010). »Darüber hinaus gibt es Hinweise auf die komparativen Vorteile von ländlichen Räumen. [So] … sind [hier] vor allem Betriebe [aus Branchen], die in ihrer Innovationstätigkeit auf Kooperationen mit anderen setzen, angesiedelt« (ebd.).

Deichblick an der Elbe, Lüchow-Dannenberg

Von besonderer Bedeutung gerade für kleine und mittlere Unternehmen in ländlichen Räumen sind weiter die aktuell verschiedentlich hervorgehobenen Innovationshemmnisse, die für diese Unternehmen gelten. Sie liegen häufig in peripheren Räumen, abseits von Hochschulstandorten, verfügen über keine Wissensvernetzung mit Hochschulen, haben lediglich geringe Personalkapazitäten, um insbesondere regelmäßig zu innovieren (häufig ist es der Unternehmer selbst, der Innovation im Betrieb betreibt), verfügen über kein ausreichendes Kapital, um die Risiken von Innovationsprojekten abzufedern u. v. m. Arend und Zimmermann haben auf Basis von Daten des KfW-Mittelstandspanels die Innovationshemmnisse u. a. bei Klein- und Mittelunternehmen genauer untersucht. Demnach bezeichnen 62,3 % der Unternehmen den Mangel an Finanzierungsquellen als das wichtigste Innovationshemmnis. 57,6 % äußern zu große Unsicherheit über den wirtschaftlichen Erfolg, 54,1 % zu hohe Investitionskosten, 47,1 % Bürokratie, 31 % Mangel an Fachpersonal, 19 % Fehlen von relevanten Marktinformationen und 13,2 % das Fehlen von Know-how als Innovationshemmnisse (vgl. Arend, Zimmermann 2009).

Verstärkt wurden deshalb in den letzten Jahren Programme aufgelegt, um speziell kleinen und mittleren Unternehmen den Zugang zu Förderprogrammen zu erleichtern, und Strukturen entwickelt, um Unterstützung bei den von ihnen gesehenen Innovationshemmnissen anzubieten. Beispiele hierfür sind auf Bundesebene ZIM, Zentrales Innovationsprogramm Mittelstand, oder auch die Beratungsrichtlinie go-Inno des Bundes. Darüber hinaus wurden auch auf Länderebene verschiedene Förderrichtlinien entwickelt und den Unternehmen angeboten. Gleichzeitig werden in der Regel bei den Hochschulen angesiedelte Transferstellen gefördert, deren Aufgabe es insbesondere ist, den Transfer von den Hochschulen zu den Unternehmen sicherzustellen. Speziell in Niedersachsen wurde dabei sogar eine Richtlinie[1] zur Förderung des Technologietransfers durch die Gebietskörperschaften (die regionalen Wirtschaftsförderungen) aufgelegt, die sich als sehr erfolgreich erwiesen hat und auch in der kommenden EU-Förderperiode 2014–2020 fortgeführt werden soll.

Letztlich handelt es sich aber immer um Momentaufnahmen und Einzelbausteine, die zwar durchaus geeignet sind, vorhandene Probleme zu mindern, jedoch keine grundsätzliche Abhilfe insbesondere für kleine Unternehmen schaffen. Notwendig sind, speziell aus Sicht der kommunalen Wirtschaftsförderung, Wissens- und Transfersysteme, die an den jeweiligen regionalen Strukturen und Erfordernissen ansetzen und umfassend Lösungen auf allen Ebenen anbieten bzw. zusammenbringen und vernetzen und den Unternehmen ihrer jeweiligen Region genau die Problemlösungen zuliefern, die aktuell vor Ort im einzelnen Unternehmen benötigt werden. Hierfür bildet gerade die niedersächsische Förderrichtlinie hervorragende Anknüpfungspunkte. Laut dem Praxishandbuch Technologietransfer gibt es allein in Deutschland 418 Universitäten/Technische Hochschulen/Fachhochschulen, eine Vielzahl von Instituten z.B. der Fraunhofer-Gesellschaft

(60), der Max-Planck oder auch der Leibniz-Gesellschaft (80/86), forschungsnahe Transferstellen an Hochschulen, intermediäre Transferstellen (Transferagenturen) und wirtschaftsnahe Transferstellen (z.B. bei den Industrie- und Handelskammern, Handwerkskammern, Industrieverbänden) (Piller, Hilgers 2013). Ähnlich kompliziert und insbesondere für kleine Unternehmen unüberschaubar stellt sich auch die Förderlandschaft im Bereich Technologietransfer, Innovation, Entwicklung und Forschung dar. Was häufig fehlt, sind systematische Angebote, Netzwerke und Verbünde, an die sich der Unternehmer im Bedarfsfall wenden kann, die ihm bedarfsgerecht eine Lösung bzw. ein Lösungsweg aufzeigen und ihm dazu ebenfalls bedarfsgerecht und passend kompetente Lösungspartner »zuführt«, egal ob aus einer Universität, einer Fachhochschule, einem Forschungsinstitut oder aus einem anderen Unternehmen.

Entscheidend ist die kompetente Lösung für den konkreten Kunden und das jeweilige konkrete Problem. Gerade aus Sicht der regionalen Wirtschaftsförderung kommt es darauf an, die bisher vielfältig ungenutzten Potenziale in den Unternehmen zu aktivieren, die grundsätzlich in der Lage sind, Innovationsprozesse in und aus ihren Unternehmen heraus zu gestalten und zu organisieren. Dies geschieht bisher nur in geringem Maße, nicht systematisch oder im Zweifel auch kaum bis gar nicht, aus welchen Gründen auch immer. Dies zeigt sich unter anderem auch in der Umfrage des Deutschen Landkreistages bei den Wirtschaftsförderern. Nur 39 % gaben hier an, der Aufgabe Wissens- und Technologietransfer eine hohe Priorität beizumessen. Das Thema liegt damit erst an achter Stelle bei den als prioritär bezeichneten Aufgaben (o. V. Deutscher Landkreistag 2013). Gerade aber den regionalen Wirtschaftsförderern kann bei der Aktivierung bisher ungenutzter Innovationspotenziale, vor allem in kleinen und mittleren Betrieben, eine Schlüsselrolle zukommen. Dass dieses möglich ist und erfolgreich in der Praxis gelingen kann, zeigt zum Beispiel die ARTIE, das Regionale Netzwerk für Technologie, Innovation und Entwicklung.

2. ARTIE – Regionales Netzwerk Für Technologie, Innovation und Entwicklung. Wissens- und Technologietransfer in einer ländlichen Region in Niedersachsen

2.1 Entstehung der ARTIE und Entwicklung

Die ARTIE wurde 1999 auf Initiative der Landschaft der Herzogtümer Bremen und Verden gegründet. Hintergrund für die Idee war damals die Initiative des Landes Baden-Württemberg zur Gründung des sogenannten Steinbeis-Transfers. Ziel war es, einen Wissens- und Technologietransfer für kleine und mittlere Unternehmen zu initiieren und so für Unternehmen in einer Region mit unterdurchschnittlichem Hochschulbestand einen besseren Zugang zu neuen Technologien, Entwicklungen und *marktgerechten Vermarktungen* neuer Produkte zu ermöglichen. Dabei stand das Steinbeis-Prinzip, »Wissen effektiv und effizient zum gegenseitigen Nutzen der Partner zur Anwendung zu bringen«, von Beginn an im Vordergrund. Es sollten für möglichst viele Unternehmen innovative Technologien und Methoden durch konkrete Problemlösungen und erfolgreichen Transfer nutzbar gemacht werden (vgl. o.V. Steinbeis, Technologie. Transfer. Anwendung 2012). Dies wurde bis heute in der täglichen Arbeit der ARTIE als wichtigstes Prinzip beibehalten. An den Start gegangen ist die ARTIE mit nur wenigen kommunalen Gebietskörperschaften, darunter zwei Landkreise. Beauftragt mit dem Technologietransfer wurde zunächst das Steinbeis-Transferzentrum Stade, deren Leiter sich später als Einzelunternehmer selbständig gemacht und das Transferzentrum Elbe-Weser (TZEW) gegründet hat. Durch tagtägliche gute und überzeugende Arbeit für die Unternehmen in Kooperation mit dem TZEW ist die ARTIE in den folgenden Jahren beständig gewachsen. Immer mehr kommunale Gebietskörperschaften haben sich so zu einer Mitarbeit und Mitgliedschaft im kommunalen Verbund entschieden. Die ARTIE besteht heute aus insgesamt 14 Gebietskörperschaften, darunter zehn von elf Landkreisen der Region Lüneburg (Raum zwischen Bremen, Hamburg und Hannover). Sie hat sich zu einem erfolgreichen Modell für interkommunale Zusammenarbeit und von den Unternehmen hoch geschätzten Akteur für Wissens- und Technologietransfer im ländlichen Raum entwickelt. Die Dienstleistung des Technologietransfers muss heute als Auftrag europaweit ausgeschrieben werden. Beauftragt mit der Umsetzung des Transfers für die Unternehmen ist gegenwärtig nach wie vor das TZEW.

Grundlage der Entwicklung bis heute war und ist der Anspruch der ARTIE, den Unternehmen, unabhängig von Größe oder Branchenzugehörigkeit, für ihre jeweiligen Problemstellungen einen konkreten Nutzen zu bringen. Daneben steht die ARTIE heute für die Erkenntnis einer Region, dass Wirtschaftsförderung zukünftig insbesondere dann erfolgreich wirken kann, wenn sie die Grenzen von Verwaltungsräumen im Interesse der Unternehmen überwindet und »passende« Dienstleistungen im Wissensverbund mit anderen Partnern so qualifiziert wie möglich angeboten werden. Ein gemeinsamer Wissens- und Technologietransfer für die Unternehmen der Region, über Landkreisgrenzen hinweg, ist zu einem wichtigen Baustein einer Wirtschaftsförderungsstrategie und immer mehr auch zu einer Innovationsstrategie einer Region geworden.

2.2 Die konkrete Dienstleistung

Die Dienstleistung ist eng eingebunden in die Wirtschaftsförderung der jeweiligen kommunalen Partner vor Ort. Die Ansprache der Unternehmen erfolgt direkt durch die Wirtschaftsförderung oder durch das TZEW als beauftragten Dienstleister. Die Dienstleistung ist gekennzeichnet durch:

- eine konsequente Ausrichtung an den Bedürfnissen der Unternehmen (KMU), durch einen aktiven und nachfrageorientierten Wissens- und Technologietransfer;
- einen ganzheitlichen Ansatz: Verknüpfung der Themen Technik, Innovation, Finanzierung, Fertigung, Markt, Kooperation, Strategie und Fachkräfte;
- gezielte Förderung landkreisübergreifender Unternehmenskooperationen.

Angesprochen werden die Unternehmen durch die Wirtschaftsförderungen oder das TZEW, ergänzt durch zielgerichtete Öffentlichkeitsarbeit (Flyer, Veranstaltungen [ARTIE Fachkongress], regelmäßige Presseberichte über Best-Practice-Beispiele). Dies führt zunehmend dazu, dass Unternehmen sich auch selbst bei den Wirtschaftsförderern oder dem Dienstleister TZEW melden, Probleme schildern und nach konkreten Lösungen fragen.

Die Dienstleistung ist so aufgebaut, dass in einem ersten Gespräch (Vorgespräch / Aufschlussgespräch) im Unternehmen das jeweilige Problem (Projekt) besprochen und vorhandene Realisierungshemmnisse analysiert werden. Ziel ist die Identifikation eines konkreten Unterstützungspotenzials für das jeweilige Unternehmen.

Auf Basis dieses Erstdialoges erfolgt dann im nächsten Schritt das sogenannte Expertengespräch. In diesem Rahmen wird die Aufgabenstellung und die mögliche Lösung oder auch der mögliche Lösungsweg gemeinsam mit einem ausgewiesenen Experten aus Wirtschaft oder Wissenschaft erörtert. Bei umfangreicheren Projekten wird ergänzend eine umfassende Fördermittelberatung, bei Bedarf auch eine Unterstützung für die Beantragung von Fördermitteln (etwa bei der Beantragung von FuE-Projekten) angeboten. Die Dienstleistung ist bis zu diesem Stadium für die Unternehmen kostenfrei. Sie wird durch das Land Niedersachsen über den EFRE im Rahmen der bereits genannten Richtlinie sowie durch die beteiligten Gebietskörperschaften gefördert.

Aufgrund der Vielzahl und der Komplexität der Fragestellungen, die von den Unternehmen an das TZEW herangetragen werden, gilt es ein breites und hoch qualifiziertes Know-how-Spektrum vorzuhalten. Als Unterstützer für diese Arbeit greift das TZEW auf Experten u. a. aus Hochschulen, Forschungseinrichtungen oder auch regionalen, nationalen oder internationalen Unternehmen zurück.

Beispielhafte Technologiefelder der Arbeit sind:

- Kommunikation und Information mit den Bereichen Informations- und Kommunikationstechnik, Medientechnik und Telematik;
- Elektronik mit den Bereichen Automatisierungs- und Steuerungstechnik, Elek-

trotechnik, Elektronik, Optoelektronik, Sensorik, Mikroelektronik, Systemtechnik, Mikro- und Nanotechnologien;

- Verarbeitung mit den Bereichen Produktionstechnik und -organisation, Verarbeitungstechnik, Schicht- und Oberflächentechnik, Werkstofftechnik, Simulation und Leichtbau;
- Life Science mit den Bereichen Biotechnik, Bio-Engineering, Gentechnologie und Gendiagnostik, Medizintechnik und Pharmatechnologie;
- Energie und Umwelt mit den Bereichen Energie-, Umwelt- und Verfahrenstechnik, Energie und Ressourceneffizienz;
- Management mit den Bereichen Unternehmensplanung, Organisation.

2.3 Evaluation und Zielerreichung der letzten 5 Jahre

Seit Gründung der ARTIE im Jahr 1999 bis heute wurden ca. 4.000 Aktivitäten im Bereich des Wissens- und Technologietransfers umgesetzt, rund 2.000 davon in den letzten 5 Jahren. Im Mittelpunkt der Arbeit steht nach wie vor die Mobilisierung von Innovationspotentialen insbesondere in den kleinen und mittleren Unternehmen der Region. Ihr Anteil an den Aktivitäten beträgt insgesamt über 90 %.

Eine Evaluierung des Nutzens des Angebotes und der Zusammenarbeit mit dem bisherigen Dienstleister TZEW erfolgt regelmäßig. Nach Abschluss eines jeden Beratungsprojektes wird das jeweilige Unternehmen nach einer Bewertung der Dienstleistung und nach dem Nutzen für das Unternehmen befragt. Die Ergebnisse belegen den hohen Nutzen, der gerade bei der Zielgruppe der kleinen und mittleren Unternehmen gesehen wird. Eine Auswertung für den Zeitraum Mai 2010 bis Mai 2013 ergab, dass 99 % der Unternehmen das Angebot ARTIE/TZEW als nutzbringend einstufen, 98,5 % der Unternehmen sagen aus, dass sie das Angebot bei Bedarf erneut in Anspruch nehmen möchten, 93 % der Unternehmen bewerten die Qualifikation der beteiligten Experten mit gut bzw. sehr gut. Die detaillierten Ergebnisse sowie eine Vielzahl konkreter Praxisbeispiele (soweit diese zur Veröffentlichung von den Unternehmen freigegeben wurden) und ein Teil der Presseveröffentlichungen zum Technologietransfer der ARTIE können unter www.artie.de bzw. www.tzew.de eingesehen werden.

3. Fazit und Ausblick

Den technischen Wandel zu bewältigen und zu gestalten, alle Kräfte in diesem Sinne zu mobilisieren und damit die Voraussetzung für eine weiterhin gute Entwicklung des Wirtschaftsstandortes Deutschland zu schaffen, das wird die große Aufgabe für die Wirtschaft und zugleich für die gesamte Gesellschaft. Auf die Regionen und besonders auch die jeweiligen regionalen Wirtschaftsförderungseinrichtungen wird dabei eine wichtige Rolle zukommen. Diese Rolle aktiv anzunehmen und mit eigenen Dienstleistungen die Unternehmen zu unterstützen und so einen eigenen Beitrag für die Entwicklung der jeweiligen Region zu leisten, das wird in der Zukunft immer wichtiger.

Die ARTIE zeigt, dass Technologietransfer, Innovation und Entwicklung auch im ländlichen Raum, selbst in einer Region mit nur sehr geringem Hochschulbesatz, kompetent möglich ist. Ob die ARTIE aber dabei als Vorbild für andere gelten kann, dass muss letztlich immer regional vor Ort entschieden werden, anhand bereits vorhandener Systeme (z.B. Hochschultransfereinrichtungen, Beratungsstellen der Kammern etc.), unter Berücksichtigung der bereits vorhandenen Instrumente und in diesem Sinne aktiver Kooperationspartner und der jeweils bestehenden regionalen Erfordernisse. Dies ist auch im ARTIE-Raum selbst nicht anders gewesen. Das Konzept der ARTIE bezieht sich in seiner konkreten Ausprägung speziell auf das Kooperationsgebiet der ARTIE und die Kooperation funktioniert, weil sie sich durch gute Zusammenarbeit von unten entwickeln konnte.

In Deutschland haben sich in den letzten Jahren gleichzeitig viele andere Modelle entwickelt, zum Teil auch auf der Ebene einzelner Landkreise oder Städte. Kompetenter Technologietransfer aus Sicht der Verfasser wird sich zukünftig immer mehr nur in Kooperationen oder im Verbund vieler Partner organisieren lassen. Wissensvernetzung, Einbeziehung von kompetenten Kooperationspartnern (keine Kooperation um der Kooperation willen), Zusammenarbeit statt Konkurrenz, das werden Prinzipien sein, die

sich in der Zukunft immer mehr durchsetzen und vor allem aus Unternehmenssicht klare Vorteile bieten. Es gilt Verwaltungsgrenzen zu überwinden und zusätzliche Synergien durch breitere Kooperationsmöglichkeiten für Unternehmen schon innerhalb des eigenen Kooperationsraumes zu schaffen. Unternehmen agieren selbst niemals innerhalb von Verwaltungsgrenzen.

Als wichtiges Prinzip wird weiter die klare Orientierung an Kundenwünschen empfohlen. Aus Sicht der regionalen Wirtschaftsförderer kann dies nur eine klare Orientierung an den Erfordernissen der Unternehmen bedeuten. Somit gilt es, schnell und kompetent die richtige Lösung für das jeweilige Problem zu finden und den Transfer grundsätzlich an diesem Erfordernis auszurichten. Gleichzeitig gilt es Innovationshemmnisse von kleinen und mittleren Unternehmen zu berücksichtigen und sie im Rahmen der Wissens- und Transfersysteme durch das jeweilige konkrete Angebot eines regionalen Wissens- und Technologietransfers zu kompensieren.

Anmerkungen

1 Richtlinie über die Gewährung von Zuwendungen für die Beratung für Wissens- und Technologietransfer in Gebietskörperschaften

Literatur

Arend, J.; Zimmermann, V.: Innovationshemmnisse bei kleinen und mittleren Unternehmen, In: Mittelstand und Strukturpolitik, Nr. 43, 2009, S. 57–95

Böhlhoff, C.: Wachstum der Regionen. In: Prognos Trendletter. 25 Jg. S.3. Basel 2014

Bundesministerium für Wirtschaft und Energie: http://www.bmwi.de/DE/Themen/Technologie/Rahmenbedingungen/technologiestandort-deutschland.html, letzter Zugriff am 02.06.2014

Kaiser, P.: Zukunftsatlas 2013 – regionale Disparitäten nehmen trotz Wachstum zu. In: Prognos Trendletter. 25 Jg. S. 4. Basel 2014

Küpper, P.; Margarian, A.: Versteckte Dynamik. Wirtschaftliche Innovationen in ländlichen Räumen. In: Europa Regional. Bd. 18. (2010). H. 2–3. S. 79–94

Markus: Deutschland, Österreich und Luxemburg: Firmen- und Beteiligungsdaten; www.bvdinfo.com/de-de/pruducts/company-information/national/markus, letzter Zugriff am 10.06.2014

o. V.: Deutschland schafft das 3 %-Ziel. In: facts, Forschung und Entwicklung, Zahlen & Fakten aus der Wissenschaftsstatistik GmbH im Stifterverband, Essen 2014.

o. V.: Deutscher Landkreistag. Wirtschaftsförderung konkret. Berlin 2013

o. V.: Steinbeis. Transfer. Erfolg. In: Steinbeis, Technologie. Transfer. Anwendung. 4. Auflage. S. 2. Stuttgart 2012

Piller, F. T.; Hilgers, D. (Hrsg.): Praxishandbuch Technologietransfer, Düsseldorf 2013

Positionspapier des Städte- und Gemeindebundes Nordrhein-Westfalen: Strategien, Konzepte und Schwerpunkte der Wirtschaftsförderung in kreisangehörigen Städten und Gemeinden. Düsseldorf 2013

Simon, H.: Hidden Champions des 21. Jahrhunderts: Die Erfolgsstrategien unbekannter Weltmarktführer. Frankfurt a. M. 2007, zitiert nach Wellner, K. U.: Hidden Champions in der Provinz. In: Consulting 2013 – Das Jahrbuch der Unternehmensberatung. F.A.Z-Institut. 2012

Regionale Strukturpolitik – Erfahrungen in Nordrhein-Westfalen

Martin Hennicke

Nordrhein-Westfalen ist mit über 17 Millionen Einwohnern das bevölkerungsstärkste und zugleich am dichtesten besiedelte Bundesland. Hier konzentrieren sich 29 Großstädte mit über 100.000 Einwohnern. Das Land ist dichter besiedelt als Japan und mit 22 % der deutschen Kaufkraft und fast 150.000 Millionen Menschen im Umkreis von 500 km um die Landeshauptstadt Düsseldorf der größte Marktplatz Europas. Das Bundesland erwirtschaftet über 1/5 des deutschen Bruttoinlandsproduktes und verfügt mit 72 Hochschulen und weit über 50 außeruniversitären Forschungszentren über die dichteste Hochschul- und Forschungslandschaft Deutschlands.

Das Industrieland Nordrhein-Westfalen hat infolge eines starken industriellen Strukturwandels aber auch mit ausgeprägten regionalen Disparitäten zu kämpfen. Der Kohlerückzug und der Rückgang der Montanindustrien, die Folgen der Konversion, der Verlust weiterer traditioneller Industrien, der durch die Energiewende ausgelöste Strukturwandel und der demografische Wandel verändern die wirtschaftlichen und sozialen Grundlagen vieler Regionen.

Die regionale Strukturpolitik in Nordrhein-Westfalen hatte daher traditionell immer die Aufgabe, diesen regionalen Disparitäten entgegenzusteuern. Aus diesem Grund musste sich die Strukturpolitik des Landes über einen langen Zeitraum auch hauptsächlich auf das vom Rückzug der Montanindustrien Kohle und Stahl besonders betroffene Ruhrgebiet konzentrieren. Regionale Strukturpolitik in NRW war demnach lange Zeit als reine *Ausgleichspolitik* konzipiert. Dieser Politikansatz wurde verstärkt durch die Gemeinschaftsaufgabe »Verbesserung der regionalen Wirtschaftsstruktur« sowie die vielen EU-Strukturfondsprogramme, die sich in NRW seit Beginn der 90er Jahre traditionell im wesentlichem auf das Ruhrgebiet konzentrierten.

Dieser Ausgleichsansatz diente dazu, im großen Maße »Landschaftsreparatur« für die vom Kohle- und Stahlrückzug betroffenen Großflächen zu betreiben, neue Technologiezentren und Wissenschaftseinrichtungen anzusiedeln, Gewerbeflächen wiederaufzubereiten und die Gründungsbereitschaft in einer eher großbetrieblich geprägten Region zu fördern. Der Ansatz war insofern notwendig und berechtigt, der wirtschaftliche Strukturwandel in der Ruhr-Region kann heute als weitgehend vollzogen gelten, demzufolge hat sich die Wachstumslücke Nordrhein-Westfalens gegenüber dem Bundesdurchschnitt auch spürbar verkleinert. Sie belief sich im Jahrzehnt 1991–2000 noch auf eine Differenz von 0,9 % und verringerte sich im Jahrzehnt 2001–2010 auf eine Differenz von nur noch 0,3 % bei den Wachstumsraten.

Zeche-
Zollverein
Eingangstor,
Essen

Wie vielerorts in Deutschland kam es auch in Nordrhein-Westfalen in der regionalen Strukturpolitik etwa ab 2000 zu einem *Paradigmenwechsel*: Neben einer Ausgleichsstrategie zugunsten besonders strukturschwacher Räume gewann die Wachstumsstrategie *(»Stärken stärken«)* zunehmend an Bedeutung. Kernstück dieser Wachstumsorientierung war die *»NRW-Clusterpolitik«*: Zentrales Element dieser Clusterpolitik ist die Förderung der regionalen Kooperation von Unternehmen, Forschungseinrichtungen und öffentlicher Hand entlang von Wertschöpfungsketten in insgesamt 16 Branchen- und Technologiefeldern. Diese 16 Cluster wurden anhand verschiedener Studien als für die NRW-Wirtschaft besonders profilbildend und wachstumsfähig identifiziert. Der Vormarsch der Innovations- und Wachstumsförderung anhand von Clustern und Leitmärkten wurde flankiert durch eine neue Förderperiode der EU-Strukturfonds ab 2007. Sie war gekennzeichnet durch eine Abkehr von der regionalen Konzentration auf das Ruhrgebiet und beinhaltete die Förderfähigkeit aller NRW-Regionen. Dieser strukturpolitische Ansatz wird in der neuen EU-Förderperiode 2014 bis 2020 fortgesetzt. Hierbei darf die Ausgleichsfunktion der Strukturpolitik jedoch nicht ganz aufgegeben werden: In der EFRE-Förderperiode 2007 bis 2014 wurde z. B. für das NRW-Förderprogramm festgestellt, dass letztendlich 50 % aller Fördermittel in den Regionen Ruhrgebiet und bergisches Städtedreieck eingesetzt werden sollen.

Mit dem zuvor skizzierten Paradigmenwechsel in der regionalen Strukturpolitik war auch die Erprobung neuer strukturpolitischer Instrumente und Projektauswahlverfahren verbunden. Hier sind zunächst die *Wettbewerbsverfahren* in den einzelnen Clustern und Leitmärkten zu nennen. In diesen Wettbewerben werden die Auswahlkriterien in Wettbewerbsaufrufen (Calls) konkretisiert und festgelegt. Sie sind Grundlage für ein Scoring, mit dem die eingereichten Projekte beurteilt werden. In den Auswahlgremien der jeweiligen Wettbewerbe sind unabhängige Experten vertreten, die insbesondere die fachliche und fördertechnische Qualität der Vorhaben bewerten. Die ausgewählten Projekte werden dann zur Förderung vorgeschlagen. Diese Form der »Bestenauswahl« hat sich insgesamt bewährt und soll in der neuen EU-Förderperiode ab 2014 fortgesetzt werden.

Dem Ziel, die knappen finanziellen Ressourcen gezielter, »subventionsärmer« und effektiver einzusetzen, dient auch der zunehmende Einsatz von *revolvierenden Fonds* als Finanzinstrumenten in der NRW-Strukturpolitik. Diese Fonds sollen über zinsgünstige Kredite und über eigenkapitalähnliche bzw. eigenkapitalersetzende Maßnahmen vorzugsweise kleinen und mittleren Unternehmen die Markteinführung innovativer Produkte und Dienstleistungen ermöglichen.

Die Erprobung neuer Instrumente und Verfahren in der regionalen Strukturpolitik betrifft aber auch den Komplex *»Fördern ohne Geld«*. Was verbirgt sich dahinter? Grundlage ist die simple Tatsache, dass erfolgreiche regionale Entwicklung in einer Wissensökonomie nicht mehr allein durch finanzielle Anreize sichergestellt werden kann. Erfolgreiche Regionen sind *permanent »lernende Regionen«*. Sie müssen ihre Lernprozesse organisieren, interdisziplinär denken und handeln und Kooperationen organisieren. »Fördern ohne Geld« bedeutet also, regionale Eigenkräfte zu mobilisieren, den Austausch von Ideen und Innovationen in den Regionen z. B. durch Dialogforen zu fördern und endogene Entwicklungsstrategien der Regionen zu unterstützen. Beispiele für solche aktivierenden, beteiligungsorientierten Ansätze in NRW sind die *»Regionalen«*, die seit 2000 abwechselnd in acht Regionen Nordrhein-Westfalens durchgeführt wurden. Auch wenn hier letztendlich Geld für die Förderung einzelner Regionale-Projekte eingesetzt wurde, waren die regionalen Kooperations- und Auswahlprozesse und die Einbindung möglichst vieler regionaler Akteure wichtig.

Ein weiteres Beispiel für diesen Politikansatz ist die *»KlimaExpo.NRW«*, bei der bis 2022 hervorragende Projekte zum Klimawandel im Industrieland NRW präsentiert werden sollen. Als Industrie- und Energieland soll die KlimaExpo.NRW ein Schaufenster für Innovationen im Klimaschutz darstellen, z. B. bei Elektroantrieben, Energiespeichern, Brennstoffzellen, klimafreundlichen Stadtquartieren, neuen Mobilitätskonzepten und industriellen Klimaschutzlösungen. Und das nicht nur an einem Ort und einem Tag, sondern landesweit in allen Regionen und bis 2022. Das Format der KlimaExpo.NRW ist somit auch eine Antwort auf den durch die Energiewende ausgelösten Strukturwandel im traditionellen Energieland NRW.

Wie geht es weiter? Bis dato hat Nordrhein-Westfalen mit einer aktivierenden Strukturpolitik und den bisher erprobten Wettbewerbs- und Präsentationsformaten gute Erfahrungen gemacht. Diese Formate setzen darauf, dass Geld-Transfers allein nicht immer entscheidend für die Strukturpolitik sind. Geldangebote lösen eher Reflexe des *Mit-Nehmens* aus, eine beteiligungsorientierte Strukturpolitik will hingegen das *Mit-Machen* möglichst vieler regionaler Akteure fördern. Eine moderne Strukturpolitik muss im Ergebnis deshalb die wachsende Bedeutung der Zivilgesellschaft und ihre Einbindung in regionale Kooperationsprozesse berücksichtigen.

Eine moderne Strukturpolitik muss darüber hinaus auch einen weiteren Paradigmenwechsel in der wirtschaftlichen Entwicklung Deutschlands zur Kenntnis nehmen. Wir werden weniger, in Nordrhein-Westfalen wird es bis zum Jahr 2030 über eine Million weniger Menschen im erwerbsfähigen Alter geben. Der *Fachkräftemangel* wird deshalb zukünftig zum zentralen Engpassfaktor und die Bedeutung der Bildung für die Wettbewerbsfähigkeit der Regionen steigt. Für alle

Regionen und Länder muss deshalb gelten, zukünftig eine *bessere Bildungsbeteiligung, bessere Bildungsabschlüsse* und dadurch *mehr Erwerbsbeteiligung* zu erreichen. Erfolgreiche Regionalentwicklung ist deshalb mehr denn je von gut ausgebildeten und motivierten Fachkräften sowie dem Erfolg einer inklusiven Bildungslandschaft abhängig.

Für Nordrhein-Westfalen stellen sich hierbei besondere Herausforderungen: ein Kennzeichen dieses Landes sind seine vielen Städte und Großstädte. Hier und insbesondere in vielen städtischen Quartieren kulminieren die sozialen und arbeitsmarktlichen Folgen des wirtschaftlichen Strukturwandels. Im Hinblick auf die Indikatoren Beschäftigungsarmut, materielle Armut, Bildungsarmut, Gesundheit und Zuwanderung werden die *kleinräumigen Disparitäten* in vielen Städten und Stadtquartieren deutlich größer. Es gilt deshalb, die sich öffnende Schere zwischen prosperierenden Städten bzw. Stadtquartieren und Städten mit massiven Problemen wieder zu schließen. Gelingt eine bessere und frühere Integration von Kindern und Jugendlichen in das Bildungs- und Beschäftigungssystem, können hohe Folge- und Reparaturkosten vermieden werden. Zudem könnten dem Arbeitsmarkt zusätzlich dringend benötigte Fachkräfte zur Verfügung gestellt werden.

Im Rahmen eines vorbeugenden Politikansatzes unter dem Motto »*Kein Kind zurücklassen*« verfolgt das Land deshalb einen ganzheitlichen Ansatz zur frühzeitigen Integration benachteiligter Familien und Jugendlicher. Eine *vorsorgende Strukturpolitik*, die das Ziel verfolgt, möglichst alle mitzunehmen und den Fachkräftebedarf zu sichern, ist deshalb in den verstädterten Regionen Nordrhein-Westfalens auch

Gasometer, Dortmund-Hörde

eine kleinräumige Strukturpolitik, die sich gezielt um die Quartiersentwicklung kümmert. In der neuen EU-Strukturfond-Förderperiode ab 2014 hat deshalb die integrierte Quartiersentwicklung einen wichtigen Stellenwert.

Raumbezogene Strukturpolitik muss sich um diese Quartiere kümmern, dazu gehören insbesondere die Verbesserung der Teilhabe am Bildungs-, Gesundheits- und Beschäftigungssystem und die Aufwertung der Quartiere durch wirtschaftliche, infrastrukturelle und städtebauliche Maßnahmen. Eine komplexe Steuerungsaufgabe, die »versäultes Denken« und »Institutionenlogik« überwinden muss. Eine solche vorbeugende, kleinräumige Strukturpolitik hat allerdings große Chancen, den Fachkräfteengpass zu überwinden und staatliche Reparaturkosten erheblich zu vermeiden.

155

H.U. Jung

Entwicklung der Beschäftigten am Arbeitsort
2008 bis 2013

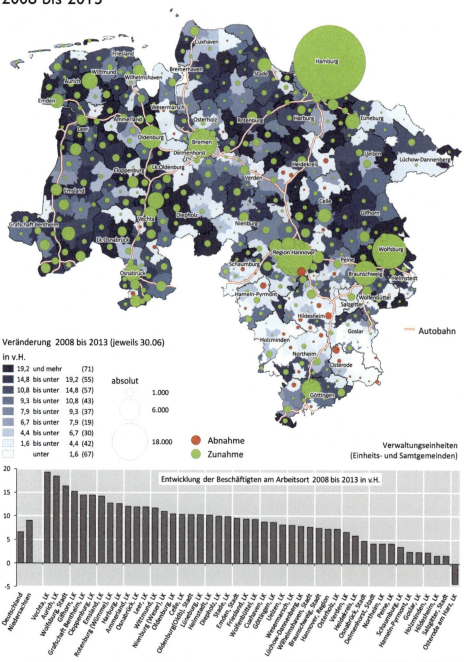

Autorinnen und Autoren

Dr. Olaf Arndt
Prognos AG Bremen
Domshof 21 · 28195 Bremen
olaf.arndt@prognos.com

Karin Beckmann
Landesbeauftragte für regionale
Landesentwicklung Leine-Weser
Bahnhofsplatz 2-4 · 31134 Hildesheim
Poststelle@arl-lw.niedersachsen.de

Prof. Dr. Kilian Bizer
Georgia-Augusta-Universität Göttingen
Institutsleiter Volkswirtschaftspolitik und
Mittelstandsforschung
Platz der Göttinger Sieben 3
37073 Göttingen
bizer@wiwi.uni-goettingen.de

Dr. Arno Brandt
CIMA - Regionalwirtschaftliches Institut
Moocksgang 5 · 30169 Hannover
Brandt@cima.de

M.Sc. Julia Brueggemann
Professur für Wirtschaftspolitik
und Mittelstandsforschung
Wirtschaftswissenschaftliche Fakultät
Georg-August-Universität Göttingen
Platz der Göttinger Sieben 3
37073 Göttingen
julia.brueggemann@wiwi.uni-goettingen.de

Dr. Hans Jürgen Buß
Leiter Innovationszentrum
Niedersachsen GmbH
Schillerstraße 32 · 30159 Hannover
buss@nds.de

Dipl.-Geogr. Antje Campen
Universität Bremen Centre for Regional and
Innovation Economics (CRIE)
Wilhelm-Herbst-Straße 12 · 28359 Bremen
acampen@uni-bremen.de

Prof. Dr. Rainer Danielzyk
Generalsekretär Akademie für
Landesplanung und Raumforschung
Universität Hannover Raumordnung und
Regionalentwicklung
Hohenzollernstraße 11 · 30161 Hannover
Danielzyk@arl-net.de

PD Dr. rer. pol. Dirk Fornahl
Universität Bremen Centre for Regional and
Innovation Economics (CRIE)
Wilhelm-Herbst-Straße 12 · 28359 Bremen
dirk.fornahl@uni-bremen.de

Eberhard Franz
Niedersächsisches Ministerium für Umwelt,
Energie und Klimaschutz
Archivstraße 2 · 30169 Hannover
eberhard.franz@stk.niedersachsen.de

Ulf-Birger Franz
Leiter Dezernat Wirtschaft, Verkehr und
Bildung Region Hannover
Hildesheimer Straße 18 · 30169 Hannover
ulf-Birger.Franz@region-hannover.de

Martin Hennicke
Leiter der Abteilung III Politische Planung/
Raumordnung, Landesplanung in der
Staatskanzlei Nordrhein-Westfalen
Staatskanzlei des Landes Nordrhein-
Westfalen · 40190 Düsseldorf

Birgit Honé
Staatssekretärin Niedersächsische
Staatskanzlei
Planckstraße 2 · 30169 Hannover
birgit.hone@stk.niedersachsen.de

Prof. Dr. Hans-Ulrich Jung
CIMA - Regionalwirtschaftliches Institut
Moocksgang 5 · 30169 Hannover
Jung@cima.de

Dr. Jan Kramer
Prognos AG Düsseldorf
Schwanenmarkt 21 · 40213 Düsseldorf
Jan.Kramer@prognos.com

Prof. Dr. Hans Joachim Kujath
Leibniz-Institut für Regionalentwicklung
und Strukturplanung
Flakenstraße 28-31 · 15537 Erkner
KujathH@irs-net.de

Frederik Lindner
CIMA - Regionalwirtschaftliches Institut
Moocksgang 5 · 30169 Hannover
lindner@cima.de

Prof. em. Dr. Dieter Läpple
HafenCity Universität Hamburg
Winterhuder Weg 31 · 22085 Hamburg
dieter.laepple@hcu-hamburg.de

Dieter Meyer
MCON
Bürgerstraße 1 / Europaplatz · 26123
Oldenburg

Bastian Paulsen
Landkreis Osterholz
Osterholzer Straße 23 · 27711 Osterholz-
Scharmbeck
bastian.paulsen@landkreis-osterholz.de

Prof. Dr. Axel Priebs
Vizepräsident Region Hannover Leiter
Dezernat für Umwelt, Planung und Bauen
Region Hannover
Hildesheimer Straße 20 · 30169 Hannover
axel.priebs@region-hannover.de

Jutta Schiecke
Landesbeauftragte für regionale
Landesentwicklung Lüneburg
Auf der Hude 2 · 21339 Lüneburg
Poststelle@arl-lg.niedersachsen.de

Gerrit Schrödel
WOB AG Mobilitätszentrum
Major-Hirst-Straße 11 · 38442 Wolfsburg
gerrit.schroedel@wolfsburg-ag.com

Franz-Josef Sickelmann
Landesbeauftragter für regionale
Landesentwicklung Weser-Ems
Theodor-Tantzen-Platz 8 · 26122 Oldenburg
Poststelle@arl-we.niedersachsen.de

Alexander Skubowius
Fachbereichsleiter Wirtschafts- und
Beschäftigungsförderung Region Hannover
Vahrenwalder Straße 7 · 30165 Hannover
alexander.skubowius@region-hannover.de

Julius von Ingelheim
Geschäftsführer Allianz für die Region/
WOB AG
Major-Hirst-Straße 11 · 38442 Wolfsburg
julius.voningelheim@wolfsburg-ag.com

Matthias Wunderling-Weilbier
Landesbeauftragter für regionale
Landesentwicklung Braunschweig
Bohlweg 38 · 38100 Braunschweig
Poststelle@arl-bs.niedersachsen.de

Siegfried Ziegert
Leitung Stabstelle Wirtschaftsförderung
Landkreis Osterholz
Osterholzer Straße 23 · 27711 Osterholz-
Scharmbeck
siegfried.ziegert@landkreis-osterholz.de

2/2014

Redaktion

Annedörthe Anker
Am Weidengrund 1
38112 Braunschweig
Tel.: 0531 321832
E-Mail: anker-anker@t-online.de

Dr. Arno Brandt
CIMA Institut für
Regionalwirtschaft GmbH
Moocksgang 5
30169 Hannover
Tel.: 0511 22007950
E-Mail: brandt@cima.de

Prof. Dr. Rainer Danielzyk
Akademie für Raumforschung
und Landesplanung (ARL)
Leibniz-Forum für
Raumwissenschaften
Hohenzollernstraße 11
30161 Hannover
Tel.: 0511 3484236
E-Mail: danielzyk@arl-net.de

Prof. Dr. Dietrich Fürst
Westermannweg 35
30419 Hannover
Tel:. 0511 797662
E-Mail: dietrich.fuerst@
t-online.de

Dr. Ansgar Hoppe
Göbelstraße 19
30163 Hannover
Tel.: 0511 7100640
E-Mail: ansgar.hoppe@arcor.de

Prof. Dr. Hansjörg Küster
Universität Hannover
Institut für Geobotanik
Nienburger Straße 17
30167 Hannover
Tel.: 0511 7623632
E-Mail: kuester@geobotanik.
uni-hannover.de

Prof. Dr. Axel Priebs
Region Hannover
Höltystraße 17
30171 Hannover
Tel.: 0511 61622565
E-Mail: axel.priebs@
region-hannover.de

Prof. Dr. Ing. Dietmar Scholich
Akademie für Raumforschung
und Landesplanung (ARL)
Leibniz-Forum für
Raumwissenschaften
Hohenzollernstraße 11
30161 Hannover
Tel.: 0511 3484237
E-Mail: scholich@arl-net.de

Dr. Jobst Seeber
Transferstelle dialog
Carl von Ossietzky Universität
Oldenburg
Regio GmbH
Tel.: 0441 7982912
E-Mail: seeber@dialog.uni-
oldenburg.de

Alexander Skubowius
Region Hannover,
Fachbereich Wirtschafts- und
Beschäftigungsförderung
Haus der Wirtschaftsförderung
Vahrenwalder Straße 7
30165 Hannover
Tel: 0511 6162354
E-Mail: alexander.skubowius@
region-hannover.de

Impressum

Verantwortlich für die Ausgabe: Dr. Arno Brandt

© 2014 Wachholtz Verlag – Murmann Publishers, Neumünster/Hamburg
© 2014 Wissenschaftliche Gesellschaft zum Studium Niedersachsens e.V., Hannover

Layout & Satz: Martin Grundmann, Hamburg
Gesamtherstellung: Wachholtz Verlag
Printed in Germany

ISBN 978-3-529-06461-6
ISSN 0342-1511

Preis pro Einzelheft: 15,00 € (D) · 15,40 € (A) · sFr 21,90

Besuchen Sie uns im Internet: www.wachholtz-verlag.de

Bildverzeichnis